走過夾縫地帶

The Places in Between

Rory Stewart
羅利・史都華——著
葉雯琪——譯

僅以本書獻予在伊朗、阿富汗、巴基斯坦、印度及尼泊爾指引我道路、保護我、供我住宿，使這趟旅途成為可能的人們。他們並非聖賢，其中一些人確實如是。一部分人則是貪心、懶散、愚昧、虛偽、遲鈍、滿口謊言、無知且殘酷。有人洗劫或殺害他人，更有許多人威脅我或要求我施捨。然而，在我二十一個月旅程中，從未有人嘗試綁架或殺死我。我孤身一人，身處荒涼異地，還代表著他們多數人厭惡的文化，並身懷能拯救或至少讓他們改變人生的鉅款。在超過五百間民家中，我幾度在比我更加貧窮、飢餓、虛弱及弱小的人那縱情享受、受到款待及保護。我遇到的所有群體——遜尼派庫德族、什葉派哈札拉族、旁遮普基督徒、錫克教徒、凱達爾納特的婆羅門祭司、加瓦爾的賤民以及內瓦爾佛教徒——幾乎都熱情招待而不求任何回報。

沒有他們，我無法完成這旅程且全身而退。

目次

前言／9
新・公共服務／13
坦克到枴杖／19
是否於亞洲之際／25

第一步

芝加哥與巴黎／33
呼瑪烏／36
盤纏／41
那些長靴／49

第二步

卡西姆／59
不定人稱代名詞／68
塔吉克村莊／73
西方元首／76
驛站曾是誰的門戶／83
目盲之人所見／91
祖譜／100
以免他再次責罵／107
王冠珠寶／122
麵包與水／129
戰士應如是／135
一文不值之人／140

第三步

高地建築／147
傳教士之舞／155
貓眼鏡面墨鏡／161
嫁娶一位穆斯林／165
戰狗／174
喀曼吉指揮官哈吉（莫阿蘭）・莫辛・可汗／183

表親／192

第四步
賈姆宣禮塔／199
土地上的軌跡／212
賈姆與洽赫洽蘭間／217
清晨禱者／221
少年領主／225
青蛙／232
風起之處／238

第五步
姓名導航／247
陌生人的問候／256
天花板上的樹葉／262
火焰／266
卡特利什的齊亞／270
神聖訪客／276
札令石窟／281
奉獻／286
谷中隘路／290

第六步
死亡中繼階段／299
帶翼足跡／302
布萊爾與《可蘭經》／305
鹽地及甘松／311
牆上的淡色圓圈／314
@afghangov.org／317
當樂音持續／322

第七步

天花板上的足印／329
我就是變焦鏡頭／332
卡拉曼／334
哈利利的軍隊／339
而我有我的／345
世代配置／349
喀布爾河之源／352
塔利班／356
腳趾頭／363
大理石／368

結語／373
後記／377
致謝／389

前言

我其實無法好好解釋當初為何橫越阿富汗。大概因為那是場冒險吧。但那也是我橫越亞洲之旅最有趣的片段。塔利班政權禁止所有的海報宣傳及電影；但在塔利班政權垮台後六週，我一抵達赫拉特，便看見商場上懸掛著印度巨星李提克・羅森（Hrithik Roshan）的巨幅海報。夕陽中他彷彿矗立於峭壁上，傍晚的微風吹拂著他柔軟且蓬鬆的頭髮。庭院裡，一群蓋達組織成員聚在一起用烏爾都語交談[1]，學生們則等著戰地記者前來與他們練習英語。我還在一部手推車中找到成堆的《鐵面人》DVD；劇中演員李奧納多・狄卡皮歐（Leonardo DiCaprio）飾演的法王路易十四，為因應阿富汗當地市場，身著十七世紀服飾，手上則揮舞著白朗寧九釐米手槍。赫拉特，這於中世紀時期中國、土耳其及波斯活躍的交易市場，現今仍然販賣著中國製鬧鐘、土耳其製太陽眼鏡以及伊朗產蘋果汁。

1 編注：巴基斯坦的國語，也是印度的二十四種規定語言之一。

二〇〇二年初，我平均一天走上二十至二十五哩，共花了十六個月橫越伊朗、巴基斯坦、印度及尼泊爾。我希望旅途上每一步都由自己親自踏出，並早在一年前就有橫越阿富汗的念頭。但二〇〇〇年十二月，伊朗政府拿走我的護照；他們大概發現我曾是英國外交官員，而開始懷疑我的動機。接著塔利班政府拒絕我入境阿富汗，巴基斯坦也阻止我進入俾路支省[2]。因此，我得在伊朗與下一段旅程——由巴基斯坦的木爾坦開始直達尼泊爾東邊——之間留下一段空白。

就在二〇〇一年聖誕節前夕，抵達尼泊爾東邊一個小鎮後，我聽聞塔利班政權垮台。我決定搭車返回阿富汗，再由赫拉特步行至喀布爾，如此才能連接我伊朗及巴基斯坦的旅程。自赫拉特到喀布爾，我選擇通過中央山脈的直達路線。經過坎達哈的一般曲道地勢較為平緩，更易於行走，並且無冰雪覆蓋。但此路線所需時間更久，且部分仍在塔利班控制之下。

這個國家身處戰事已然二十五年，新政府才剛上任兩個月。在赫拉特與喀布爾間沒電力供應，沒電視可看，沒T恤可穿。村莊裡雜糅了中世紀以來的禮俗及全新的政治觀念。許多住宅中僅有的外國科技便是那把AK-47自動突擊步槍，而伊斯蘭教信仰則是唯一世界知名品牌。這所有種種使阿富汗人民看來退化、非主流，以及脫節，卻又因戰亂成為世界注目焦點。

[2] 編注：位於巴基斯坦西部，是其四個省分之一。

這國家一直籠罩於黑暗中，沒有一絲光線。外部沒有人看到過或聽說過其中情形，也沒有人敢進入這個地方。然而，這個國家周圍的人說有時聽到人聲、馬嘶，還有雞鳴聲。因此那裡有某些人居住，但他們無從得知那些是什麼人。

——《曼德維爾爵士旅行記》
西元一三六〇年，第二十八章

新・公共服務

我看見兩個人踏進莫瓦法克飯店的大廳。

阿富汗人大多拖著長長披肩，彷彿穿著威尼斯狂歡節斗篷般滑步至大廳台階上。但那兩人卻穿著西式夾克，無聲地走來，然後緊挨住樓梯扶欄。感覺到一隻手放在我的肩上。那是飯店經理的手。

「跟著他們走。」在此之前他從未與我說過話。

「不好意思，不了，」我說，「我很忙。」

「現在就去。他們是政府派來的。」

我跟著他到了一個我根本不知道實際存在樓層的一間房間裡，接著他叫我脫下鞋子，只著襪子獨自進去那房間。那兩人坐在一張沉重的黑木沙發上，旁邊放著鋁製痰盂。他們坐在那，穿著鞋子。我微笑。他們沒有。蕾絲窗簾是掩上的，而且市內沒供電，整個房間黑漆漆的。

「你在這裡做什麼？」穿著黑西裝及伊朗式無領衫的人問。我以為他會站起身來，像其他人一般，跟我握手然後祝我平安。但他還是坐著。

「祝你平安。」我說，然後坐下。

「你也平安。你在這裡做什麼？」他輕聲重複一次，一邊往後靠一邊把修剪整齊的肥胖手指順著沙發的紫色絲絨扶手來回移動。他蓬鬆的頭髮及山羊鬍修剪得整齊漂亮。我意識到自己已經八週沒刮鬍子了。

「我已經跟外交部的尤素菲（Yuzufi）閣下解釋過好幾次了，」我說，「他要我現在再跟他會面一次。我要遲到了。」

頸上的動脈重重地抽動了一下。我試著放緩呼吸。沒人說話。一會後，我看向別處。

較瘦那人抽出一個新的小型對講機，就著說了些什麼，將他材質硬挺的夾克順了順蓋過傳統內衫。不需看見肩上的手槍皮套，我老早就猜想他們是國安局人員。他們根本懶得管我說了什麼或怎麼想他們。他們在臥室、刑訊室還有行刑場透過閉路電視監視其他人。他們明白，儘管我出現過，證明了自己存在，我還是可以被抹殺。不過，他們為何想到來質疑我？在靜默中，我聽到庭院裡有輛車正在倒車，接著是提醒禱告時間的第一聲呼喚。

「走吧，」穿黑西裝的人說。他叫我走前面。在樓梯上，我經過一個曾說過話的服務生身邊。他轉身走開。我被帶到停在塵土飛揚前庭的小型日本車旁。那輛車烤漆是全新的，最近才清洗過。他們叫我坐在後座。座椅後的口袋及後座地板上什麼都沒有。這輛車看起來就像才剛出廠。未發一語，他們轉向主幹道上。

那是二〇〇二年一月。美國主導的聯盟正準備結束在拖拉博拉山區的轟炸。奧薩瑪・賓・拉登（Usama Bin Laden）以及穆罕默德・奧瑪（Mullah Muhammad Omar）已逃離當地，加德茲地區的作戰行動正要開始。新政府取代塔利班政權已兩個星期。禁止電視及婦女接受教育的法律不再存在、政治犯獲得釋放，難民開始返家、一些婦女可不戴面紗出門。聯合國及美國軍隊開始基礎建設及食物配給。因沒有邊防，我不用簽證就進入了這國家。阿富汗政府對我來說彷彿無物。然而這些人顯然體制完備、訓練有素。

車子轉進外交部，門衛敬禮並往後退去。在拾階而上時，我感到自己動作快到不太自然。那些人也注意到了。一位秘書沒有敲門就帶我們進入尤素菲先生的辦公室裡。有一瞬間尤素菲從他的辦公桌後面盯著我們看。然後他站起身，順了順身上鬆垮的直條紋夾克，領那兩人到房間裡的最上位就座。他們慢慢地走在亞麻地板上，邊看著尤素菲接替來空蕩辦公室中安排的家具配置：裂開的辦公桌，四個有著不同深淺橄欖色調，完全不相配的收納櫃，還有一個讓整個房間充滿煤油味的爐子。

在那一週我才知道尤素菲的工作一半與外交部有關。兩週前他人在巴基斯坦。那一天他遞給我茶跟一顆糖果，還跟我說他多麼喜歡我的旅行，對著我父親穿著蘇格蘭式短裙的照片大笑，我們還一起討論波斯詩歌。這次他沒跟我打招呼，而是坐在椅子上朝著我問：「發生了什麼事？」

在我回答之前，那個留山羊鬍的人插話：「這個外國人在這裡做什麼？」

「這些人是國安局派來的。」尤素菲說。

我點頭。我發現尤素菲的兩隻手緊緊握著。那雙手就跟我的一樣，都在微微地顫抖。

「我會翻譯，確保你了解他們問什麼。」尤素菲往下說，「告訴他們你的構想。就跟你向我說的那樣。」

我迎向左邊那人的眼神。「我計畫橫越阿富汗。從赫拉特到喀布爾。用我的雙腳。」我吸的氣不夠完成句子。有點驚訝他們沒有打斷。「我想追隨巴卑爾（Babur）的足跡，印度蒙兀兒帝國的開國君主。我想避開實際道路。記者、援助工作者跟遊客通常搭車旅遊，但我……」

「這裡沒有遊客，」穿硬挺夾克，那個還沒說過話的人開口了。「你是阿富汗第一名遊客。現在正值冬季，高山道路上有三英呎深的積雪，還有狼。而且這裡在打仗。我能保證，你會死。你想死嗎？」

「非常感謝你的建議。我明白你那三個重點。」從他的語調我猜那些建議是命令的意思。「可是我跟內閣成員講過了。」我說，扭曲了一個和社會福利部部長秘書的簡短會面。「我一定要去這趟旅行。」

「一年內完成。」穿黑西裝的人說。

他檢視著從尤素菲那拿來，我橫越南亞的零星證據：西尼泊爾報紙上的剪報「史都華先生是位追尋和平的旅人」」、印度喜馬偕爾邦林業處第二環管理人的信件「蘇格蘭人史都華先生很重視環境」、來自旁遮普民政長官、喜馬拉雅邦內政長官、巴基斯坦灌溉部門首席工程師寫道「所有巴利低地的專案工程師都將協助史都華先生進行他探究運河系統歷史的徒步旅程」。

「我解釋過了，」我繼續說，「向元首閣下的兒子、社福部部長。他也給了我一封介紹信。」

「米韋斯（Mir Wais）閣下的信？」

「在這。」我遞給一張他來自部長秘書，有正式抬頭的信紙。「史都華先生是名對赫拉特人類學深感興趣的中世紀文物工作者。」

「但這沒有簽名。」

「尤素菲先生弄丟了有簽名的那份。」

尤素菲盯著地上，輕輕地點了頭。

那兩人討論了幾分鐘。我試著不去聽他們在說什麼。我發現，他們使用伊朗波斯語，而非阿富汗波斯語。這件事和他們的穿著、應對讓我想到他們花了多長時間與伊朗情報局的人工作。我曾被伊朗人懷疑過是個間諜。我不想被他們再次懷疑。

穿硬挺夾克的人說：「我們會跟他一起走到洽赫洽蘭。不過我們的配槍保鑣一路都會跟著他。」洽赫洽蘭正好在赫拉特跟喀布爾中間，到那裡大概需花費兩週時間。

如此一來，想必那些我想接觸的村民會被祕密警察保鑣嚇到。這也許是重點。他們明明可驅我出境，為何還是讓我進行這趟旅程呢？我猜他們也許想要錢。「謝謝你們擔心我的安危，」我說，「不過我樂於承擔這風險。之前橫越其他亞洲國家時我沒遇過問題。」

「你帶著那些保鑣吧，」尤素菲第二次插話。「這沒得商量。」

「可是我有給當地統治者的介紹信了。跟他們一起會比跟赫拉特人一起更加安全。」

「你就跟我們的人一起去吧。」他重複。

「我沒辦法負擔保鑣的費用。我沒錢。」

「我們沒有要求任何費用。」著硬挺夾克的人說。

「這沒得商量，」尤素菲複述。他寬寬的膝頭上下晃動。「如果拒絕，你將被驅逐出境。他們想知道你需要多少位他們的保鑣。」

「非帶不可的話，一個。」

「兩個……配有武器的，」穿黑西裝的人說，「然後明天出發。」

那兩人站起身，離開這房間。他們向尤素菲道別，卻遺漏了我。

坦克到枴杖

離開尤素菲的辦公室，我從糕餅店的一個玻璃陳列櫃中買了些擠花果醬餅乾。剛剛訊問我的那些人不是第一次做這種工作。從飯店員工的反應看來，他們在赫拉特廣為人識。他們之前可能在由KGB訓練的KHAD（阿富汗國家信息服務部）服務。但我還是有點不安，行政管理事務才開始兩週，他們已運作得如此有效率；還有他們是怎麼找到我的。快速地吃掉全數三十個餅乾，餅乾屑掉在長袍上，我走在人行道下緣的塵土中。我的靴子並不受驢子、輪胎以及其他人的鞋履所約束。我擔心那些人不讓我徒步行走。我覺得被困住了。我想要再次動起來，看看赫拉特及喀布爾之間的景物。

那天清晨的赫拉特看來像伊朗貧民窟。所有東西都在最近緊急建造完成。平坦的屋頂上有蓋到一半的購物商場，成串光禿禿的鋼筋如同蟲足，牆壁顏色就跟路上飄來的沙塵一樣。這就是政治角度下的伊斯蘭教建築，展現了馬克思主義及清教神學的綜合體，配上土褐色蘇聯磚頭。這裡大部分的人都穿髒黑色或褪色的咖啡色衣服，像伊朗鄉下人。我不喜歡這城市。為了打發時間我去市集買步行枴杖。

橫越巴基斯坦時我拿著理想的步行枴杖。那枴杖長五呎，由磨光的竹子製成，兩端均為鐵製。我用那枴杖徒步走了九個月，但沒有帶進阿富汗。這叫做「當」（dang），賈特人（一支來自印度旁遮普的農村種姓）直到十二世紀中葉前仍在使用「當」，一部分是為了自我防衛。許多巴基斯坦及印度旁遮普地區的人家中都還保留著祖父的枴杖。年輕人喜歡拿我的枴杖玩，在身體旁邊畫圈，幻想在敵人頭上加速畫弧線來擊敗對方。有人跟我說他的曾祖父使用「當」殺死了旁遮普最後一隻獅子。我喜歡使用自己的「當」徒步行走，每走四步敲一下地面使我的行動有了節奏。爬山的時候「當」可以有效地分散集中在左膝的重量。但現在除了鎮暴警察，沒人使用「當」了。「當」這個字有著陳舊的風味，我用這個字時大家都大笑。

阿富汗學生坐在赫拉特禮拜五清真寺裡一口巨大的中世紀銅製大釜旁，凝望著柱廊上鋸齒造型的古爾文[1]。

我問其中一名學生哪裡能買到一把有重量的步行枴杖。

他格格笑道：「像老人那樣的？」

「像老人那樣的。」

「可是你很年輕啊。你為什麼要一把枴杖？」

「因為我要走路到喀布爾。」

「搭巴士去啦！」他們全部大笑。

「或搭飛機去，」另一個說。他們笑得更厲害了。

「所以你們不知道到哪裡才能買到步行枴杖。」

「這裡沒有這種地方。在阿富汗我們有汽車。」

「你們這裡的老人在哪裡弄到自己的步行枴杖的？」

「他們自己做。」

我繼續在羅伯特·拜倫（Robert Byron）[2]於一九三三年所觀察到的、大部分已然毀壞的古市集所殘留的拱廊下行走。我不太確定要怎樣稱呼那樣的枴杖。在這個通用波斯語的地方使用旁遮普語詞彙「當」看來簡直是浪費時間。不過不管用了什麼字，人們都否認曾經聽過類似的事物；所以我問哪裡可以找到掃帚柄，然後被帶到了一家輪匠店。在他店裡的牆旁，一桶桶指甲花及杏

---

1 編注：古爾王朝是位於阿富汗西部的古國，祖先是波斯人，於十二世紀開始發展。直到一二一五年被花剌子模帝國所滅。

2 編注：二十世紀初的英國旅遊作家，是率先蒐集維多利亞文物的收藏家之一。他曾遠行到中國和西藏，並遊遍鄰近英國的大部分國家。著作頗豐，其遊歷俄羅斯與阿富汗的旅行經驗，激發他寫作《前進阿姆河之鄉》（*The Road to Oxiana*）一書，並為他贏得一九三七年的《週日泰晤士報》文學獎。

桃乾環繞著的，是好幾打的松木竿。那些松木竿比我在旁遮普拿的竹子重多了，但是在市集裡找不到任何竹子。我選了一根五呎長，相當筆直，並且於中心有著絕妙平衡的松木竿。

現在我需要鐵。跟著一團黑色煙霧往大街那走去，我找到了一位正在火光旺盛煉鐵爐工作，雙頰上有著黑色焦痕的鐵匠。在南亞，鐵匠通常種姓較低，是賤民階級。但這位鐵匠哈吉．拉姆贊（Haji Ramzun），因曾造訪麥加而受到同儕尊敬。我向他解釋我的徒步旅行及想要在木竿上進行什麼工程。他提議給他六天在木竿底端裝上修好的鏽蝕水管部件，在頂端安上一個大螺帽，然後漆上天藍色油漆。我只能繼續找。

我轉進「皮亞茲．福魯許」，也就是「洋蔥街」，那裡充滿了販賣地毯及黃金的商鋪，然後進入一個庭院。有隻驢子昏昏欲睡地躺在廣場中央。五個人坐在地毯上分享他們的午餐。我畫下枴杖的草圖，其中一人，瓦基．阿瑪，說他能幫上忙。他帶我到他棚子下安在粗木架旁的鐵砧那。一群男孩聚在一起看著他。他拿了一片從一位俄國軍火商那搶救來的綠色金屬，用小型截切機切下一片三角形。接著摺成甜筒狀並將接縫焊上，投入水中，戳出一個孔洞，將那塊金屬強力包覆在木頭上，用釘子釘穿過孔洞，再把釘頭切掉。他動作迅速且靜默。然後他停下來。木竿尖端很尖銳，比較像長矛，而非枴杖。

我解釋我在巴基斯坦的枴杖有個圓頭，而非尖頭。他聳聳肩。我問他有沒有金屬球。

「沒有。」

「別人呢？」

「海珊（Hussein）也許有吧，」其中一個年長的觀眾說。

大家議論紛紛起來，然後每個人都看著我。

「那……」

「我們沒有金屬球。」瓦基．阿瑪（Wakil Ama）說。

「那海珊呢？」我提議。

瓦基．阿瑪再次聳聳肩。「海珊也許有吧。」

「有人可以帶我去他那嗎？我要現在就去。」

瓦基．阿瑪對著一個男孩大吼，要他帶路。那男孩跑了起來，一邊咯咯笑，促使我跟著他後面跑。我們跑過一座黑漆漆的拱頂，進入一個大型庭院，轉向另一條街，然後停在一間舊貨店前。人行道上有個擺著廉價鬧鐘錶面、反航母砲彈彈殼，還有一顆鉛球的傾斜金屬托盤。

我們回到鍛造鋪。瓦基．阿瑪拿了那顆鉛球，嘴巴念念有詞，然後把那顆球焊接在枴杖尖端上。然後把東西浸到水中，在底部包上另一條坦克上的金屬。那塊沒有光澤而有著突起的金屬平焊在接縫上；現在我有一根堅固且平衡感絕佳，大約三磅重的枴杖了。瓦基．阿瑪微笑看著這成果。他勉強接受我的金錢報酬，並讓我自由出價。然後他準備一些茶水給我。

當我離開時，有位蓄著濃密花白鬍子的老翁看著那把枴杖。

「我猜想，你帶這把枴杖是為了抵擋狼群。」他說。

「還有人。」

他點點頭。

「你怎麼叫這種枴杖呢？」

「『當』。」他回答。

老翁

是否於亞洲之際

我和國安局說，要跟隨印度蒙兀兒王朝君王巴卑爾的腳步橫越阿富汗，但其實這是個誤導。起初我決定徒步循中央路徑從赫拉特到喀布爾，只因為路程較短，而且塔利班還在南方主要路徑上作戰。想在一月開始旅行，只因為不想再花五個月等雪融。一等到做出這些決定，我便發現巴卑爾也同樣於一月行經中央路徑，並在他的回憶錄中記錄這趟旅程。

我並沒有很認真地讀巴卑爾的回憶錄。我不太喜歡中世紀文學，總有著過時的神學思想，及已被人遺忘的當代知名人士。我想著眼在現代阿富汗，而非其歷史；我無法在一個與阿茲特克文明同時代的人身上看到這個關聯性。

巴卑爾回憶錄的開頭就和我能想像的一樣糟糕：

> 另有奧什城，位於安集延東南偏東，距其地有四伊朶奇的路程……羽奴思汗的母親是舍黑．努魯丁．貝格的女兒或孫女，此人是土耳其斯坦的欽察人，為帖木兒．貝格所寵愛。

然而，當我閱讀時，那些景觀及家系圖都往後退去，故事接著浮現出來。巴卑爾於西元一四八三年以王子身分誕生於烏茲別克一個遙遠且貧窮的王國中。在二十歲那年，他失去了中亞地區所有的土地，和少數幾名追隨者躲在深山裡。他們大部分失去了坐騎，手邊只剩長棍作為武器；但在二十二歲時他收復失土並且征服了喀布爾。就在那年，他造訪赫拉特，伊斯蘭世界裡最文明的城市。他經由中央路徑從赫拉特返回喀布爾，差點因大雪死在路上。接著他繼續東征，征服了德里，開啟了蒙兀兒王朝。他以擁有世界最廣闊及最富有帝國統治者之姿與世長辭。

他用一種謙遜到令人驚訝的口吻描述這場冒險。他的所作所為極端危險，但從未藉此引人注意。相反地，他著重在與之相遇的人們，並藉著對個別人物的描寫來勸誡整個社會。他更加重視當下世界，而非傳說或古老故事；他還是位細心的觀察者。身為一個連年征戰、長途跋涉以及慣於統御的人，他帶著幽默感及生活經驗提及許多殘存下來的事物及農業技術、詩歌、經濟、變童習慣，還有花園設計，而非刻意塑造出更完善、有趣、獨特且有標誌性的趣聞軼事。他與大部分描述旅遊的作家不同，他非常誠實。

有時看來，他的故事中唯一缺席的便是他本人。他從未說明是什麼驅使自己過著如此非凡離奇的生活，及冒著如此風險。他從不描述自己的情緒，是故他能看來疏離，而生活中各種事件，再再重複。面對屍體或嘗試置他於死地的人，他以一種更加沒有激情及超脫的散文模式描述。但，這種壓抑恰恰強調了他的經驗有多麼非比尋常。這裡是他在二十一歲時試圖抵禦阿赫昔

（Akhsi）的敘述：

我的坐騎腿上中箭。馬蹶將我摔到地上，落到敵人當中。我迅速躍起，搭弓放箭。幫我攜帶武器的侍從卡希耳（Kahil）騎的是一匹駑馬。他下來把那匹馬讓給了我……我對伊布拉辛．貝格（Ibrahim Beg）說：「現在怎麼辦？」他受了輕傷。不知道是由於這傷的關係呢，還是因為驚慌失措，他竟無法明確的回答……那個步兵一箭射中我的腋窩。我身上披的兩片喀爾木克鎧甲被射穿；我朝他背後放箭然後用我的劍尖刺穿了一位經過騎士的後腦殼……我的箭袋裡還有二十幾支箭。我思考是否下馬行走，只要還留有箭，但我決定策馬往山丘上走。

巴卑爾對朋友十分寬容且仁慈，對自己卻很強硬、有抱負且嚴厲。他對勇氣、虔誠信仰以及智慧的崇拜，連在他回憶錄中的簡短文字中仍不言自明。這裡是關於與他一起橫越阿富汗的一名年長隨從「哈斯木」，又名「分裂者」的敘述：

他以華麗的彎刀技巧脫穎而出。哈斯木．貝格（Qasim Beg）是一位虔誠的穆斯林，他敬畏真主，不吃任何一切可疑的食物。他的意見和決定都是很好的。他雖不能讀書寫字，但常開玩笑，說些令人發笑的俏皮話。

巴卑爾從未掩飾自己貧寒的出身、他的失敗、困境以及未有回報的愛。他明白自身的不合理、妄想及弱點，並且從不寬待。他以自己的詩歌自誇，而非自身勇氣或能耐。他對權力或信仰總有疑慮，且不把自己或這世界視為理所當然。

儘管如此，這回憶錄雖改變了我對十五世紀亞洲的看法，但還是與現代阿富汗關聯性太低。巴卑爾是中世紀的人。他的世界觀奠基於身為成吉思汗及帖木兒大帝的直系皇族後代、他與十五世紀波斯文化與伊斯蘭文明的接觸，以及他從未離開赫拉特以西之處而形成的。他描述西元一五〇四年赫拉特富麗堂皇的文化與有著殘破水泥牆、盜版DVD及粗野風俗氛圍的現代赫拉特難以連結：

赫拉特這樣一個華美的城市，這裡備有一切享受的條件和奢侈豪華的用具……素檀忽辛．米兒咱（Hussein Mirza，統治者）穿著大紅大綠鮮豔色彩的羊毛服飾。在節日裡，他有時是戴一小條頭巾，胡亂地纏了三層，插上鷹羽，去做禮拜……他還有詩賦的天才……但他卻像小孩那樣，畜養鬥羊、放鴿子，甚至鬥雞……他耽於飲酒及淫佚逸樂……他創造了一個人才薈萃的宮廷，充滿了學者和傑出人物。每個人都打算和希望把事情做得盡善盡美。

桌上擺了一切下酒應有的菜餚，還有各種各樣的食物——烤雞、燒鵝……當酒意奏效，一人在酣醉中起身跳舞，舞跳得很好……然後另一個大聲歌唱，歌聲又高又尖，難以入耳……把盞者將酒杯斟滿，開始獻到在座者面前，客人們飲下這純醪，就如同喝下生命之水[1]。

幾乎巴卑爾提到的所有活動——賭博、跳舞、多彩服飾、放蕩玩樂、歌唱與飲酒——在塔利班政權下都違反律法，而對伊斯梅爾汗（Ismail Khan）的新政府而言仍為違法或不倡導。

*

巴卑爾僅在赫拉特城停留二十天，儘管表兄央求他抵抗烏茲別克軍閥，仍決意要離開。巴卑爾聲稱他因為冬天住宿不足而離開；但身處最富裕及最文明之人的皇宮中，這應該不太可能。最

---

1 巴卑爾王描述在赫拉特人們的樂譜及他們的繪畫、神學、舞蹈，以及詩歌還有幾乎所有的飲酒。他們一些人並非尋常人物，舉例來看，「那穆拉留下了一本波斯文論詩律的著作，省略了很多實用又困難的主題，而用盡所有細節說明淺顯易懂的事物，很了不起地在這上面花了極大力氣」。

可能原因是他與那文盲隨從哈斯木因出身鄉村而被上流貴族羞辱。哈斯木僅能在謁見廳裡阻止巴卑爾犯下危險的社交錯誤，及阻止他第一次飲酒。哈斯木大概是想在他的少主被進一步摧毀或羞辱前帶他離開；加上他們的新帝國喀布爾正受到威脅，巴卑爾總是夜不能寐。無論決定性因素為何，巴卑爾肯定強烈感到非離開這城市不可。他在隆冬中離開，那是個踏上中央路徑為旅途路線非常糟糕的時機。

第一步

赫拉特……在十字路口配有哨子的警察正好能鎮住芝加哥黑社會。

——羅伯特·拜倫，《前進阿姆河之鄉》，西元一九三三年

赫拉特……警察就站在木板搭成的高台上吹著哨子，憤怒地指揮疏疏落落的交通，模樣就像球賽裁判。

——艾瑞克·紐比（Eric Newby），《走過興都庫什山》（*A Short Walk in the Hindu Kush*），西元一九五二年

赫拉特……一位矮小的警察孤獨地在寬廣布滿沙塵的廣場中央，卻更像在香榭麗舍大道上般莊嚴又凶猛地指揮兩頭驢及一輛單車。

——彼得·列維（Peter Levi），《天使王的光明花園》（*The Light Garden of the Angel King*），西元一九七〇年

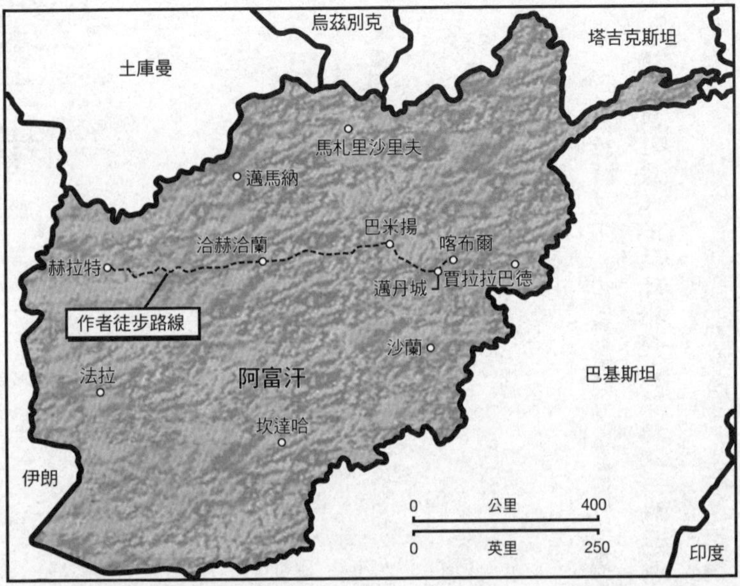
烏茲別克
塔吉克斯坦
土庫曼
馬札里沙里夫
邁馬納
巴米揚
洽赫洽蘭
喀布爾
赫拉特
賈拉拉巴德
邁丹城
作者徒步路線
沙蘭
法拉
阿富汗
巴基斯坦
坎達哈
伊朗
0
公里
400
0
英里
250
印度

芝加哥與巴黎

在赫拉特的最後一個早晨，我不很情願離開床鋪。除了我的尼泊爾睡袋裡，其他地方都很冷；我知道前方山區會更加寒冷。穿上我的步行裝扮：一件傳統長袍上衫、寬鬆長褲、一頂傳統羊毛帽，還用一條棕色傳統阿富汗長毯布巾包裹住我的肩頭。我走進餐廳享用早餐。除了莫瓦法克的飯店之外，外國人都禁止入住，而我現在覺得這或許是為了讓國安局能夠更容易監視我們。在前一週，所有桌子都被戰地記者占據了，我花了很多時間和他們一起。我注意到投緣的記者，麥特・麥艾列斯特（Matt McAllester）和莫伊塞斯・薩曼（Moises Saman）已不再出現。在之前某個晚上，他們在聯合國酒吧裡暢飲土庫曼香檳，慶祝莫伊塞斯的生日。

法國電視二台帶來自己的咖啡壺及袋裝Lavazza咖啡粉，還跑去市集買新鮮果汁。那天前我聽到他們在討論一個神龕上的中式花紋、伊斯蘭宣禮塔與工廠煙囪的相似性，還有那個在巴拉希薩爾堡追著他們的士兵。現在他們討論該去拜訪人工吹製玻璃坊還是難民營。他們其中一人用手指著窗外的交通警察。這些事物七年以來，總是吸引來到赫拉特外國人注意。我曾讀過五個不同的旅遊作家描寫這裡的交通警察。他們頭上的尖帽及哨子，就像阿富汗市集裡極度不協調的吵雜喧囂，衝擊來此的訪客。我想要以自己的話來描寫這些情況。

我坐在曾在印尼雅加達見過面，《每日電訊報》（*Telegraph*）的通訊記者艾列克斯（Alex），還有成為自由攝影師前曾為英國皇家御林軍官的沃恩．史密斯（Vaughan Smith）旁。他攝影記錄阿富汗已有十年了。

「你今天早上離開嗎？」沃恩問。

「我希望如此。」

「然後你真的要穿過古爾省徒步到喀布爾嗎？」

「對。」

沃恩微笑。「祝你好運。」他說，然後給了我他的炒蛋。為了儲存蛋白質我吃下六顆蛋。然後拿起我的枴杖跟背包，道了別，走到街上。一陣強勁的冷風把泥沙吹上空中，我不得不瞇起眼睛。

在街角，我看著一個人從車上卸下來自中國的桌巾及標著「Nike by Ralph Lauren」的伊朗夾腳拖。來自伊朗大布里士的大卡車經過那伊朗政府仍稱為絲路，瀰漫著柴油煙霧的多線道高速公路，運送來許多的貨物。這正是亞歷山大大帝（Alexander the Great）追捕他波斯敵人的路徑。波斯人經由中央路徑逃入山中；亞歷山大大帝並沒有追在他們後方，而是走相對安全的坎達哈路線抵達喀布爾。我看著一個飄過亞歷山大足跡，來自伊朗伊斯法罕的水果包裝紙。我跟著波斯人，然後一個我曾見過面，有著義肢的人出現。

「你要去古爾省嗎？」他大吼。

「對。」

「你要去自己墳裡。」他回道。我跟他握手然後走開，他繼續重複那句雙關語「古爾省……墳墓」然後大笑起來。

呼瑪鳥

我抵達他的辦公室時，尤素菲起身，微笑，緩慢地扣上他的雙排釦夾克，然後繞過他的大型辦公桌來擁抱我。當我一坐下，大約有一打的人衝進門裡。我在飯店裡見過他們——《華爾街日報》（*Wall Street Journal*）、《英國衛報》（*Guardian*）、《法蘭克福匯報》（*Deutsche Allgemeine Zeitung*）——不過他們沒人認出我。著打褶皮夾克及寬鬆長褲的年輕喀布爾翻譯官請他們排列整齊。當接近尤素菲辦公桌時，他們彼此高聲地用英語交談：「我們可以見他嗎？」「我們可以預約見他一面嗎？」「但閣下說……，」「沒有更高的權力，」「沒有信件？」「要是這樣那……？」然後就彷彿一場喜歌劇，尤素菲的男低音切入，就像和聲：「還不能確定……不用擔心……都會沒事的……」。

那些記者們亟需見一名塔利班囚犯。尤素菲答應過會想辦法。這樣的序曲已經搬演多次。一些記者在城裡已待了兩週，還沒進過監獄裡。現在碰到尤素菲持續模稜兩可的說法，他們對遠遠來自喀布爾，幾乎和記者們一樣一頭霧水的翻譯官窮追不捨。最後，尤素菲仍在說話，他們在屋裡回身，沒有道別就迅速離開，只留下我與門邊一些農人。

尤素菲微笑。他應該有去找我在喀布爾惹上麻煩時的介紹信。我等待他說找到了但是沒有。相對地，他說：「我昨晚想到了你，羅利。你就像個中世紀苦行托缽僧。」

他把我比做生於十二世紀古爾王朝的阿塔爾（Attar）。當成吉思汗入侵時，阿塔爾因開了個玩笑而遭殺害；而襁褓中曾被阿塔爾抱過的魯米（Rumi），後來步行至土耳其找尋那些旋轉的苦行托缽僧。

「你在這趟旅程中將看到，」他接著說，「今日就像古爾人統治的十二世紀，如同阿爾塔時代，是一個完整國家。」

我微笑。儘管新政府還在適應這個後現代現狀術語，尤素菲則對阿富汗有個相對古老的看法，單一國家認同、自然國界、國家使節還有由中世紀詩歌定義的文化。國安局只把我的徒步計畫視為前往伊斯梅爾汗領土邊緣的一趟旅行。哈札拉對他們來說就跟伊朗這個外國國家沒有兩樣。但對尤素菲來說我的徒步計畫是橫越一個統一國家的旅程。這也許是為什麼他是唯一認為這個旅行可行的人。

「我啊，」尤素菲嘆氣道，「非常樂意跟你去，但我就像拒絕加入這聖嚴探求的鳥兒一般。」然後他引述一些大約是阿塔爾描述鳥兒藉口留守家園的詩句：

貓頭鷹喜愛那廢墟中之巢穴，
呼瑪鳥醉於使人稱王，
獵鷹永不離王之手，
而鵪鶉總為自身弱小辯護。[1]

最後，一名士兵正步進入辦公室，將他的右手擺在胸上說道：「Salaam aleikum. Chetor hastid? Jan-e-shoma jur ast? Khub hastid? Sahat-e-shoma khub ast? Be khair hastid? Jur hastid? Khane kheirat ast? Zinde bashi.」

那是達利語，阿富汗波斯方言，意思是：「祝你平安。你好嗎？你的靈魂健全嗎？你都好嗎？你都好嗎？你健康嗎？你都好嗎？你家族繁榮昌盛嗎？祝你長命。」或者是：「哈囉。」

他是位年約四十五歲，有著O型腿、束狀栗棕色鬍子及紫色萎縮雙頰的矮小男子。在一個網袋中他帶著與總部的聯繫工具，一個軍用對講機、一枝表明他識字的原子筆、一排顯示他負擔得起抗生素的藥丸，還有一個更加隱晦的階級指標，一卷粉紅色衛生紙。

尤素菲並沒有起身與他打招呼，但他移動了三個在他巨大木頭辦公桌上的檔案，回應了那九道問候。靠在辦公室最遠的那道牆邊，四位阿富汗農民坐立難安地坐在塑膠椅上，他們腳上的膠鞋筆直地生根在亞麻地板上。在他們破爛抽絲的阿富汗傳統長褲下，有著布滿白色極細裂縫及疤痕的細瘦棕色腳踝。他們為了與尤素菲談話已等了好幾個小時。

「我是卡西姆（Qasim）先生，」那個士兵繼續說道，強調**先生**這個有先知後代意涵的頭銜，「來自情報與安全部門。」

「當然，卡西姆**先生**，我是尤素菲閣下，」尤素菲，同樣也是個**先生**，回答他。「這是羅利閣下，我們唯一的遊客，在此已準備好你與他同行。」

我的保鑣連往我的方向瞥一眼也沒有。

「祝你平安，」我說。

「你也平安，」矮小男人回應。他轉向尤素菲。「那，閣下，我們的休旅車正在外面待命。」

「請你明白，」我插話，「我要走路到洽赫洽蘭。」

「到洽赫洽蘭？不。」卡西姆先生直直地站起來，強硬地聲明，但他在這辦公室裡看來並不自在。他不停環視這個房間。他一雙眼睛又小又藍，眼皮泡腫。

---

1 神祕的呼瑪鳥從不停駐地上而是持續飛行。該鳥的食物為骨骸。雌呼瑪鳥自空中產卵，而她的雛鳥於卵垂直落下時孵化，在墜落地面前逃出。任何呼瑪鳥飛經過的人將成為君王。這傳說部分可見於波斯及印度兩方，且由印度詩人及穆斯林蘇非如阿塔爾及魯米傳唱。曾有兩隻巨大黃金呼瑪鳥在古爾人失落首都綠松石山的牆上。即使巴卑爾也引述關於呼瑪鳥的詩歌，由他侍臣其中一人所寫。

「不是只到洽赫洽蘭，」尤素菲說，「到喀布爾。」

「他會被殺死。這個外國人想要幹嘛？」

「我是位歷史教授，」我說。

卡西姆瞇著眼睛看了看我破爛衣服，不悅地皺起眉頭。

門滑開，一名比較年輕的士兵正步進來，向我們敬禮。他大概有六呎高——比卡西姆高約七吋——有著比卡西姆寬大的肩膀。對一個自鄉村出身的人來說，他很不尋常地將鬍子剃掉，留了個讓他看起來像個墨西哥土匪的八字鬍。從他的網袋可看到五個專用彈匣、三顆手榴彈、一包香菸，然後又是一卷粉紅色衛生紙。卡西姆介紹他是阿布杜爾．哈克（Abdul Haq）。

尤素菲在粗略瀏覽過兩個檔案後，重新抬起頭跟他們做最後囑咐。轉向我時他另外說道：「我已經跟他們倆說你見過元首大人伊斯梅爾汗，並且他祝福你的旅途一切順利。他們會按照你的指示去做，而你會記錄下他們的不良行為。你的旅途現在開始了。」他從辦公桌後站起來，用力地覆上我的手。「把我記錄進你的書裡。就如那位波斯詩人所說：『生命短暫易逝，而文學永存。』」

他微笑。「祝好運，馬可．波羅。」

盤纏

我們走進迴廊，推開仍在等候與政府官員請願的人群。我們到達街上時，並非往西轉向飯店，我們轉向了東方往沙漠及山區前進。太陽已經升起，在用沙聚成的磚頭上映上強光，加深了推著手推車疲倦人群的身影。我們邊走著，我一面調整背包背帶，一面思考自己有沒有忘了買什麼，免得往後兩個月得面對無物可用的狀況。我感到左邊靴子裡腳底板深處熟悉的凹陷，伸展我的腳趾，然後邁開步伐。我的旅伴只帶了自動步槍和睡袋，沒有食物或保暖衣物。

穿著阿富汗服飾，因為背包重量我一直聳著肩膀，使我感到有點滑稽。較年長的卡西姆，穿著熨燙整齊，給體型更大的人穿的迷彩長褲。他的皮帶下緣堆積了一堆腰間鬆垮的衣服皺褶，不過應在大腿上的口袋掉到他的小腿中央。儘管他是位階較高的人，卡西姆看起來比阿布杜爾·哈克更不自在。他低著發紅布滿小凹痕的臉，雙眼不停來回轉動，好像等著什麼東西從人行道上跳出來。阿布杜爾·哈克站得直挺挺的，在卡西姆旁看來十分高大。他每走兩步等於卡西姆的三步。

街上甚至沒人瞄我一眼，連卡西姆或阿布杜爾．哈克也沒正眼看我。他們不會說英語。我猜他們之前對這趟旅程只有個不確定的概念，也沒跟外國人打過交道，還有他們位階並不高。從他們的制服看來，這些衣服就像才剛從一間美式寄賣商品店拆封，我也猜他們第一次做這樣的工作。不過他們把玩武器相當老練。我們肩並肩地走，除非街上太過擁擠，或是阿布杜爾．哈克幾次停下來調整AK-47突擊步槍上的環型彈匣。粗柏油路上的泥沙更厚，人潮愈來愈少了。

我看著一隻停在牆上烏鴉空洞的眼睛。在那之下，一間古董店的商品擺放在一個托盤上。在一個十九世紀加德納茶壺及兩把槍托裂開的李．恩菲爾德步槍旁的是一個健馱邏人頭部的石塊，來自姆薩拉建築群的一座佛像，還有黏土塊上神祕的鳥形紋路：來自巴卑爾時代赫拉特城以及拜米爾、古爾區文明的物品拙劣地被飾品獵人陳列在塵土中。我懷疑賣家有比那隻烏鴉更在意那些商品。我們經過糕餅店、藥局及放在陳列櫃裡的水果蛋糕，最後是加油站。

終於，阿布杜爾．哈克用他漆黑的眼睛看著我，問道：

「你不是記者，你是嗎？」

「不是。」

「可惜了，不然你可以寫個關於我們的故事。」

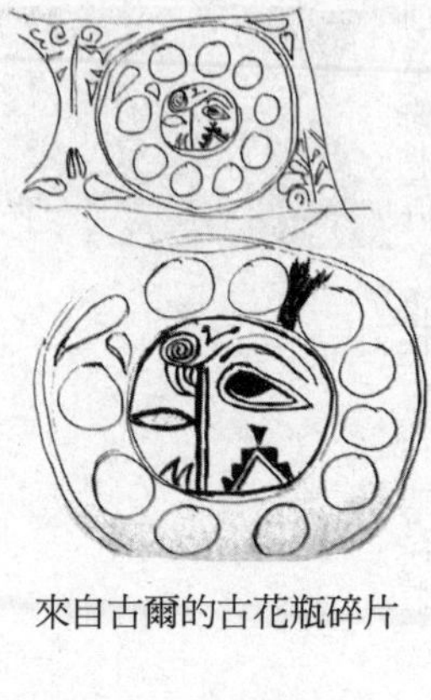

來自古爾的古花瓶碎片

*

在城市邊緣，我們坐在街邊桌旁吃著午餐。我們有雞蛋、麵包及優格可選擇，但我今天已經吃夠多蛋。卡西姆把他短小的腿拉到身下，審慎地拿走我那碗優格，伸進他小小的手指，在把碗遞回給我之前舔了一口。看來他用試毒來展現對賓客的關心。

在中世紀的皇族間下毒是很稀鬆平常的。巴卑爾有一次就因為這樣活活取出一個廚子的內臟。我向他道謝並微笑。第一次，他報以微笑。

正對著我們的小小食店，立著一座精緻的中世紀泥塔；因鴿子排洩物豐饒了葡萄園，給鴿子造了鴿舍。塔利班之前禁了葡萄園，也禁止擁有禽鳥。塔上裝飾華麗的陽台現在磚塊剝落，一隻鴿子也沒有。以前，鴿子是飼養來娛樂的。像是赫拉特十五世紀時的統治者忽辛．米兒咱，巴卑爾的父親也擁有鴿子，並訓練牠們在空中翻觔斗。當他的城鎮被攻陷，身在戰敗邊緣時，他到位於懸崖上的鴿塔。巴卑爾描述土地滑落、懸崖塌陷，然後「鴿子與我父親啟程飛向下一個世界」。

午餐後，我們繼續走。在城鎮外圍，我們經過絲路的其中一個古老交叉點，旅行商隊的路線在這裡或往北走向中國，或往南走向印度——也是嬉皮人士在一九七〇年代的旅遊路線。我們持續向東。我甫感覺離開了赫拉特，開始了我的旅行。一輛吉普車嘎啦一聲出現，停在我們旁邊。

是《洛杉磯時報》（*Los Angeles Times*）的大衛（David），他已經沒有故事好寫，想知道能否採訪我。

我喜歡大衛。他讓我使用他的衛星手機打電話給我父母。這對在未來六週徒步旅程中都沒電話可用的狀況來說，是個天大的特權。現在他問我為什麼要橫越阿富汗。

我告訴他阿富汗是我徒步旅程中失落的一塊，這是個介於沙漠與喜馬拉雅群山之間、介於波斯、希臘與印度文化之間、介於伊斯蘭教與佛教之間、介於神祕與好戰伊斯蘭教徒之間的地方。我想看一個將這些文化融合成另一個文化，或觸動這全球化世界的所在。

我提到在蘇格蘭散步的某一個下午，我想著：我為什麼不繼續走下去呢？橫越亞洲的我身後有一道魔法延伸出的足跡。

他問我是否想過正在做的事很危險。我從來找不到一個聽來不奇怪、誠懇或不荒謬的說法回答這個問題。我說：「你當然可以明白，卡西姆的靜默、普魯士藍的天空，甚至這空氣。感覺起來就像是恩賜。」我進一步說，「所有的一切，突然都有了解釋。我覺得我用一生為了這趟旅程做準備。」

但是他什麼都沒記下來。相反地，當他的攝影師羅密士（Loomis）拍攝我從一個溝渠裡出來的照片時，他明顯地草草寫下，「天天一天走二十至二十七哩——以麵包維生——『飢餓帶』。巴卑爾在雪中失去他的軍隊與馬匹。單套換洗衣物。瘦小且有著束狀鬍鬚。」當羅密士給我一個全新的暖暖包時，我試著解釋我不在意物質方面；這更傾向一個觀察阿富汗的角度，以及做自己。

羅密士點頭。「你讀過《阿拉斯加之死：荒野生存》嗎……那本關於富有的美國年輕人潛進阿拉斯加荒野中找尋自己，然後獨自喪生雪中的書？……真是本新聞業鉅著。」

*

他們返回赫拉特，而我們繼續旅程。阿布杜爾．哈克將他的棒球帽推到他的後腦杓，將他的墨西哥式八字鬍往下撫順，抖了抖肩膀將他的美式迷彩夾克甩到背後，然後在我五碼遠的前方移動，彷彿強迫自己快速行動來保持他的步伐般把我們遠遠甩開。在他的靴子附近有一團杏桃色沙塵翻騰。那沙塵與他使用士兵在值勤時抽菸的傳統方式——用大腿遮掩香菸——的灰色煙霧合流。在我身旁，卡西姆邁著較短並謹慎的步伐，將他的腳跟重重地叩在路緣上。

我們的影子在碎石路上拉得長長的：阿布杜爾．哈克的最大，卡西姆的最小，我的在背上有背包映成的突起。沙漠在我們周圍擴大，我們三人的尺寸愈縮愈小。我不停地想著大衛的文句，彷彿不成句的訃聞。到我的肌肉熱身到準備進入之前徒步旅行的熟悉節奏，花費了不少時間。當我追上他時，阿布杜爾．哈克閃過一個微笑，將他的步槍槍管插進沙中，表演了一個小規模的撐竿跳高，在著地時大喊「真主至大」。

卡西姆很受不了似地看著那年輕人。我好奇他可以掌控他的代理人到什麼程度。

除了在西尼泊爾毛派地區的那幾週外，我已經習慣在相對平靜的地區步行了。儘管天天走上四十公里，我只遇見過寥寥幾人，景色則以每小時五公里的頻率緩緩變化。我已經內化到著重於細節：旁遮普最高大的黃檀樹、叢林低地中的豹子足跡，還有喜馬拉雅山區淡綠色的梵天蓮花（苞葉雪蓮）。我將這所有事物在村莊裡的客房內記錄下來。我檢視過伊朗的擁擠養雞場和大卡車停靠站；在尼泊爾我觀察人們用白色耕牛犁田，連枷[2]敲擊在處理穀物去殼的地板上，陽光下瀰漫著穀糠的煙霧。我記錄人們的活動，比如沙烏地阿拉伯手工工人以及他們關於美國陰謀論的想法。我嘗試釐清沿著印度尼泊爾邊界的古歷史軌跡——跟隨由鐵騎兵與太陽神鑿成的一列殘破石塊——我想那就是古代馬拉王朝的足跡[3]。

突然間一聲爆炸。我們腳下的土地一陣震動，剛剛離開的地面上捲起黑色刺眼塵霧。我從沒想過一枚地雷能發出多大的聲響。其他人連頭都沒回。

我們在一個往兩旁無限延伸成低矮丘陵的礫漠裡。那裡沒有任何樹木營造出高低及色彩的差異性。這些砂礫並不會隨著季節改變。在伊朗的沙漠裡，還有由耕犁在土壤上犁出的、高壓電塔形成的垂直線條、電線上暗黃色的老鷹，還有廢棄塑膠袋形成的標記。由於阿富汗的乾旱及貧窮，就連最為基本的人類痕跡都看不見。

＊

但道路很平坦，天氣很涼爽，我的雙腳很舒適，還有我的背包並不感到沉重。腿上的步伐開始轉化我呼吸跟思考的節奏，儘管我還是不尋常地緊張。我想，在十五個月橫越亞洲的徒步行程後，我的好運是否已經用罄。我已答應母親這是最後一趟旅程，還有，若平安到達喀布爾，我就回家。

我開始把步伐踏得更快更大，沿著道路半走半跑。我的焦慮退去，沉醉在肌肉律動裡，讓我想像起四十天內這趟旅行也許就可以結束。我已經遠遠拋開赫拉特的辦公室及面談，再次往東行。看著閃過我腳下的小圓石，感受我腳跟踏下的每一步正標記著阿富汗。我想用我的雙腳盡可能地接觸這個國家。我想起為什麼有一度我想走遍全世界。

兩小時後，我們到達一個市集，赫拉特沙埃德，那裡的泥巴路兩旁有短短兩排泥屋商店，離赫拉特八公里遠。

---

[2] 編注：是一種農用收割工具，用於分離穀物的外殼。

[3] 馬拉是中世紀尼泊爾王朝，征服了大部分印度喜馬拉雅山區。我沿著他們的路線，從根戈德里，經過凱達爾納特及喬斯希馬特，到達尼泊爾的久木拉。

「這裡，」卡西姆說，「是我們晚上的停靠站。」

「可是還有三小時才天黑。我們可以再走十五公里。」

「前面只有沙漠。我們一定得在這裡停留一晚。我們可以明天再橫越沙漠。」

以這個速度我六個月都到不了喀布爾。但沒有地圖可用來質疑他，並且不想首日就開啟爭執，所以我不情願地同意了。卡西姆把他的睡袋遞給阿布杜爾．哈克，用力撫平他的迷彩夾克，轉身走向一間泥屋。我跟在他身後。我們在門檻那脫下靴子，在拱頂下俯身，然後進入一個漆黑的房間裡。我認出二十個穿著迷彩服的人，坐在地毯上。他們全站起身來向卡西姆打招呼。我笨拙地拿著行李穿過人群，放在角落裡，接著完成正式問候——「祝你平安。你好嗎？你安好嗎？……」——然後坐下與他們一起喝茶。今天令人不悅地短暫，我希望盡快擺脫我的旅伴。

當那些人開始閒聊，我把卡西姆拉到一旁，在他手中放下兩百美元，請他用那些錢買我們的食物。那對一些阿富汗人來說是六個月的薪水，但我需要卡西姆站在我這邊。我告訴他只要他讓我一個人繼續旅程我會給他更多錢。他什麼都沒說，但摺起那些鈔票，放進胸前的口袋裡。後來一位眼睛斜視、鬍子東一塊西一塊、面貌黝黑的男子被推進了房間。他甚至比卡西姆還要瘦小，卡西姆說他是他的妻舅阿齊茲（Aziz）。卡西姆告訴我阿齊茲想要加入我們的旅程。現在我們是四人行了。

那些長靴

半小時後，卡西姆提議我和他一起去見識見識那裡的市集。他想買雙靴子。我跟著他到街上，進去一間小棚屋裡。一雙頂端有毛皮的白色麂皮靴立在釘在爛泥牆的粗木板上。卡西姆叫店主拿下那靴子，接著坐在地上，費勁地把靴子套上。他覺得靴子跟他的迷彩褲很搭配，但是靴子小到連他極小的小腳都穿不上。他和店主接著翻箱倒櫃地找出藥丸、米、香菸、電池，然後找到一雙紅色人造皮靴子。那雙靴子非常的大。為了交換，卡西姆把自己那雙破爛軍靴給了店主。店主看起來得到了一樁糟糕買賣。軍靴由美國中情局免費提供，到處都有。雖然如此，我猜想店主之後還是可以靠著卡西姆或他認識的人來訪得到其他東西。我比較擔心卡西姆。那雙新靴子看來肯定會把他的腳絞成碎片。

卡西姆很開心。他站起來，和店主手拉著手，越過放著洋蔥的托盤進入陽光普照的街上，對經過的人們大吼著「祝你平安」。那些人回吼「你也平安」。他們擁抱、親吻，然後卡西姆繼續拉著店主的手，開始了冗長的正式問候語句。卡西姆顯然忘了我。我被遺留在店門口，一個人看著街上。

這裡的景色讓我想起一個維多利亞時代關於東方國家的印刷品。往北邊，破落的泥巴建築之上，成群綿羊在藍天下有著灰綠皺褶的礫漠上移動著。往東邊，我的最終站，我看見遙遠的帕魯帕米蘇斯山脈上冰雪覆蓋的尖峰，另一半隱沒在黯淡裡。留著豐厚白鬍，戴著黑色頭巾的人們極為緩慢地走在市集路上，連禱經念珠纏繞著他們的手腕，他們及踝的外袍袖子給一陣白色塵土染髒。傍晚夕陽在兩位於路旁摔角男子禮拜帽上的小鏡子上閃著光芒，他們身旁是箱伊朗餅乾。一輛白色載貨卡車疾馳在不平的道路上，車上擋風玻璃下一張大卡片寫著「**送至沙法克先生，喀布爾到阿拉伯聯合大公國，免關稅**」。在卡車貨斗上一位戴黑頭巾的人拿著一把安裝好的俄國反航母機槍。

我踏出陰影走到街上。一群人看著一位警察跟一位公車司機爭執，公車司機大吼著在新政府治理下就算是警察也要支付車資。突然間兩個人握了手，大笑著各自走開。也許是市集裡充滿著陌生人，看來沒人盯著我的阿富汗裝束看。慢慢地溜達在午後後半的餘熱中，陽光映在我臉上。

赫拉特一直都天空灰濛濛且寒冷，但是白天很溫暖。空氣非常乾淨，而且泥沙地很漂亮。我沿著店門口的曲線觀察。那清澈陽光被牆上的乾燥泥巴吸收進去。我很開心自己在這個地方。但這些東西也是貧窮的象徵。三十年前，戰爭前，這市集裡有更多的陶瓷與塑膠。甚至這座沙漠也是新的——在近來幾次旱災中出現。我在這沒有女性的街上漫步，聽著無業穆拉[4]與文盲槍手激烈地討論表親通婚。沒有人買任何東西；每樣東西，看起來都是以物易物或是贈與。大家彼此相識。有兩個人談論我，英國在哪裡，外國人吃什麼、拿什麼，和喜歡什麼。這不需要我參與，很容易繼續延伸下去。

「他也許比看起來更強壯，」其中一個人在我經過時說，「但我不覺得他明白他在幹嘛。」他們對我微笑，我咧嘴回應。

*

休憩者

半小時後，卡西姆與阿布杜爾．哈克跟著另一位士兵重新出現，提議我們參觀一個市集外的花園。走了一公里後，我們轉向一個墓地，一條絲柏道隔絕了我們與村子。大家都拿著自己的步槍，而卡西姆的新朋友不知為何手持一把沒刀鞘的刺刀。我還在試著了解阿富汗，關於他們的景物、歷史與建築，就像我之於其他國家一樣。但這是個處於戰爭的國家，且我無法掌控身旁的槍手。我仍然無法相信國安局有興趣無償保護我。我也不能相信要

4 編注：伊斯蘭教的一種尊稱，意譯是先生或老師，伊斯蘭教士與清真寺領導者，亦會被稱為穆拉。

是他們認為我是間諜，會讓我橫越這土地。可能他們只是叫卡西姆跟阿布杜爾·哈克帶我到城外然後殺了我。在戰爭中沒人會注意到。我覺得自己的旅途只走了八公里實在很可笑，而且再次煩惱若我被殺害，人們會認為我就只是在玩火。

但那些士兵沒想到要置我於死地。他們只是想向我展現其他人的墳墓。他們離開我爬上一座廢棄建築的屋頂抽起大麻。

「這是聖人烏爾亞的神殿及陵墓，」卡西姆向下大吼。「他非常重要，他『身長十呎』。」這是個適合他的巨大墳墓。我轉回去察看景觀。在我面前是面帶著大門的二十呎長泥牆。我踏進去，在一個漆黑隧道裡繼續往下走了約三十呎，直到左手邊出現一座庭院。從下沉的地板開始，泥面延伸了二十呎直到空中，營造出台階與屋頂，牆壁與庭院。我看著陰影分布與陽光折射在護牆、木頭支柱、花崗岩拱心石以及蜂巢拱頂上。

在其中一扇小窗中，面紗上一雙年輕的眼睛，出現又消失。地上散落著秋收的穀物外殼，門框染上煤煙。我爬上幾層樓梯到屋頂上，發現一個枯枝搭成作為廚房的單坡棚屋，裡面有兩條褪色機製地毯、一座防風燈，還有繪有清真寺的茶巾。

「這都是那個家族的東西，」卡西姆大聲說，與其他人一起出現。「一百人住在這棟建築裡。」我無法理解這種中世紀劃房單位——一個村莊住在一棟有著錯綜樓梯、樓中樓夾層以及廢棄隧道建築物裡。

「他們非常貧窮。」我說。

「Jang-e bist-o-se saal bud. Ab nist. Mardom-e-karia gharidb...」他回應。我不用他說完句子，因為我從赫拉克及喀布爾人們那聽過每一個字。「戰爭已經二十四年了。沒有水。村民窮、不識字、憤怒且危險。阿富汗毀了。」在這種標準分析中，伊斯蘭教及民族性幫不上忙，暴力是瘋狂農村文盲的產物。這代表，一點點教育、金錢及輔導可能重建存在於阿富汗「毀滅」前的黃金時代。不過我不確定這確切的標語文句是如何變得如此不可撼動，或者媒體對此扮演什麼角色。

我們走回花園。在道路前是座乾皺、整齊的方正花壇及枯萎的玫瑰，在那中間是個乾涸的水泥游泳池。雖然經過二十四年戰爭及四年乾旱，草地很綠且修剪整齊。我仍然以為阿富汗會看來像座末日荒土，有著荒蕪田地及準備從危難及創傷中救贖的破敗社會。我從沒想過市集裡有令人微笑的溫暖或在墓地邊緣這個精緻花園所有的平靜與美好。

當巴卑爾造訪時，赫拉特蓋滿了許多花園。

> 在赫拉特短短的時間裡，我看了伽祖爾．噶赫、阿利．失兒．伯克的小花園、伽祖爾．噶赫林蔭道、新花園、祖拜德花園、白花園，及城鎮花園。

巴卑爾本著強烈興趣，為他喀布爾王國裡的乾涸土壤追求創造一個富含水分的樂園。這裡描述他於一五〇四年進入喀布爾：

那時（喀布爾西方的）山坡上滿是五顏六色的鬱金香，我有一次命人計算了一下，看來總有三十二、三十三種罕見的鬱金香。那裡有一種鬱金香，其散發的清香似紅玫瑰……該花園的前面長著巨大的懸鈴木，其下是一片青翠喜人、樹蔭覆蓋的草地……我下令用石頭將泉水圍起來……在紫荊樹開花時，真不知世界上是否還有另外一個地方有如此處美麗。

*

荊棘瘦長的陰影感覺就像充滿稜角的庫法體文字，爬滿新泥牆上。在視線之外，牆外，沙漠無止境地延伸至我們將行到之處。我們站起身，阿布杜爾．哈克摘下一朵粉色花朵，放在我帽上。東邊有輪巨大滿月，空氣沉滯至於遠方山峰上的白雪仍然可見，而一顆橘色太陽正悄悄沉入西方。我，帽上有朵粉色小花，與三個配著武器的人大步朝著夕陽走下絲柏道。

一群罕見的鴿子——也許就是巴卑爾父親曾飼養過的品種——潛入果樹枝椏裡。阿布杜爾．哈克卸下他上膛的AK-47步槍，遞給我。很重。

「來吧，」他說，用右手順了順他下垂的鬍鬚。

「什麼？」

「殺了那隻鳥。」他指著最後那隻鴿子，正往下降，翅膀收著，朝著空蕩蕩的游泳池去。

「不了，謝謝。」

「別擔心。做吧。這是政府的軍火彈藥，不是我的。」

第二步

赫拉特……位於由哈里河灌溉、聚集著村莊及玉米田的肥沃土地上。國家居民大多數為塔吉克人……一群溫和、認真且勤奮的人們。

——蒙特斯圖亞特·埃爾芬斯通（Mountstuart elphinstone）
《關於喀布爾王國及其波斯、韃靼與印度境內屬地報告》
（*The Kingdon of Kaubul and its Dependencies*, 1815）

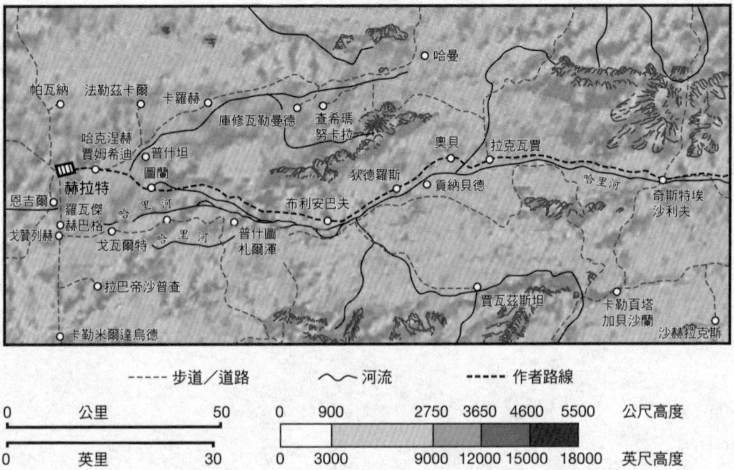

第一天　赫拉特至赫拉特沙埃德
第二天　赫拉特沙埃德至圖蘭
第三天　圖蘭至布利安巴夫
第四天　布利安巴夫至狄德羅斯
第五天　狄德羅斯至拉克瓦賈
第六天　拉克瓦賈至奇斯特埃沙利夫

卡西姆

我們在村長，哈吉·慕塔茲（Haji Mumtaz）的家中借宿一晚。隔日清晨，用過早餐的乾饢及甜茶後，我們再次出發。

阿布杜爾·哈克邁著他長得誇張的步伐，對著收不到訊號而持續發出鳴聲的對講機大吼。日出才過兩個小時，氣溫已經開始上升。汗從肩上背帶那蔓延開來，還聚在我戴著奇特拉爾羊毛帽的前額上。我將枴杖換到另一隻手上，並期待左膝的疼痛感會消逝。在我身後，卡西姆對著阿齊茲大吼。他們兩人行走有些困難，大概是因為水泡，還有阿齊茲不停地咳嗽。他調整脖子周圍黑白相間的圍巾。卡西姆看著我，微笑，然後再怒罵阿齊茲。我不明白他說些什麼，但我注意到，雖然阿齊茲是三人裡最瘦小，及明顯最虛弱的，卻承擔了其他人的睡袋，還扛著卡西姆的步槍。

我仍然對我的同伴了解極少，不過前晚當哈吉·慕塔茲在他的庭院門口與我們會面並邀請我們過夜時，我明白了一些關於卡西姆地位的事。我們接受了邀請。他邀我們先他進入。我們拒絕，他請求，我們試著催促他，他邊掙扎邊微笑。最後，卡西姆一馬當先，後面跟著哈吉·慕塔茲、阿布杜爾．哈克，然後是我。我們被帶到一座小型泥土建築的門檻前，再一次角力：

「請，你是我的主人。」

「請，你是我的客人。」

再次地，卡西姆第一個進入。地上有來自伊朗的紅地毯，一些床墊堆疊在角落，但沒有任何家具或家飾。三個人站起來向我們問候：

「不，不——請坐下……不需為我們起身。」

「我們當然要——請坐。不過我堅持。」

我們坐在地板上的位置調整成卡西姆坐得離門最遠，接著，一個短暫停頓後，其中一個陌生人轉向卡西姆，將手放在胸上，說：

「Salaam Aleikum, Manda na Bashi，祝你平安，願你免於勞累。我祝你家人安好。祝你長壽。」

卡西姆同時回答，「你也是……願你健康……願你強壯……我祝你家庭安好。」

卡西姆結束後，那人轉向阿布杜爾．哈克。「祝你平安……，」他說，「Manda na Bashi（願你不倦）。」然後阿布杜爾．哈克溫和地回應。待那人如此一一與我們每一人問候，我們輪流環著房間對每個人說同樣的話，一位一位地。我們的主人拿起一個茶壺。

「不，不，」阿布杜爾．哈克說。「我來倒。」

「我堅持……你是我的客人。」

阿布杜爾．哈克緊抓著茶壺把手，哈吉．慕塔茲搶回去。

當橫越伊朗時我每晚都經歷這樣的儀式。這個村莊在約二千年前曾為一以波斯為中心帝國的一部分。在伊朗及阿富汗，人們進入、就座、問候、飲食、梳洗的次序辨明階級、應對，以及之於他們同伴的看法。如果有個軍閥與我們一起，那他會被預期為地位最高者，首先進入、坐在離門最遠的位子、由別人清洗他的雙手，並且第一位由別人侍奉、獻上飲料及食物。[1]人們會站起來問候他，而他基本上不需站起問候別人。但我們不是軍閥，而且對我們來說最好回絕這些敬意——不僅僅是因為沒有人的地位是一清二楚的。地位不僅是依賴年齡、家系、財富及職業，也需要看一個人是否為客人，是否有第三人在場，還有客人認不認識其他人。

在接受最尊位前，卡西姆並沒有掙扎太久。他大概認為身為先知後代、最年長客人，以及最高階公務人員，這是他應得的。不過他其實可以多費些力氣忍住。我們的主人，哈吉．慕塔茲，在接待渴求敬意的卡西姆身上展現出教養。他做得愈多，愈提醒我們他曾去麥加朝聖，是這裡的

1 事實上，伊斯梅爾汗很堅持拒絕正式的問候與禮儀。他不讓人民對他鞠躬。在十六世紀禮節更加複雜，當時地位也由一個人自多遠前進到房間衡量。這是巴卑爾描述於赫拉特宮廷裡現身：「當我進入迎賓氈房時，我下跪一次，然後沒停下來向前會見統治者，他有氣無力地站起身慢慢走來迎接我。哈斯木．貝格對我很好，與我共榮辱，便拉住我的腰帶；我明白了他的意思，便放慢前進，這樣一來我們便可在安排好的地方互相致意。」

村長，還比咄咄逼人的客人卡西姆，年長二十歲也更加富有。

阿布杜爾．哈克坐在一個地位較低的位子上，臉上掛著自然輕鬆的微笑，在身下彎起他一雙長腿。阿齊茲瘦骨嶙峋的外表、毫不合身的衣物，明顯看出他的貧窮。他跟我們一同行走只因他娶了卡西姆的姊妹。他移動到房間最底部，臉上帶著防衛的愁容。只有我對阿齊茲展現尊敬，可是我在評等上處於極低地位：看來很年輕、穿著破爛、徒步旅行，還有，儘管他們應該不知道，不是個穆斯林。但是，也許因為我是位外國旅客，有來自元首的介紹信，在一個長長議論後，我的地位提升到與慕塔茲比肩而坐。當村裡其他高階的人進入房間，我們全站起來表示敬意。不過當僕人獻上食物時，我是唯一一個看向他們的。僕人就像是女人或小孩，在社交世界是隱形的。

卡西姆靠著牆，手臂搭在膝蓋上，將他頭上過大的扁圓形羊毛帽推到腦後。他用那雙水藍色眼睛看著我，我想他的微笑隱含著感知到我們不同的生活、彼此溝通上的困難以及對於我們旅程共享經驗的共感。他年長到足夠成為我的父親，在他飽經風霜的臉上看得見一些親情。

「羅利閣下，」卡西姆說，小心地在名字上用詞遣字。「你來自哪裡？」

「蘇格蘭，」我說。有一陣停頓。

「你是做什麼的，哈吉．慕塔茲？」我問。

從他的回答我能夠了解的只是「往洽赫洽蘭的路上有三呎深的雪」。

橫越伊朗使我懂得一些波斯語，而他們說的是達利語，一個在北阿富汗使用的波斯方言。但我曾使用烏爾都語及尼泊爾語一年，現在正極力找回我的波斯語能力。我猜想他的卡車陷在雪中。「三呎深的雪很不得了，」我模糊地說。

「哈吉·慕塔茲對我有極高的敬意，」卡西姆插話。「這是因為他很虔誠，還有他知道我是位**先生**——卡西姆**先生**。」

「就是如此，」慕塔斯說。

「當然，卡西姆，你是位先生，」我說，「穆罕默德後代。」

「為了先知，願他安息。」

「為了先知願他安息。」我匆匆地附和。

又是另一個停頓。卡西姆把他的手放在我膝上，彷彿他比自己以為的更了解我，吸了吸鼻子。「我是個非常貧窮的人；阿富汗是個非常貧窮的國家。我們沒有錢。哈吉·慕塔茲沒有錢。我沒有錢。」我不相信他，這看起來是個豪宅。

一位僕人在我們之間的淡色地毯上放下一條布巾，打開露出一個個又厚又圓的饢餅。對話停止了。一碗碗湯及一碟碟米飯——有著小塊在土窯裡水煮及調味的羊肉——送了進來。用餐時沒人說話。我們用手迅速地吃。除了我以外沒人落下任何食物，在地毯上我掉了許多飯粒。

當年長者用完餐，他們把剩飯傳給房間底端的人們，那些人比哈吉·慕塔茲年輕且清瘦得多。阿齊茲，沒有放過兩個盤子上任何一粒米、吃完約三大盤飯，滿足地打著飽嗝。一盤盤核桃、蘋果及橘子擺出，泡上更多茶，在一場完全靜默的用餐後，對話再度開始。

伊朗庫德斯坦地區冬季不產蔬菜、肉類，或者水果，我通常吃無酵餅作為早餐，麵包及白羊奶酪作為午餐及晚餐。在巴基斯坦及印度北方村莊，我仰賴麵包及扁豆咖哩。在尼泊爾，他們早上十或十一點用餐，然後傍晚再吃一餐，與我的用餐時刻表不合，所以我帶著便宜餅乾，還有以米飯及扁豆果腹，某些夜晚加上黑雜糧麵包。這頓阿富汗晚餐是在這個貧窮又飢餓國家裡令人印象深刻的饗宴。

「我們的客人來自哪裡，指揮官先生？」慕塔茲問。

「來自烏克蘭，」卡西姆充滿自信地說。

「那他是位共產主義者，指揮官先生？」

卡西姆停住。

「不，我不是，」我用波斯語說。

「不，他不是，」卡西姆重複。

「他是穆斯林嗎？」

「是，」卡西姆說。我不是。卡西姆想到什麼就說什麼。他不想承認他對我幾乎一無所知，並且對我的國家完全不甚了解。為了保全他的地位，他想要展現他並非掌控一個穿著破爛衣服的年輕外國人，而是負責一個讓人有興趣且重要的人物。我還懷疑，就像許多伊朗村民，卡西姆享受於讓人相信荒誕不經的故事。

當慕塔茲被叫去外面時，我對卡西姆說，「我不是從烏克蘭來的——我來自蘇格蘭。烏克蘭屬於蘇聯。他會以為我是俄國人。」

「他不會。連我都不知道烏克蘭在哪裡。」

慕塔茲再度進入房間。「他說俄語嗎，指揮官先生？」他問。

「是，說得非常好，」卡西姆說。我沒有。

「他在做什麼？」

「我們跟他一起旅行，因為元首指導我們照看他。我們要一路走到洽赫洽蘭。」

「不好意思，哈吉・慕塔茲，」我插話，「在前面有哪些村莊我們可以在晚上停留？」

「我知道，」卡西姆說，「早上我會告訴你。」

「那你，哈吉・慕塔茲，」我堅持，「你怎麼看前方的路途？」

「嗯，我想有沙埃德、圖蘭、馬瓦爾巴札爾、薩爾勒普、奧貝。」

那些基本上都是塔吉克遜尼派村莊，但我不知道會出現什麼。

「看這裡，」卡西姆對哈吉・慕塔茲說。他把腳轉過去，秀出腳跟上一個又黑又紫帶著膿的水泡。我希望他的新靴子比舊的更好。

「你確定你能辦得到嗎？」慕塔茲問。

「我們會的，當然，我們是聖戰士，但他……我不知道……」

「我想我會沒事的，」我打斷。「我走過很多路。」

「在伊拉克、印度、俄國跟日本，」卡西姆不耐地說，胡謅一些國名，「到處都走過。」

「那他的職業是什麼？」

卡西姆停住。我也是。

「我是個歷史學家，」我說。

「他為聯合國工作，」卡西姆說。

「他是個醫生嗎？」

「是。」

「不是，」我說。

「那，」慕塔茲說，「我胸痛有一陣子了。你可以給我什麼？」

「我看看，」我說，邊打開我的行囊。

卡西姆再次對我大吼那問句，好像他在翻譯而非只是重複。「哈吉．慕塔茲胸口痛，你可以給他什麼？」他對待我好像我是他選來為元首的一隻異國動物——一隻沿著絲路跳舞的巴巴利獼猴。他享受用他大聲、充滿控制的聲音談論我，並且當我為他的朋友表演把戲，還有拿出金錢或藥物時感到愉悅。不過他在我想要談論自己時不是很敏銳。

與此同時，阿布杜爾・哈克維持靜默，保持微笑，偶爾換個姿勢伸展他的長腿。

「他會說達利語，你會說英文嗎？」慕塔茲問卡西姆。

「會，」他回答。

當我遞去止痙攣藥丸時，哈吉・慕塔茲的兒子分配堆在房間角落的床墊及毯子，然後我們躺在地板上準備就寢。哈吉・慕塔茲和他兩個兒子跟我們一起躺下表示對客人的敬意。我嘗試，卻發現難以入睡。阿布杜爾・哈克放著他的電晶體收音機開了一整晚。他得到的全只是大聲的靜電干擾雜音，不過這告訴所有人他有台收音機。

訪客間的長者

不定人稱代名詞

第二天我和士兵們離開哈吉·慕塔茲。半小時後我加快步伐，很快地超過了阿布杜爾·哈克，朝著上升的朝陽走去。在曙光中只可見模糊的山影。我看不見也聽不到我的旅伴。我往前傾以抵抗背包重量，將汗水眨出眼睛。每一步我把步伐踏得更大，一路用有著金屬端的枴杖敲擊路上的冰緣。我的雙腳敲出了悶聲的穩健節奏。我的思想融進每一步裡，而非超前於我。礫漠在四面八方展開，在丘陵上下過雪。一道匯入融雪的細流，擊破了冰雪外層，深藍的洪流將冰片沖散在不毛的荒土上。得到這趟徒步旅行的允許，我感到難以置信。即便對於旅行路徑及我旅伴感到焦慮，我仍感覺得到恩賜。有兩個小時，我全心沉浸在步行中，感到自信、愉悅及自由。然後我的背包背帶摩擦著臀部，還有也許因為一整個月沒運動，我有點疲倦。

我慢下來讓其他人跟上我，然後有一陣子四人成一列沉默地走著。沒有風。腳下的石礫與沙地很堅實，我們快步地走，因為明亮太陽微微瞇著眼。阿布杜爾·哈克將他的步槍安放在肩上，手握著槍托。我學到，步槍是阿布杜爾·哈克最喜愛的所有物，手榴彈僅遜一籌。我看過他把步槍當作喜劇道具、步行枴杖，還有無聊時即興煙火表演的發射器。

地平線上一個人影漸漸愈來愈大，是一名騎著驢子的老人。當他遇到我們時，我們看見那頭動物多麼瘦小以致那老人過大的橡膠靴拖行在沙地上。我對他微笑。阿齊茲怒氣沖沖地詢問他要去哪。那老人平靜地回答，在我轉身時騎上驢子，然後再度地愈變愈小直到消失在無垠沙地裡。我看著我們自身影子移動。卡西姆窄小的步伐比之前更小了。他幾乎墊著腳尖穿著新買的紅色人造皮靴走路。我猜他的水泡更嚴重了。

一段時間後，在熱霾中我們看見前面有座村莊。抵達後，穿過村莊到達路邊的小型卡車休息站，坐下。我們已走了四小時，放下行囊讓我感到很開心。休息站老闆為我們端上牛肉及米飯，還有茶，還有由俄式金屬茶壺泡製，因石灰水垢而顯得濃稠的茶水。

其他人遇上一位朋友，沒有表現出任何想再次起身的念頭。在角落裡往後靠，面前擺上一小壺茶，我拿出我的伊朗語學校練習簿，封底有課表、封面有海鷗圖片，然後將想像不到有比早晨裡的步行旅程更好的事情寫進日記裡。不過我感覺處於戰事中冒險的自己看來很任性放縱。我發現書寫關於死亡的風險很艱難。我用「人」代替「我」書寫，如同我迴避自己。「奇怪的是，行走使人感到生命更圓滿……」

在我寫下這曲折隱晦的文字時，阿布杜爾．哈克及卡西姆傳著給水泡的止痛藥。我很開心卡西姆站起來，左右轉了轉伸展他的脖子，然後說我們應該走了。在再次書寫前我想走多一些。

巴卑爾一生都在後悔他選擇走這條路進入山中的決定，也許就是他怪罪他那位年老隨從哈斯木的原因。

我們在密爾．吉雅斯的蘭噶爾附近曾商量，應走哪一條路返回喀布爾。我同多數人都一致認為：「現屆寒冬，山路艱險難行。去坎達哈的路雖然稍遠，但較安全易走。」哈斯木．貝格說：「那條路漫長，我們還是走這條路吧。」因為他爭論不休，所以我們只得走山路。

毫無意外地，因為季節及巴卑爾離開等狀況，他的許多隨從拒絕同行。有些晚些走另外一條路返回喀布爾；其他人，也許沉溺於都市玩樂，再也沒離開過赫拉特：

其中幾位我的追隨者留在了赫拉特……包括侍奉統治者的賽伊迪姆（Sidim）。賽伊迪姆是一位勇士……他人品出眾、儀態優良、善使刀劍、作戰勇敢。在他的家裡，無日沒有聚會。他慷慨大度、學識優長、富有魅力、聰明機智、含蘊多方，且善於談吐交際，令人可親。他為人歡快，好開玩笑。缺點是好色成性、淫佚無度……（兩年後）賽伊迪姆遭處死且被投入赫爾曼德河中。

巴卑爾沒有帶補給品，而是沿路仰賴村莊提供他飲水、食物及飼料。有時候他付錢購買飼料，但大部分依賴款待傳統。儘管他經常住宿於帳篷中，看來他把帳篷遺留在巴米揚。在稍後旅途中，他的隨從常被迫騎在馬上就寢——然後他毫無遮蔽地躺在雪堆裡——直到偵察兵發現一座洞窟。他在那晚的恐懼暗示了他往後的睡眠，如同我在那些村莊農舍中的。

巴卑爾旅程所通行的土地當時由赫拉特首長宗農・阿爾渾（**Zulnun Arghum**）統治。在奧貝與洽赫洽蘭有行政中心，在雅喀浪及巴米揚也有大型單位，但在這些地方之間沒什麼設施。在如此概念下五百年來沒什麼更動。這個區域仍然遺世獨立，然後奧貝、洽赫洽蘭、雅喀浪以及巴米揚還是唯一在路途上我知道可能找到一些疑似政府單位的地方。由奧貝延伸至洽赫洽蘭疏疏落落地住著半游牧，喚為埃馬克人的塔吉克人；而由洽赫洽蘭延伸至巴米揚則是哈札拉人。然後現在，這區有四個不

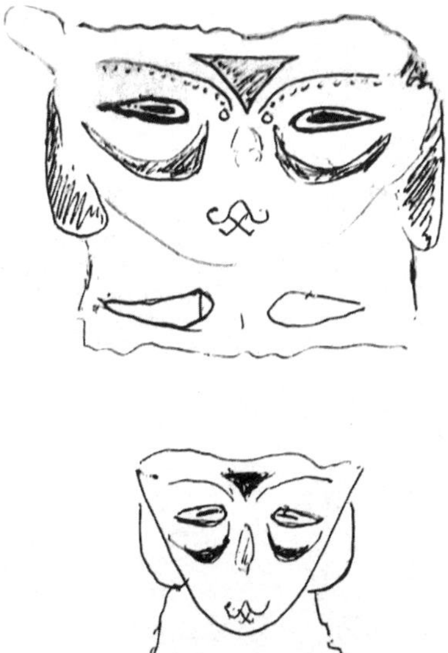

來自古爾之女性首部雙耳瓶，前伊斯蘭教時期

同種族群體（塔吉克、埃馬克、哈札拉，以及普什圖），兩種主要語言（達利語及普什圖語），還有兩種不同的伊斯蘭教派（什葉派及遜尼派）。這裡的山地景觀保留了失落文明、信仰以及朝代的軌跡。[2]

[2] 巴卑爾王也許要面對更巨大的語言問題。儘管那時和現在一樣，每個人說不同的波斯方言，不同方言間的差異也許更加戲劇化。巴卑爾說在他的時代喀布爾有七種語言，一些語言已消失或現在只限存於極小社群之中。

塔吉克村莊

在下午徒步兩小時後，我們在一座村莊停留休息。卡西姆、阿齊茲和我坐在一位老人旁邊，將我們的背靠在清真寺牆上。阿布杜爾．哈克在沙漠裡踱步，試著用對講機與總部談話。他不停大吼的呼叫信號是「安薩里」——一位葬在赫拉特，十一世紀的蘇非聖人。我們身旁的老人動也不動，膝蓋朝上，整身坐在腳踝上，罩著寬大衣服，一條毯子，還有頭巾。他的雙手，定定地在膝上，被太陽曬得黝黑，並且因冬天在田裡工作而浮腫。只有他的眼睛轉動。他看著阿布杜爾．哈克，識別他的年紀與高度，並檢視他美式裝束、沒有鬍渣的下巴以及中國製棒球帽。所有離開這村莊的人都有著鬍鬚及頭巾。

村莊裡許多房子空蕩蕩的。絕大多數的人，若不是帶著家人前往難民營，就是在伊朗工作。這裡沒有電力提供電視，沒有診所也沒有供小孩上課的學校。在街上看不見女性。唯一重要的建築就是我們身後的清真寺。而且不是那種新式伊朗風格，有著水泥牆、馬賽克磚以及明亮鋁製圓頂造型。而是由泥磚建造的。這就是那種阿布杜爾．哈克成長的村莊。

「你在這裡幹嘛？」阿布杜爾．哈克大喊。

「等下午的禱告來到，」老人說。

「我是國安局的阿布杜爾．哈克，」他說，滑動那些音節並強調著，好像用誇大的阿拉伯語說出似的。阿布杜爾．哈克的名字字面意義為「真實的僕人」，就好像卡西姆意思是「分裂者」一樣。[3]「我的兄弟跟我口很渴。」阿布杜爾．哈克下指令很令人玩味，但卡西姆閉著眼睛，看來累得不想管。那老人站起身，慢慢地走進他房裡，不久後帶著一個托盤回來。他在我們面開打開一條布巾。裡頭有好幾塊饢餅。接著他擺出兩個茶壺，一壺綠茶、一壺紅茶，還有五個玻璃杯。

沉默且極度有禮，身著傳統服飾的老人幫我們倒好茶，靠回清真寺牆上，盯著阿布杜爾．哈克看。這些軍人是這老人曾看過所有新的行政組織事物。從靜不下來、半現代的阿布杜爾．哈克與他的舶來裝備及模糊過往那，他可以衍生出政府什麼樣的印象呢？

阿布杜爾．哈克在我們旁邊坐下，給他自己拿了塊饢餅。「這裡都是壞人，」他悄聲對我說。抓著我的手他加上，模仿我的波斯口音，「我是個外國人。」然後，站起來，他將步槍槍托插進沙裡，表演了一個撐竿跳，用左腳跳躍了兩次，然後露齒而笑。那老人一時仍然毫無反應，接著大笑出聲。

這些年長村民不繳稅，也從未自國家那得到什麼。政府是發生在赫拉特、喀布爾高大且彈痕累累建築物中的某樣事物。在那裡，塔利班垮台三個星期後，像尤素菲的政府官員在一群多疑且需要簽證的戰地記者前演示了收費以及複製文件的儀式。國安局再次將人們帶進毫無特徵的車輛中。在那些城市外，只有阿布杜爾．哈克、卡西姆、阿齊茲——邁著毫不掩飾的步伐，帶著新習俗進入阿富汗鄉間，就像現代的亞歷山大大帝。這些理論上都是由在赫拉特的統治者，伊斯梅爾汗所控制。

3 第一個名字指一位真主的皈依者，第二個為先知的一個名字。

西方元首

伊斯梅爾汗是個很有魅力的人……他想法周到、慎重且自信……我能告訴你我們談了什麼，但我不會。

——美國國防部長唐納．倫斯斐（Donald Rumsfeld）
造訪赫拉特，二〇〇二年四月二十九日

伊斯梅爾汗是阿富汗西方最有權勢的人。兩天前，在赫拉特最後一個下午，我前去與他會面，希望他的支持能提供些許保護力來對抗國安局。在立著金柱的會面廳裡，水晶燈上還有幾顆燈泡在閃爍。在黑漆漆的角落，許多阿富汗村民在堆疊成柱會客椅下的地板上昏昏欲睡。他們在等著與伊斯梅爾汗陳情。

我加入偏廳裡的外國記者團。在我進入房間時他們看了我一眼，但沒人打招呼。他們看起來全神貫注。我注意到他們大部分為了看起來像阿富汗人留起了鬍子，或只是因為住的地方沒有熱水。法國電視二台的漂亮特派記者沒有這樣，即使她看起來也很疲倦。半小時後什麼事都沒發生。我跟人聊天。看樣子每個人都患上流感，且為了這場訪問等了一個星期。

他們是正向且盡責的記者。歐洲及美國大眾知道關於阿富汗人的事情大多數來自這些人。這些對他們來說不容易，這股壓力顯露在他們的表現上。他們一句阿富汗語也不會說；他們害怕離開他們的汽車；食物並不熟悉；他們睡得很糟糕；現在是二〇〇一年九月十一日三個半月後，他們的編輯要更多文章，還有要求知道為何他們錯過了「祕密獵殺奧薩瑪．賓．拉登」的故事。一個月前，四位記者在賈拉拉巴德路邊從他們的吉普車上被拖下來，當場槍斃。當我穿過那狹窄、有著黑牆的峽谷時，我明白為何記者們決定不再走這條路。十二位外國戰地記者在過去兩個月於阿富汗遭到殺害。

尤素菲邊扣上他寬鬆直條紋西裝邊進入房間。他也看來很疲倦。一位日本攝影師問他元首什麼時候會來。

「快了。」他說。

然後尤素菲看見我，微笑，然後把他的手放在我肩上。「我很高興你來了，」他悄聲說。「在記者會最後我會指向你——接著只要迅速介紹自己，並告訴他你的旅行。」

尤素菲離開，然後和一位有著茂密鬍鬚、戴著整齊黑絲頭巾、穿著寬鬆灰皮大衣的魁梧男人再次進入。這房間很小，他們必須擠過我們走過去。一直等到那個人坐在桌頭，祝我們安好，我才明白他就是元首伊斯梅爾汗。照相機閃光大作，BBC工作人員咒罵他們忘了換上某個東西。待攝影告一段落，伊斯梅爾汗停下微笑，跟尤素菲說了些什麼。這位元首坐在一把低腳休閒椅上，背抵著牆。其他的元首會和一列隊的荷槍護衛從別的門進入，但他進來時只跟著尤素菲。他不像那種恪守傳統禮儀的人。他甚至不允許他的追隨者親吻他的手。

伊斯梅爾汗在二〇〇一年十一月十三日從塔利班手中奪回赫拉特，就在我與他見面的六週前。他在西元一九七九年因殺害好幾百位俄國顧問及他們的家族成員而與俄國開啟了阿富汗戰爭。在過去二十二年裡，他與俄國及塔利班作戰，間或成為赫拉特元首、在監獄中，或在伊朗逃亡。這一次他身為元首兩週了。

接觸到他很困難。我曾遇過他的安全人員，他們還在用電擊棒折磨反對者。傳言他一天收到將近一百萬美元的關稅，然後一毛錢都沒拿到中央政府。但是他的人權紀錄比喀布爾許多政府首長好得多，而且比起把錢放進自己口袋，他看來把錢花在偏遠地區的發展計畫上。許多赫拉特人很開心有一位謙遜又虔誠盡責的人管理他們的事務。然而，喀布爾擔心他嘗試創建一個由伊朗支持的獨立國家。人們說他受稱為「西方元首」。

我需要能跟人們說我見過伊斯梅爾汗。下個月我徒步旅行中見到的每一個人都能依與伊斯梅爾汗的關係定義。他委任鄰近全部省份的首長，還有，兩百公里內的區指揮官現在都是他的盟友——即使他們以前曾是他的敵人。

「若你們自己的翻譯人員想要翻譯，沒關係，」尤素菲說，用英語開始這次會面，「不過我會重新翻譯。」伊斯梅爾汗點頭。他英語說得很好，但在這次會面中他只會使用達利語。他面對BBC、CBS，還有法國電視台及最大家國際新聞記者的電視攝影機。這大概是他或者是尤素菲第一次同時對這麼多外國記者談話。伊斯梅爾汗也許要重新翻譯給他時間準備回答。「問問題時，麻煩，」尤素菲接著說，「只能稱呼他閣下，『閣下』，絕不要用『你』。」

六週以來，伊斯梅爾汗學會了新的思考及談話方式。二十年來，伊朗的宗教人員及美國情報員教導他政治角度的伊斯蘭教信仰及反共產主義，並殺害俄國人或塔利班來獎賞他。但現在美國情報員要他著重於「國際恐怖主義、毒品交易、組織犯罪、大規模毀滅武器的急遽增加」。外交人員及穿著制服的軍隊逼迫出全新的政治及國安結構。聯合國及救濟發展機構依世界銀行——受「需求評估過程」及「阿富汗重建速效專案」影響——提供他金錢與穀物。他看來讓與他會面的人印象深刻。

尤素菲不再試著尋找與這些新術語等同意思的波斯字彙。他在辭藻華麗的句子裡強加上了英語單字：「Ufekr mikonid ke *Internet broadband access* khub bud.」

「請提問。」尤素菲指向一個說英語的法國記者。

「我想知道先生有沒有從伊朗方面得到任何軍事援助……」

尤素菲打岔，「閣下，不是先生。」

「我想說明，」伊斯梅爾汗說，「在我們來之前這裡沒有家具——塔利班禁止使用家具。我們在這兩個星期把所有家具帶過來。」

伊斯梅爾汗在家具上而非伊斯蘭教信仰上更加不同意塔利班。他篤信聖戰，痛恨無神論外國人干預阿富汗。他鼓勵女性回到學校，但相信她們應罩住全身，並不應和沒關係的男性說話。他準備命令新的「善惡」小隊突襲我之前看過的購物商場，然後燒毀DVD。他開始實施女性配戴頭巾，還有禁止男性配戴領結的法令。與自己沒關係男性會面的女性可能會被強迫在醫院檢驗，決定他們最近有沒有發生關係。[4]但我不確定在這個房間裡有多少人知道他對一個伊斯蘭教國家的願景。他一定不會跟來自法國電視二台，沒有遮掩她一頭金髮的記者分享對女性的看法。

「現在，史都華先生，」尤素菲說。我從筆記本，那個我嘗試胡亂塗寫下想說的話的地方抬起頭來。在我說話前一位女性插話。「如果可以打斷的話，」她說，面帶微笑。「我們可以有一個私人訪談嗎？」

伊斯梅爾汗看著她，接著說，「當然，為什麼不呢？明天可以。」有陣來自其他訪談被拒記者的低聲嘟噥。

「史都華先生……」

我向前靠。「伊斯梅爾汗統帥，」我說，然後停下來。我想用波斯語發言，但我自覺面前有一群翻譯人員，所以用英語繼續。「我是個英國作家，關注阿富汗的歷史與文化。」尤素菲點頭鼓勵。「我計畫徒步至喀布爾，中途經過巴米揚，不坐車子。我要感謝尤素菲閣下的支持。」我瞥了眼伊斯梅爾汗。他正盯著牆上《可蘭經》的銘文看。我跳過幾個句子。「我會依循西元一五〇六年冬季完成這旅程的巴卑爾大帝所走的路徑。我希望可以向同胞展示阿富汗是個多美好的地方。」

有一陣長長的停頓。那些記者盯著我看。伊斯梅爾汗轉向尤素菲，他正悄聲說些什麼。接著元首看著我。「一場浩大的旅程，我很願意支持。請告訴我任何我能幫得上忙的地方。不過……」他停下來，顯然很困惑，「我知道在冬天，這趟旅程是不可能的。我曾在那樣的季節在那個區域作戰過。」

我思考是否能拜託他叫國安局離我遠點，但尤素菲舉起手告訴我該停了。「謝謝，」我說。元首大大地微笑，然後會面結束。

*

[4] 於赫拉特伊斯梅爾汗之下，犯「微罪」的人如飲酒、刮鬍子，或在電視上公開譴責。女性不能獨自與一個非近親的男人行走或乘車，即使是計程車司機。一項警察工作為強行巡邏赫拉特城，逮捕給人看見一起且懷疑非親戚或未婚的男女。男性給送進監獄，女性及女孩給帶到醫院進行強制醫學檢查。

尤素菲堅持要我搭他的廂型車回到旅館，因為已經過了宵禁時間。「你非常幸運，」他說。「元首說的比你明白的更為重要——我會寫一張你在他保護下的記事。現在你跟國安局在一起會更加有力。」尤素菲看樣子因記者會結束的狀況鬆了口氣。我說我覺得他的工作一定很辛苦。

「噢，羅利，你真懂我，」他笑著說。「今天早上一位來自紐約期刊的女性走進來……」

「我來自《紐約時報》的朋友卡洛塔？」

「也許吧。她說那是『世界上最重要的新聞報紙』所以我一定要安排一場和閣下的私人會面。我差點相信她了，但是另一位女性進來。代表CNN來的。顯然那也是『世界上最重要的』。我還能相信誰呢？現在我必須取消那兩個會面，然後告訴他們來參加」……他停了一會兒接著說，「有《紐約日報》（*Newsday*）、《基督科學箴言報》（*Christian Science Monitor*）的記者會。我做得沒錯吧？」

在我能回答前，三個人踏進路中央，用他們的自動步槍指著廂型車的擋風玻璃。他們是宵禁警察。在尤素菲下車解釋我們是誰後，我們得到允許緩緩前進。「有這樣的影響力一定很讓人滿足，」我說。

「對我而言不是。儘管十分崇敬閣下，我寧願去英國攻讀碩士，然後在海外擔任大使，」尤素菲說。他看向窗外。電力切斷，赫拉特一片漆黑。另一批警察要我們停下。在跟他們說話前尤素菲停頓了下。「赫拉特什麼也沒變，」他說。

驛站曾是誰的門戶

兩天後身在沙漠，尤素菲、記者，還有伊斯梅爾汗似乎是久遠前的事。卡西姆和阿齊茲發現走路愈來愈困難。卡西姆不停地說我們應該搭巴士旅行。

黃昏時，我們在往南的平原上看見一座堅實的建築，在那前面是一座村莊。因為沒有帳篷，我建議我們找個地方睡覺。卡西姆回答村裡有壞人，並且不會接受我們。我說我常沒有引薦信就走進村莊。阿布杜爾．哈克聳聳肩，離開道路，朝著建築大步越過沙漠。一時間我考慮走在阿布杜爾．哈克的足跡上，以免留下自己的，但我不好意思讓他獨自冒險所以走在他身旁。

「你懂我在說什麼嗎？」卡西姆從阿布杜爾．哈克背後大吼。「我當聖戰士二十二年了。走路時你一定要走在道路上，不可以走在田裡。」

「但這是近路，」阿布杜爾．哈克回應。

「拜託你！我們一定要走在道路上。」

「不要這樣說話，」阿布杜爾．哈克說。「我們的客人會對我們失去信心。」

「別擔心，他不會知道我們在說什麼。」

阿布杜爾．哈克開始正步穿過沙子，在胸前搖擺他的右臂然後用腳跟揚起塵土。然後他開始一首這樣開頭的游擊戰歌，「歡迎，伊斯梅爾汗，歡迎，指揮官。」接下來十分鐘他對每個想得到的夥伴歌頌他的歡迎之意。他剛唱到「歡迎，卡西姆，歡迎，指揮官」我們抵達一條路上，遇見一位跟我們確認可以待在那棟建築裡的人。「有人會帶你們進去，」他說。「那裡住著三十個家庭。」

當我們到達那棟有著高聳泥牆及單一偏塔的建築時，我發現這是座中世紀驛站——給絲路商人的道路停靠站。因為驛站依一天步行路程而建，徒步橫越阿拉克及伊斯法罕間的伊朗沙漠時我曾使用為住宿地。這棟建築圍繞著一條淺壕溝。一座寬木橋前是一面有三拱頂的門廊，大得足夠給馱滿貨物的駱駝進入。阿布杜爾．哈克敲了敲木門，等待時我給三個人拍了張照。阿布杜爾．哈克閃過一個大大的露齒笑容。一道深沉的暮色很快地升上咖啡色磚頭。我們都很累，為找到一個庇護所鬆一口氣。

當五年前有這亞洲徒步之旅念頭時，像這樣的絲路遺產震懾了我。有一度這裡也許有青金岩，從阿富汗的礦脈一路被帶向西方成為中世紀西恩那繪畫裡的藍色，還有波羅的海由樹木化石中切割出的琥珀被帶向東方成為藏族項鍊。更加神祕的物品在這樣的貿易路徑往下移動：讓你稱王的鑽石、在樺木皮上已無人能解讀的佛教經典文字，以及迷惑梵諦岡的中國天文儀。但是現在我走的時候，我發現關注絲路更難了。那樣的事物與現代阿富汗幾乎沒有關聯，且我懷疑住在這建築裡的人們對這裡的過去是否有清楚的概念。

一名身材纖細的八歲男孩出現在門口，說沒人在家。卡西姆告訴他再去看一次。幾分鐘後他重新出現。太陽已經下山，我們開始覺得冷。那男孩用他那雙漆黑、沉穩的雙眼看著我們說，「沒有。這裡沒有人。」

卡西姆緊咬不放，「別說謊，小男孩。你受到吩咐要這麼說的。我知道裡面有人。再去看。」另一個小孩出現了。他年紀要再小一點，有著尖刺的頭髮，穿著褪色的紅色傳統罩袍。「告訴他們我是個訪客、旅客，」卡西姆繼續說。「穆斯林不可以拒絕招待。我們是政府來的。我們有權進入。」

第一位男孩盯著卡西姆看，然後看著我說，「沒有。這裡沒有人。」

一陣停頓，阿布杜爾．哈克突然拽住男孩的衣領，然後開始把他從中世紀拱頂推向庭院。卡西姆大吼，「停，不要走進去。這是個蓋達地方。你們兩個都會中槍。」

阿杜布爾．哈克彎身，看進那男孩的眼睛，然後粗魯地推開他。那男孩顫抖地後退但沒跌倒。「現在告訴他們我們要進去了，」阿布杜爾．哈克說。

「這裡沒有人。」那男孩重複。

阿布杜爾．哈克看著另外兩人，然後轉身和他們一起走回壕溝上的橋。我跟上。但我們到達橋的一端，阿布杜爾．哈克像阿齊茲點點頭，回身，單膝下跪，把他的步槍放到肩上，朝男孩們對準。阿齊茲做了一樣的事。

第一位男孩溜到門後。其他靜靜地站在拱道裡開始哭泣，等候射擊。

我停下，然後站向阿布杜爾．哈克。他瞄了我一眼，然後我把手放在步槍瞄準鏡上，微笑說，「不。」第一位男孩跑開，緊抓著他的朋友，然後把他推到門後。有一陣停頓。我放下手。阿布杜爾．哈克大笑，我們走向村莊。我落在最後。我不想跟這些人走在一起。

在村莊外緣他們找到一個蹲在牆後，可能在躲他們的人。他站起來鞠躬，然後抓住阿布杜爾．哈克及卡西姆的手，忽略了我。卡西姆說完一連串完善的問候，然後詢問我們可以在哪裡留宿。

「在那裡。」

「帶我們去，」卡西姆大聲說。

「不，」那人回答，轉身離去，「我實在……」

阿布杜爾抓住他的腰，阿齊茲用步槍指著他胸口，然後那人說，「當然，當然，我會跟你們一起走。」

我們進入村莊，看到三個老人與他們的孫子一起坐在清真寺旁的高台上。一位白鬍子老人先露出一個大大的微笑。卡西姆開始注意到每個人有多麼緊張。他將問候做得格外禮貌冗長，再加上，「沒有人需要害怕。我們只是想知道我們是否可以找到一些麵包，和一個睡覺的地方。我們不會要你們為我們殺一頭羊。」

「喔，對，」那老人說。「對。我恐怕很遺憾。我們實在是什麼也沒有。」他的笑容更大了。「什麼也沒有。」

「就一點點，」卡西姆說，回以微笑。

「我很抱歉，」那老人說。「我希望能幫上忙。」

「好，」阿布杜爾．哈克大吼。「就這樣。我們會睡在沙漠裡。這就是你的穆斯林待客之道……你怎麼款待訪客……我現在明白了。要是我們想殺你，你早就死了。看哪，你們這群蠢蛋。你這個蠢笨、蒼老……蠢貨。看。」他用步槍指著他們。他們都後退一步，然後那老人停止微笑。「砰，」阿布杜爾．哈克嘶吼，「砰，砰……」接著他走開。

「不，不，拜託你回來，」那老人說，「和我們一起。」

「我絕不碰你的麵包。」

「拜託，」第一個人大叫。「和我留下。」

「我絕不在這村莊留宿。你們是群不親切好客，沒有榮譽感……」

「只是那些武器，」那老人說。「我們只是有點害怕。你能明白嗎？我們有很多人在這裡被殺害。」

突然卡西姆往前站，抓住那年輕人的手臂，冷靜地說話，限制他的活動，和他討論事情。另一位村民提供他的房子，然後我們走向他的門口。在門檻那，阿布杜爾．哈克指著我大吼，「看著這個人。這個人是個外國人。看看你對他做了什麼令人噁心的事。」

*

在裡面，我們坐在地板上，將我們的腿放在低低的庫爾西桌下。在庫爾西桌下有燒煤的火爐，覆蓋著感覺厚重的毯子，壓在我們膝蓋上保持熱度。阿布杜爾．哈克除下他的棒球帽，扒了扒頭髮，然後，也許是擔心他在下午欺負的人報仇，把他的手榴彈拿出來，招搖地轉動插梢。卡西姆整齊地將AK-47衝鋒槍的彈藥在身邊排上，然後拿出兩顆藏在衣領中的子彈。阿齊茲蜷曲在角落睡著了。我們的主人沉默，眼睛盯著武器。我過去慣於獨自行走，觀察景色裡細微的變化，以及歷史的碎片。村民通常樂意帶我進入他們的房裡。我不覺得我明白剛剛突然發生的事或那些人。

在牆上一幅色彩鮮豔的海報，畫著十七世紀過世的阿里，他是穆罕默德的堂弟也是女婿。這海報讓阿里看起來像位有著發亮淡色眼睛的好萊塢酋長。阿富汗在阿里仍在世時曾被阿拉伯人征服。但伊斯蘭教花了另外四百年傳播到東邊，距離一週腳程外的古爾。這是個遜尼派地區，這海報顯現我們的主人是個什葉派穆斯林。阿布杜爾．哈克開始開他關於身為什葉派穆斯林的玩笑，卡西姆也加入，但當他什麼反應都沒有時他們放棄了。

晚餐後卡西姆告訴我們他在赫拉特處決過五位塔利班，但他看起來因為這故事有點無聊，也許因為他太常講了，還有他講得並不好。阿布杜爾．哈克說他攻擊赫拉特時曾站在伊斯梅爾汗的肩膀上。

「嗯，你是個高大的人，」卡西姆說，然後他們都大笑。

然後阿布杜爾．哈克看著我，微笑，然後用他的手臂環著我。「你是我的兄弟。沒有我你就死了。你，像我，是一位戰士，」他說。「其他人因為你不是穆斯林不喜歡你，不過我不介意。我可以從你眼睛裡看到。我們都是為了榮譽的人。我們有著一樣的人生。我們是一樣的。」我移動到房間角落準備睡覺。我用一個塑膠米袋罩住我的背包，使背包看起來更像一個村民會帶的，而且這也讓摸到口袋很困難。從一邊我拿出一個裝著一條柔軟小毛巾跟我的牙刷的塑膠袋。在主要隔間中有保暖衣物、一個睡袋，還有一包黃色美軍MRE軍糧，標著「來自美國人民不可販賣」。這大概是空投作為緊急紓困糧食。我的朋友彼得．喬佛那（Peter Jouvenal）在喀布爾市集買到然後給了我，以防被困在雪中。另外一個口袋有著下痢及感染用的抗生素，我在五個亞洲國家沒用處方箋收集到的，還有用來防斷腿的嗎啡膠囊。我在角落鋪好我的睡袋，展開我的白色棉質頭巾充當枕頭套。

最後，我摸到那個防潮容器——一個小一點纏著膠帶的白色米袋——那有我的護照、《可蘭經》翻譯本，還有巴卑爾回憶錄節選。我拿出四張照片給我的主人看。一張上有一位白髮男子坐在長椅上。他後面站著兩位女性跟一位有唐氏症的女孩，笑得比誰都開懷。那是我父親跟我三位姊妹，雖然尼泊爾人以為我其中一位姊妹是我母親。伊朗人發現第二張我父親穿著蘇格蘭裙的照片特別好笑；印度人十分喜愛第三張照片裡他的勒車犬；一個沙赫色文突厥家族和我確認第四張照片裡我母親乘坐的雙峰駱駝曾是他們的——他們到哪裡都認得出來。那隻駱駝是在中國的萬里長城照的。

我的主人瞥了眼照片，然後指向掛在牆上一幅他兒子的照片，相框上圍著一個塑膠花圈。他在七年前喪命於一顆坦克砲彈。

目盲之人所見

我躺下後，回顧第一次行走全天的旅程——腳下的礫石、卡西姆的謊言、招待人死去的兒子、細細觀察阿布杜爾．哈克的老人、嚇壞的男孩。這些突來的戲碼與一知半解的對話已然說明這社會是個由禮儀、幽默以及極端殘酷組成的難測組曲。我打著盹，邊想著阿布杜爾．哈克AK-14步槍的粗短身影：一把由俄國人設計、伊朗人製造，然後現在由與美國同一立場的阿富汗人使用。在這房間裡，我想，唯一可將我們與現代連接的，僅有這把器械了。除了那收音機。收音機突然響起的靜電干擾雜音吵醒我，聽來大約是首印度歌曲。過了兩個小時，阿布杜爾在黑暗中躺在他一隻手臂上，抽著一根香菸。阿齊茲在咳嗽。我遠離村莊有兩週了，已經忘記村民睡得多少，起得多早，還有他們能發出多少聲音。我走到外面解放自己。招待我們的主人除了將錢花在他漂亮的泥屋及修剪過的樹籬上外，他沒有投資一個簡便廁所。在天黑前我通常都被鎖在民屋裡。這是我看見夜空及遠離我夥伴的機會。有數顆星星跟四分之三的滿月，我感受到靜默，在庭院高牆外看不到的沙漠。我蹲在角落裡。

清晨為了晨禱我們馬上捲起自己的睡袋，但只有招待我們的主人祈禱。主人招待我們甜茶與麵包。在我們用餐時，五位年長村民前來為昨晚道歉，並且護衛我們前往戈瓦什克。他們由帕什通札爾貢區指揮官，一位有寬闊肩膀、留著濃密鬍鬚及大鼻子的中年男子領導。他告訴我他在戰爭期間為了取得武器造訪巴基斯坦，然後重複了幾句烏爾都語來證明。卡西姆與阿齊茲蹣跚地走在他身旁，邊咳嗽邊拉著他們散亂鬍鬚旁的格子圍巾。[5]我開始習慣他們的舉動，但在這個戴著高級絲製頭巾的人身邊他們看來特別弱不禁風。指揮官走路時手臂直直擺在身側，因此左手上的綠色念珠像鐘擺般來回擺盪。

我們隨著一條由年輕男孩的驛站到布利安巴夫的路徑。這基本上是條舊路。較新的「車」道在我們兩公里外的北邊，可是，也因為這上方道路有雪覆蓋，我們在那上面沒看到車。兩小時後黑鬍子指揮官離開了我們。我們右方是哈里河，而兩邊是一道低矮的圓形頁岩及石灰岩石山坡。礫漠在我們面前平緩地延伸出一百公里，橫越至奇斯特沖積平原，契斯特阿迴旋托缽僧的古基地及古爾省邊緣。在那裡，希望其他人離我遠遠地，我好獨自進入古爾的群山中。

這條路徑會帶我往上到哈里河源頭，穿過高山道路，然後往下至略布爾河到達首都。這會經過四個省分：赫拉特、古爾、巴米揚，還有瓦爾達克。它們粗略地呈現出四種不同景觀及四種相異種族。我問過一位赫拉特翻譯有什麼差異，他毫不猶豫地回答：

首先，你跟古波斯人，赫拉特的塔吉克人一起。他們的農場在哈里河平原上。第二，你會碰到埃馬克人，一支住帳篷的部落人民，居於古爾山坡上。那是侵略印度古古爾王朝的中心。往東兩百公里遠是巴米揚的高山群。在那裡住著傳承自成吉思汗的哈札拉人。他們看起來像中國人，很危險，並且是什葉派穆斯林。最後，與哈札拉人相處數週後，你會再次往下至山谷及沙漠，在那你會遇見瓦爾達克的普什圖聚落。你將遇見的人都說達利語（阿富汗波斯方言），但瓦爾達克人不說波斯語，他們說普什圖語。他們支持塔利班。[6]

中央路徑不受旅客歡迎。要曾受歡迎，赫拉特就不會存在了。不過旅行商隊想避免中央地帶，所以他們利用赫拉特成為一個節點，或轉北走絲路至中國，或轉南走香料之路至印度。在中央地帶道路有一萬二千呎高，並且古代旅者相信他們的駱駝會因為高海拔開始流鼻血。[7]在冬

5 只有伊斯梅爾汗的士兵戴那些圍巾，和巴勒斯坦的花紋阿拉伯頭巾相配。

6 他的描述，證實了許多誤導，形成了與於一八一五年蒙特斯圖亞特．埃爾芬斯通作品中的強烈相似處。這大膽的演繹也許反映，如埃爾芬斯通等人，從未親自造訪內部的事實。

7 路經至洽赫洽蘭的主要道路稱休透爾庫恩——駱駝血——因為這原因。所以古文明看來曾同意，赫拉特前方的偉大亞洲山岳是座重要邊境。希臘人稱這些山脈帕羅帕米蘇斯，來自波斯語 uparisam ——超出老鷹能夠飛越的山岳。亞里斯多德（Aristotle）相信從這些山脈你能看見地球東緣。也許這是為何亞歷山大大帝拒絕跟隨薩帝巴爾贊恩（Satibarzanes）總督進入山中。

天，溫度會降至零下四十度，經常有暴風雪，難以辨識道路，並且雪常有九呎深。在一九七六年，南希．杜普利（Nancy Dupree）那本令人印象深刻的旅遊導覽書[8]裡提到，「沒最壞打算，不建議這條路徑」，而載著嬉皮的巴士持續走更平緩、溫暖的道路到達坎達哈。

因此，中央區域仍大半不為人所知。古波斯人將這些省份從他們帝國中剔除。中世紀阿拉伯地理學嘲笑那裡是個文化落後之處，還是波斯世界裡最後的異教徒區塊。即使在十二世紀於盛夏使用這條道路的人，他們總準備萬全，且幾乎不離開道路。因此他們沒有看見太多那裡的內在。第一位為人所知，從赫拉特東邊沿著哈里河一百五十公里到賈姆那村莊的外國人是法國人，於西元一九五七年完成的安德烈．馬希克（André Maricq）。他因發現河床上六十呎高，在西方世界未曾知曉的壯麗宣禮塔而得到獎賞。稍後來到的考古學家無法完全明白這座高塔。

＊

「卡西姆，你是做什麼的？」我問。阿布杜爾．哈克和阿齊茲落後我們——阿杜布爾．哈克是因為他的收音機有問題。阿齊茲是因為他走不快。卡西姆看來恢復了他的精神。

「我是伊斯梅爾汗安全部門的指揮官。」

「但你做什麼的？」

「安全。」

「那你為什麼跟我一起走路？」

「安全。」

「也許我們應該在達來埃特克離開彼此。你不需要一路走到洽赫洽蘭。達來埃特克近多了。」

「我們受吩咐要帶你到洽赫洽蘭。」

「也許我們可以協商。」

他沒回答。我們繼續往前走了一會。

「我沒跟那些和我們一起走的人說你是位作家，」卡西姆說。

「你跟他們說什麼？」

「我跟其中一些人說你在聯合國裡。我跟其他人說你是個美國士兵。」

「那不是個好主意。」

「那是個好主意。現在他們很怕。我告訴他們你的走路枴杖『當』是一個召喚直升機的信標。」

阿布杜爾．哈克從我們旁邊出現，大笑，把步槍舉到肩上，然後就在我耳旁射出一發子彈。

---

[8] 編注：南希．杜普利是阿富汗歷史學家及考古學家。擔任喀布爾大學阿富汗中心的主任，著有與阿富汗相關的書五本。這裡指的導覽書應該是*An Historical Guide to Afghanistan*。

我提議停一下喝水。

「我們沒有時間，」卡西姆說。

我不理他，坐下，然後，回憶我的波斯禮節，把我的水壺先提供給其他人。阿齊茲感激地喝水，然後在他結束時漏出一個來自肺部咯咯作響的咳嗽，以一口因為香菸發綠的濃痰作為結束。我決定不喝了。一會後，阿布杜爾·哈克在一條灌溉溝渠旁停下，從一個半鹹水塘裡喝水。卡西姆不願喝，我問他為什麼。

「因為這就是我兩年前在塔利班時期被伏擊的所在。」

「被塔利班？」

「不，不是，兩個為了錢的戈瓦什克人，」卡西姆說。「我在吉普車裡，然他們從那個大圓石後面走出來，所以我從擋風玻璃後面開槍射他們，把他們的屍體拖到大圓石後面。我也在那裡找到他們的摩托車。我還保有那輛車。」

「但我以為塔利班控制下的道路很安全。」

「是的，」他回答。「塔利班控制下的道路很安全。塔利班是非常好的人，蓋達外國佬不好但塔利班很好。」

五百哩遠我們來到一片廣大無邊的純黑礫漠。塗著紅漆的圓石排出路來。「這是地雷區，」卡西姆說。視線裡沒有建築物。我給告知在靠進哨點及城鎮的戰略地帶預期有地雷區。我無法看出任何在這裡設置地雷區的理由，並且沒有他的警告我不會待在道路上。卡西姆說地雷由俄國人埋下，避免聖戰士由山上到達路上。我注意到這片土地沒有羊排泄物，而除了這片平原外其他地方布滿了羊排泄物。

那天下午我們在靠近一輛綠色俄國裝甲運兵車和另一座驛站那停下休息。從我們過夜的地方算，我們走完一個法爾桑[9]，或是一個旅行商隊的一日階段。一位老人看著我們從驛站門廊走來。

「那人是塔利班，」阿杜布爾．哈克說。「你會害我被殺死。」然後他大笑。我們每個人都想過另一個人會害我們被殺死，而他發現這很好笑。我也是。但我無法掌握他之於這毫無特徵景致的歷史，身為阿富汗人的觀點。

「那是輛俄國裝甲運兵車，是吧？」我站起來時說道。

阿布杜爾．哈克咕噥，「**P 66**。」

「那是什麼建築？」

「沒什麼。」阿布杜爾．哈克回答。

「這是座驛站吧？」

「不是。」

---

[9] 編注：farsang，古波斯長度單位，表示步行一天的距離。

我走過去看著。阿布杜爾．哈克沒興趣。相反地他指著一座低低的土墩說，「這是一個塔利班的墳墓。我們組六個月前在這裡伏擊，殺了他們五個人。」

「卡西姆，你是這伏擊的一部分嗎？」

「不是，我參加了前面兩公里的另一個伏擊。」

「我錯過了那個，」阿布杜爾．哈克說。

阿布杜爾．哈克的觀點由最近的暴力事件組成。除了他的簡潔禮儀、持續的小丑行為，還有他難以預測的威脅，阿布杜爾．哈克是個聰明且識字的人。他知道這是巴卑爾的路線，還有前面曾有過兩個文明：巴米揚的佛教文化及已失落的綠松石山伊斯蘭教首都的遙遠山區。但他不以為意。這些是政治家在演講中談論到關於阿富汗偉大歷史的東西。

他將阿富汗看成一個貧窮、有著腐敗領導者的國家，而往後看什麼也得不到。他與棒球帽而非旅行驛站有共感。當他否認這建築曾為旅行驛站時，我不認為他沒有意識到。他說，無論這建築曾是什麼，現在不再是了。他第一時間質疑這建築曾那般過。他也許是對的。我們離主要絲路很遠，就在越不過的群山旁。這棟建築可能從未吸引很多商人，也不曾充滿珍貴的寶石甚或巴卑爾描寫在阿富汗交易的日用品：「奴隸、白衣衫、糖果、精緻砂糖及一般砂糖、藥品及香料。」[10]

卡西姆在我們重新出發時跛著腳前進。他突然看起來非常弱小蒼老。在黃昏前我們在右方看見一座村莊。

「你今晚計畫在哪裡休息？」我問卡西姆。

「在狄德羅斯。」

「還有多遠？」

「很近。」

「還要走多少小時？」

「也許三小時。」

「如果這條路就如你所說那樣危險，我們不能在黑暗裡行走。我們一定得在這裡睡一晚，」我說。

「你太虛弱所以不能走嗎？」卡西姆怒道。他的聲調比平常更高。「這是片沙漠。」

「那有座村莊。」

「在那座村莊裡我們誰也不認識。直接走進去太危險了。」

在夜裡行走更危險。我這樣說然後轉離道路。其他人跟著我。

10　這也許是曾由當地統治者建立的地位象徵，想要吸引貿易或僅暗示他的王國是古典波斯文明及貿易裡更加整體的部分，較曾於現實中的更多。

祖譜

布利安巴夫，像大多數山谷裡的村莊，離道路大概有半公里遠——與印度大陸緊靠道路邊緣的房子相反。也許是為了阻擋訪客。一位肩上扛著步槍的村民引導我們到村長的房子。我們排成一行走在流動著清水的運河旁，列著兩排光禿禿的楊樹。那水抓住傍晚天空最後的蒼白凝聚，水裡銀色的樹影顫抖著。街上一個人也沒有。

我們越過一座橋，轉向一條窄巷，然後找到一扇深色木門。我們敲門。村長現身。他是個鬍鬚還未留全的年輕人。卡西姆併攏他的腳跟，身體往前傾靠向腳前掌，幾乎在敬禮，接著，在冗長問候後，說：「我們的車故障了。」

「在哪裡？」

「在沙漠裡，」卡西姆說。「我們是安全部門的官員。」他從夾克裡拿出一疊信。村長從庭院裡召來另一個年輕人，然後他們一起看著那些信。

「羅利閣下，」卡西姆繼續，「對阿富汗村莊提供國際財務援助。」

村長懷疑地瞥一眼我褪色的羊毛毯、枴杖以及背包，但他邀請我們進去。

我們進入一個設置在十呎深下沉天井上方的庭院。其中一個角落是一個有護城牆的毀壞塔樓。旁邊有十個人，幾乎都配有武器，站著看著我們。卡西姆甚至沒瞄他們一眼。村長禮貌地在客室門前退後一步，然後卡西姆掛著一個紆尊降貴的笑容擠過去。我們其他人在門前脫下鞋子，跟著他；沒穿襪的阿布杜爾・哈克大聲地抱怨他的腳。這是個窄小、沒有家具的泥屋。我們坐在地上。

「你們從哪裡走來的？」村長問。

「從赫拉特，」阿布杜爾・哈克說，「我們骨頭都要散了。」

「但我以為你說你的車……」

「請問你可以叫誰來幫我們按摩嗎？」卡西姆問。他仰躺著，把腳搭在牆上。

「當然，」村長說，召來其中一個從門口盯著我們看的男孩。他分配給阿齊茲按摩腿肌。

「這是座非常貧窮的村莊，」卡西姆大聲地對我說。「村長是位非常貧窮的人。」然後他對村長眨眨眼，他看起來很困惑。

我從行囊裡拿出一本史坦貝克（Steinbeck）小說，想讀一讀。這是我在赫拉特唯一能夠找到的特價英文書籍。卡西姆從我那拿去，然後開始喃喃念著。

「我會讀英文，」卡西姆對村長說，邊指向一個句子。「這是說『Ox-kew-lee』。」他轉向我問，「『Ox-kew-lee』是什麼？」

我看著那句子。「這意思是『khosh amadid』，不過我們通常念成『不客氣』（You're welcome）。」

阿布杜爾．哈克也許忌妒這個學習會話，拿下他的中國棒球帽，打開他的軍用收音機——一如往常發出靜電干擾聲——然後對著大吼「安薩里，安薩里」。

*

過去十五個月裡睡在村莊房屋裡，我看過無數的室內裝潢，但很難從從一而終的便宜地毯、《可蘭經》匣還有家族照片中解讀出什麼。我幾乎沒有機會好好地看看村莊。我說我想去散個步。

「不，你不可以，」卡西姆說。

村長跟其他村民看著我，想知道我會不會接受這命令。

「為什麼不？」

「你獨自去外面太危險了。」

「沒事的，」我說，邊微笑邊起身。

「阿齊茲會需要跟你去。」

「阿齊茲太累了，」我說

「要是你堅持去散步，他又能怎樣呢？」卡西姆問。

阿齊茲勉力走來，然後我們一起走到外面。阿齊茲拿著步槍，戴著一條黑色大布巾，還有一條格紋阿拉伯圍巾。他看起來——也許簡直就是——像一位巴勒斯坦戰士。他幾乎不笑，而總是第一個用他的武器指著過路人。當我們跟另外兩人一起時我沒法讓他開口說話。

「你好嗎？」我問。

「病得很重，」他說。「我不知道我還可以持續多遠。」儘管他的腿跟胸在過去三天變得更糟了，他仍然被迫拿著阿布杜爾．哈克跟卡西姆的睡袋，還有卡西姆的步槍。

進到村莊我發現沒什麼有趣的。就像在大多數村莊裡所有東西都藏在高高、空無一物的天井牆後。沒有廣場、花園，或餐廳。唯一的公共場所就是清真寺，然後在遜尼派地區村民不讓我進入清真寺。現在當我走在暮色裡我發現泥巴隨不同粗糙程度變化，從鴿子灰的磚頭到粉色，蠟狀灰泥在牆上、道路上，還有運河邊上。尖塔及拱頂背著漸暗、布滿雲朵天空的光。一座建築的其中一堵厚牆往內傾頹，露出較街道下沉十二呎庭院裡，過度生長的玫瑰花園，受著細細瀑布灌溉。我能看見一棵桑樹越過半開大門。火光在一扇高高窗戶的厚框邊跳躍。僅高過街道一呎的深深庭院，還有古老拱門及窗戶曾是許久前建成大宅的一部分，現在曲折成這座村莊的基礎。

「你同意卡西姆說，這是個貧窮的村莊嗎？」我問阿齊茲。

「不，」阿齊茲說，「這是個有著好水的好村莊。一個富有的村莊。這裡的人住得很好——大道、花園、大清真寺。」

「但卡西姆說……」

阿齊茲大笑，「這不叫窮。我很窮。」然後他把肩膀靠著我。

＊

我們一語不發走回村長的房子。一位年輕人等著讓我們回到天井裡。大門在我們後面關上，那就是我能知道，或看到這村莊的全部。也許這些村民知道誰第一個挖運河，還有誰蓋了那角落的尖塔。他們可能告訴我誰曾抵抗或與俄國人或塔利班合作。但我很累，而且我懷疑一個晚上我能學到那麼多。

我通常在村民討論歷史時很困惑。邊進入客室，我記得一位在伊朗庫爾德地區的穆斯林土耳其招待人講述他的村莊去年如何。

「戈茲哈斯勒是個古老的村莊，讚美主，」那土耳其人說。「我父親在這裡出生，我祖父在這裡出生。」

「戈茲哈斯勒是什麼意思？」我問。

「意思是『戴十字架的女孩』。」

「所以這曾是一座基督村莊嗎？」

「不。」

「可是那為什麼這叫『戴十字架的女孩』？」

「我的祖父母沒和亞美尼亞基督徒一起住過。亞美尼亞人很久很久之前就離開了。」

「什麼時候？」

「我父親是小孩的時候。」

碰見這般矛盾，我假設，也許不太真實，他的家族曾幫助鄂圖曼人趕走亞美尼亞人。

「亞美尼亞教堂在哪裡？」

「我不知道。」

我就此打住。只是在幾個月後回想起我記得招待人將他的馬放在一座有著高聳大門、整齊漂亮的石磚基底，還有一片將近三十呎高木頭屋頂的長型建築，在南端有著拱型窗戶的蹤跡。在超過五百座村莊裡，我每晚與人們對談他們的所有物、社群，還有歷史。我沒控制那些對話。我常常很疲倦，還有當我跟其他人對談時我也在抵禦可疑問題，及嘗試對我的招待人有禮貌。

我的筆記本充滿了我幾乎不可能再在地圖上找到地方的實情。我畫下中世紀清真寺、之前訪客的描寫、人們所有物清單還有他們的收入、封建時期祖譜副本、製造弓箭或編織圖程。我記錄下近期死亡情況、可能為新石器時代墓塚的描述，還有短短的自傳。我有由安葬儀式及石柱雕刻而來，前伊斯蘭教或前印度教信仰的猜想。

每一晚花兩小時寫日記已成為固定習慣。我看著大量生產的進口商品、外國傳教士，還有在偏遠社區發展機構的重要性。我思考人們前往朝聖或在城市找尋工作的旅程。我觀察信仰、語言以及社會行動如何成為共生，還有人們花多少興趣在古代歷史上。我注意這些，但我不確定寫下來是否只是一個證明這旅程的封面故事。而不僅是考古學上的好奇心讓我動力十足。

以免他再次責罵

在訪客室裡，一位老人正對村民發表一篇冗長演說。五位男孩眼睛睜得大大的，安靜地坐著，也許年紀太小難以了解內容，但因他的聲音、嘆息、笑聲及手勢而肅然起敬。他們的眼睛眨也不眨。阿富汗兒童在訪客室裡從不打斷人。

「他總算到了，」看到我進來，卡西姆對村長說。「現在是你告訴羅利閣下你要什麼的機會。我已跟羅利閣下說這是個多麼貧窮的村莊。你有任何需要的東西嗎，村長？」

「一條柏油路。」

「好，那應該不會太困難，是吧，羅利？」卡西姆說。

在我能回答前，村長興奮過頭地大吼，「如果你不介意的話，蓋一座新清真寺的款項。」

另一個村民加入，「還有買穀物的錢，如果你願意的話。」

卡西姆十分愉悅邊點頭說：「繼續。羅利有好幾千美元可花。」

「如果你願意，手泵……更多手泵……」

「還有一個接水管的水井，如果你願意。」

靜默。

「嗯，」我回答，為卡西姆扮演我的角色，「我會向喀布爾提出你們需求的報告。」

「為什麼，卡西姆閣下您要伴隨羅利閣下呢？你的存在是要保護他免於狼群與土匪的傷害嗎？」村長問。

「不，不，」卡西姆回答。「我們和他一起是因為我們是最好的朋友。我們要和他一起走到恰赫洽蘭。」

我微笑並點頭，希望我們的目的地也是個謊言，不然，我們在接下來四週都得一起。

卡西姆從我的日記裡拿出照片，展示給每個人看，說我的姊妹是我母親，還有我是我（不存在）的兄弟。我讚嘆一幅招待人兒子的赫拉特工作室相片。他們穿著紅襯衫，戴著白色牛仔帽。

*

隔天早晨我們朝著相同的平坦沙漠出發。地上熱烘烘且光禿禿的，只看得見寥寥數個長方形田地邊界的小型土堆。我們離赫拉特大約一百公里遠。到我們抵達丘陵為止，景觀不會改變。和之前一樣，我們沿著哈里河行走。之前降了雪或下了雨，大量河水滾滾流動。村莊在沖積氾濫平原上已建立了數千年。但現在的哈里河只是一條細流，在一片平坦礫漠河床中往東西向流。

我對景觀感到抽離。我思索應如何連接阿富汗及我在伊朗及巴基斯坦的旅程。我思考排列著摩托車隊名字的句子：「伊斯法罕—赫拉特」、「喀布爾—木爾坦」、「伊斯坦堡—河內」。我設計了一個環繞世界的旅程，在我啟程的土耳其結束。

我想到關於演化歷史學家提出身為人的意義，其核心即是步行。我們的雙足運動便是將我們與人猿分開的首要行為。這空出我們的雙手使用道具，帶著我們踏上遙遠的步伐離開非洲。身為一個物種，我們用雙足殖民了這個世界。人類歷史大部分透過步行速度主導的接觸創造出來，即便當時有些透過騎馬。我想起到西班牙孔波斯特拉的期盼；到麥加；到恆河之源；還有那些用雙腳接近神的步行托缽僧、苦行僧，以及修士。佛陀透過步行冥想，華茲華斯在湖邊踱步時寫下十四行詩。

布魯斯・查特文（Bruce Chatwin）[11]從這些下了結論，當持續使用雙足在地球表面上移動我們會感到並活得更好，更加接近身而為人的目的。我不能確定我活得或思考得更好。

在開始前，我想像自己能透過作出一首在我腦海中的絕妙好詩，或寫出一本關於在一個我持續居住，更往下扎根單一處所的蘇格蘭村莊小說來填滿我的日子。在伊朗，我嘗試認真地深入思

---

11 一九四〇—一九八九，是一位英格蘭旅遊作家、小說家和記者。二〇〇八年《泰晤士報》將他列為一九四五年以來英國最偉大的作家之一。

考哲學辯證，學習波斯詞彙，還有記憶詩歌。也許這就是為什麼在伊朗步行時我從未感到安適。

在巴基斯坦，離開沙漠進入蔥綠的旁遮普低地時，我停下腳步試著去想，而非看著樹上的孔雀以及運河水流動。在印度，當越過喜馬拉雅山群從一個朝聖點走到另一個時，我左手拿著敞開的《薄伽梵歌》，一次閱讀一行。在尼泊爾中心，我開始數自己的呼吸腳步，還有朝自己背誦句子，將思慮推開。這便是某些人冥想的方法。我一天至多僅能感到放鬆一小時。這是，儘管如此，我從未感受過的沉靜。這是我對步行最高的評價。

這是涼快晴朗的一天。當邁入第三個小時，我們呈一直線步行，步伐伴著來自阿布杜爾・哈克收音機的印度音樂。

阿齊茲對上我的眼睛，羞澀地微笑，然後說，「我們是兄弟。」

我說：「是，四兄弟。」然後回以微笑。

其他人不再詢問我的人生。我看來幾乎得到接納。

我們看見一個小男孩在汲水，然後阿布杜爾・哈克威脅要殺死他。那男孩大哭。接著阿布杜爾・哈克大笑說道，「我三年前開車經過這條路邊緣，在一輛吉普車裡。我們撞進那男孩哀鳴的這條渠裡。車裡另外六人都死了。但我被甩到一堵牆上，因為真主愛我我活下來了。」

一小時後我們必須涉過哈里河。我脫下靴子及外褲，在脖子周圍繫緊，然後涉入冰涼河水中。這條河——在一般降雨的一年內沒有小艇便無法通過——現在僅僅兩呎深。阿布杜爾・哈克停在岸旁，彎下身子，然後卡西姆爬上他的背。接著阿布杜爾．哈克踏入水流中，帶著對自身力量的喜悅及對冰冷的驚愕，像隻牛蛙般吼叫。在較遠的岸邊放下卡西姆後，他回去，然後阿齊茲爬上去。涉到一半，阿齊茲掉了睡袋。阿布杜爾．哈克在水中把他放下，在上下浮動的睡袋後追著。當他追到時，他迴身然後在岸上像隻風中的紙偶般跳舞，並大喊「我是頭驢」。在前方的平地，一匹駱駝輕鬆地大步慢跑越過尖銳的礫漠。

我打開一包伊朗橘子奶油餅乾，拿給卡西姆。他拿了一片，深深地嘆氣，說「真主至大」，然後放進他嘴裡。

阿布杜爾．哈克看著我，眨眨眼。卡西姆，我三個夥伴裡最年長最不開放的，看來也是最為虔誠的。阿布杜爾．哈克描述自己為一名穆哈吉（Mujahid），即聖戰士，然後他的領袖伊斯梅爾汗，在於赫拉特施行伊斯蘭教法沙里亞前曾抵抗一場伊斯蘭改革運動，驅逐俄國無神論者。但阿布杜爾．哈克不是非常虔誠。在伊朗年輕的城市人跟我談過尼采，並說他們是無神論者。我從沒遇過叫自己無神論者的阿富汗人，並且阿布杜爾．哈克從未聽過尼采。但在跟阿布杜爾．哈克一起的時光裡，他從未禱告，從未齋戒，沒付過什一稅[12]，也沒有前往麥加朝聖的想法。大致上

12 編注：歐洲封建時代教會向成年教徒徵收的宗教稅，其希伯來文原意是「十分之一」。在古代近東的國家，其中有迦南、腓尼基、阿拉伯等國都有什一奉獻的習俗以維持國家支出。在古代伊斯蘭國家，耕作官地的農民則須繳交收成的十分之一。

我唯一聽到他提到真主是當他發射他的AK-47步槍時。然後在傍晚晚禱時他會像位聲音宏亮的穆安津宣禮員對禱者吟唱「真主至大」。

阿布杜爾．哈克從我手上拿走那袋餅乾，在一片布巾上倒成一堆促使我們多吃一些，接著將包裝往後丟過他肩頭。那是在這片沙漠平原上唯一一個垃圾，那銀色錫箔在土壤溫和的顏色裡刺眼地閃耀著。

*

我們剛過下午時抵達了狄德羅斯的村莊。村莊矗立在河岸左側，給有牆的花園圍繞著，並且讓保養良好的運河和矮楊柳道分成幾區。我們待在賈里爾（Jalil）老師設在一座大葡萄園中的房子裡。我們的招待人才剛在新赫拉特廣播台聽到一位名叫羅利閣下的英國人獨自徒步前往洽赫洽蘭，而且願意付兩百萬美元完成這趟旅程。他擔心這也許會鼓勵匪徒攻擊他朋友。

「別擔心，」卡西姆說，「我們只帶他到這平原邊緣，然後他就得靠自己了。我這樣做是為了學習英語。一位翻譯員一天可賺到一百美元。」當我們走路時，阿布杜爾．哈克和卡西姆說一樣多話，但在房子裡仍然是卡西姆主導對話。阿齊茲在任何環境幾乎都不發一語。

卡西姆悄聲對老師說話，迅速地將他的舌頭舔過皸裂的嘴唇道：「羅利，我已經花光所有你給我的錢。你必須再給我兩百美元。」另一個人看著我。

「你是怎麼在四天裡把兩百美元花完的？」我問。

「購買食物。」

「食物是多少錢？」

「一人一頓飯兩美元。」

「我們幾乎都在吃麵包。」

「麵包花費兩美元。」

「在喀布爾是五分錢。」

「這又不是喀布爾——這裡要貴多了。」

「要是一日平均收入低於一美元，那你們怎麼能夠負擔食物呢？」

「我跟你說過我們不能——我們非常貧窮。」

一位長相溫和，有著豐滿紅唇的年輕人干預似地盯著我看一段時間。「你一定得相信我們。當你在旅行時，一人兩美元。」

在屋裡的五個人嚴肅地點頭。

「無論什麼價錢，」我說，「我不會再為食物拿出更多錢。若你在達來埃特克離開我，我也許會加上一個額外的禮物。」

卡西姆一語不發離開房間。我向那位有著豐滿紅唇的人微笑，但他只是繼續盯著看。我拿出筆記本然後素描起阿布杜爾·哈克，他把步槍橫放在大腿上仰著睡覺，寬闊的胸膛上下起伏。他有張純淨、忠實的臉龐。我發現我對他的喜愛很難與他殺害人們及害小孩哭泣的喜好調和。

*

接著所有人站起身，叫醒阿布杜爾·哈克，帶著他跟他們一起離開，獨留我一人在房裡。一小時後他們還沒回來，我也走了出去。

灰濛濛的天空已讓位給檸檬黃的日落。在到北方的距離裡，我能看見在頁岩山丘圓頂上一連串微小尖峰與白雪一同閃亮。賈里爾老師出現。他看來很開心看到我。我請他向我展示他的土地，接著我們走出村子。

梨田結束了。賈里爾的其中一位叔伯站在一塊給公牛拉著順平土壤的裂開樹幹上。他因疲倦走了下來，然後我問他能不能接著做。他站回去，接著我取代了他的位子，抓著左邊公牛的

阿布杜爾·哈克休息中

尾巴，用樹枝戳刺右邊的公牛。左邊的公牛比右邊的走得更快，我們畫圈地走而我掙扎地保持平衡。這花了我些時間學會如何用我的聲音驅使牠們直走。當我完成一條犁溝時賈里爾叫我。他站在用來圍住巨大墓塚的一堵敞開磚牆旁。一棵光禿禿的樹種在那墓塚的頭與尾間。

「這是我父親的墓，」賈里爾說。

這般墳墓經常在建設周邊，大部分都如聖壇般受到敬畏，即使墓主的名字及作為已被遺忘。在赫拉特最有名的聖壇是安薩里（Ansari），十一世紀蘇非聖僧以及阿布杜爾・哈克（Abdul Haq）的呼叫信號。人們仍確信他的墓塚有魔法力量。環繞他聖壇的庭園布滿了人們祈願榮耀他聖性、耐人尋味的大理石頂石。在凹室裡老人們坐著一遍遍吟誦《可蘭經》。巴卑爾造訪過這裡，而他的表兄弟們用罕見的中式花紋裝飾這裡的牆。安薩里的墓塚只是其中之一。古爾統治者建造了一個安薩里在奇斯特友人男丁的聖壇，當時巴基斯坦總統曾在拉合爾與安薩里同時的達塔・干吉・巴克什（Datta Ganj Baksh）[13]墓塚周圍建了黃金門及大理石庭園。這些墓塚理應有魔法力量。一位騎著獅子，用活生生的蛇作為鞭子進入木爾坦的中世紀聖人，仍受到確信他將他的手伸出墓塚外與虔誠朝聖者打招呼。

---

13 哈茲拉特・阿里・哈吉瓦利（Hazrat ali Hajweri）。

更為虔誠伊斯蘭教的形式，像聖人聖壇及相關迷信是非常可疑的。[14]在沙烏地阿拉伯的瓦哈比運動，也許對蓋達組織有最強力理論上的影響，以摧毀這些迷信聞名。巴卑爾也是，對於這些聖壇心存懷疑。在一五〇四年，剛拜訪遺留在被拋棄的加茲尼（Ghazni）古爾統治者遺跡時，他寫下：

人們告訴我說，在加茲尼的一個村子裡，有一座陵墓，只要有向先知祝福的聲音，其墓石就晃動。我們來到該處，果然見到了石頭的擺動。後來才明白，這是守墓人搞的名堂。他們在墓上安了一個站台；每次只要觸動這個站台，站台就會擺動，而人們卻感覺好像是墓石在擺動。這正如以前從未坐過船的人，在坐船行進時，感覺好像是河岸在動。我命令守墓人遠離站台，以後不管你如何一再向先知祝福，也不再見到墓石擺動了。我命令拆掉那個台子，在墳上見一拱頂。我還威脅地禁止守墓人再搞這種把戲。

村民比較不疑心，且常常認為每個陵墓都有個聖人或先知後代。很有可能賈里爾父親，一個不是宗教導師也不是先知後代的墳，會受到祈禱上三世代的時間。那微妙地坐落在賈里爾祖父的墓旁，僅僅是一個未標示的土塚。

「從這些樹林到那兒是我父親的，現在是我的了，」賈里爾說。他看來持有將近一百畝沃土。

「你是個大地主，」我說。

「這村裡還有兩處更大的。我只是用鑽孔機挖了個管接水井。花了五百美元。」他指向一個持續深入土地一百呎的深坑，四周圍著水泥。在旁邊是一台印度進口幫浦。一開始我很驚訝哈里河如此接近，而且村莊及田裡也布滿流動的灌溉渠道，他為何還需要花這筆錢。當然對小麥來說這些水很足夠。然而，罌粟五天沒水便會枯死。

「你種罌粟嗎？」我問。

「以前在塔利班政權下我曾種過，但因為伊斯梅爾汗禁止栽培現在不種了。」

他也許不是在說謊，但我假設他有。伊斯梅爾汗在罌粟及海洛因生產上沒有比塔利班更加嚴格。塔利班在過去兩年遏止山谷裡的產出[15]，他們離開後再度開始耕種。在二〇〇二年春天之前，和聚焦於赫爾曼德盆地、哈里河河谷的外國藥物執法機構——無論賈里爾是否貢獻——有了阿富汗境內最多的罌粟收成。

＊

---

14 但塔利班正如人們所料，從不如蓋達組織於神學組織相近，獨獨完好地留下了安薩里神龕。

15 他們也許是因為宗教考量，促使價格提高而復耕。

我回到賈里爾老師的房間。村裡的人剛結束晚禱回來，因從清真寺返回的寒冷步行臉色發紅。三名小男孩拿樹枝往鐵爐裡添加燃料。這是個大房間，鋪著上好地毯，牆上還掛著時鐘及跪毯。我再次好奇賈里爾從他的罌粟田裡賺了多少。大約三十個人挨著牆坐，享受溫暖、抽著菸，還有玩著紙牌。看起來是放鬆的遊戲進程，只不過這群人每晚都在這裡——親戚、客戶及合夥人，吃的飯全都由賈里爾來開支。在房間最尾的尊位上，是一位戴著頭巾、穿著褪色細條紋西裝的肥胖老人。他啜著水菸，邊咯咯笑邊跟著身旁卡式收音機放的調哼歌。我在喀布爾有位來自普什圖阿赫馬宰東南邊游牧部落的朋友，我想我認得那調子是阿赫馬宰歌曲。賈里爾說沒錯。

我環視這房間，對上盯著我看的人的眼睛，順著泥牆上的標記還有亮色地毯邊界，以及爐上滲出的煙霧。我能感覺到大腿肌肉，而滿懷感激可以坐下來。我光腳伸過毯子，腳趾伸進厚厚羊毛裡。

「這些地毯從哪裡來的？」我問，一半出於習慣。

「那一塊是從馬札里沙里夫的阿布杜拉聖壇來的。」

「還有牆上的絲綢衣服，有麥地那畫像那件？」

「那是我父親一九八三年拜訪先知聖壇時在沙烏地買的。」

「奇林地毯呢？」

「來自洽赫洽蘭山區西邊。」

「那這個呢？」我指向腳邊，一條畫有紅色宣禮塔及蘇聯攻擊直升機的亮紅色毯子。

「來自法拉南邊。」

烏茲別克及哈札拉毯還有普什圖音樂指出了一股阿富汗國家認同感，超越了他們自身的塔吉克省。我本要問賈里爾他對阿富汗的想法，那抽水菸的老人看著我吼道：「喂，美國人！」五或六個人停止玩牌，等待我回應。

「我不是美國人，」我說。

正對著我的是那位面貌柔和的紅唇男子，現在戴著他白色的頭巾穿著禱袍，毫無疑問地是位伊斯蘭教穆拉。他微微傾向我。「你是個美國人，」他說。

「不，蘇格蘭人。」

「外國人都該離開，」他回。

現在更多人在聽了，包括毫無反應的卡西姆。

「我了解。你怎麼想美國人的？」我問一位在門邊的老人。

「我們會接受來自美國的發展經費，但不接受美國軍人。」

「不好意思，我想要說明，」那位穆拉說。他使用一種拖拉傲慢的語句發言，以為自己在一座講壇上。「除非我搞錯了，你是個英國間諜。」

「不，我不是，」我說，轉向穆拉，並且對著這房間。「我是位歷史學家，追隨蒙兀兒第一位君王巴卑爾的足跡……」

那穆拉坐回去，咕噥，「我們知道巴卑爾王是誰。」

「我徒步旅行至喀布爾為了寫一本書。我曾在伊朗及巴基斯坦旅行，在那裡我得到非常好的款待，因為穆斯林知道怎麼招待訪客。」

好幾個人對彼此悄聲說：「我們當然對待客人很好……」「因為我們是穆斯林……」「我們榮耀旅人。」

賈里爾說：「我二十五年前在尼姆魯茲遇見一位英國人，他在進行一個跟你一樣的旅程。他騎一匹駱駝橫越阿富汗。我想他有記載在我其中一本歷史書中。」

「我有本歷史書，」卡西姆說。沒人注意到他。

「你怎麼想你們的新領導者卡爾札伊（Karzai）[16]？」我問那穆拉。

「很好。」一個停頓。他微笑。「目前為止。」

「目前為止？」

他聳肩。「蓋達一開始很好。」他朝空中揚起雙手。「蓋達在一開始非常好。」

水壺到了，我為鄰座斟水。當他洗手時嘆道：「沒有真主，但真主及穆罕默德是他的先知。」對一些人來說，重複這句話已經足夠成為一個穆斯林。

「那騎駱駝旅行的英國人會說這個句子。但他不是位穆斯林，」賈里爾評論道。

「他會下地獄，」穆拉說。

我很感激食物在此時送到，打住了這段對話。

男人和水菸壺

16 編注：在美國於二〇〇一年打敗阿富汗塔利班政權後，卡爾札伊曾先後擔任阿富汗伊斯蘭國暫定行政機構議長、臨時政府領袖。後於二〇〇四年當選為阿富汗伊斯蘭共和國首任總統。

王冠珠寶

晚餐提供了三小道肉品：馬鈴薯燉羊肉、胡椒內臟腸，還有一些羊脂。因為我們太多人，那些肉給切成極小塊，提供每把飯一絲肉味。

「伊莉莎白女王真的以乘馬車作為交通方式嗎？」在用完餐時賈里爾問。

「是的，她是。」

「為什麼她沒有車？」

「英格蘭是片沙漠，」毛拉說。

「不，英格蘭下很多雨，」我回答。

「也許我想的是澳洲。」

「沒錯，澳洲是片沙漠。」

「你的貨幣是什麼？歐元或美元？」那抽水菸的胖子問。

「在日本一百日圓兌一美元，」門邊的老人打岔。

「英鎊。」

「英鎊先生，」穆拉大叫，「你們在英國有煤油燈、稻米跟綠茶嗎？你們種稻米嗎？有和伊朗馬贊德蘭一樣翠綠嗎？」

每個人都在同時說話。我在村莊裡經由重複對話學會波斯語。這討論測驗我的詞彙量。我肯定錯過了他們講的四分之一。但我聽到的證實了這個遙遠地方比我想像得更加地意識到外國地理、統治者，還有貨幣。

「在哪裡，」那個胖老人問，「英國人從阿富汗人那偷走的光之山鑽石？你們什麼時候要還回來？」

「我在印度旁遮普時，人們要我把鑽石還給他們。」我說。

「但是你們從我們這拿走的……」

*

巴卑爾的日記是第一筆光之山鑽石的可信記載。幾乎可以確定他於阿格拉圍城戰役獲得鑽石，然後他描述鑽石值「全世界半天開銷」。依巴卑爾說，鑽石一開始是一三〇四年由在馬爾瓦的德里素檀（Delhi Sultan）持有。

在馬爾瓦之前無法確定鑽石在何處。有微小證據支持《印度週日論壇報》（*Indian Sunday Tribune*）在西元前三二六年，亞歷山大大帝在旁遮普傑赫勒姆戰役取得光之山鑽石，然後由佛教徒統治者阿育王（Asoka）擁有的論述。

巴卑爾將鑽石給了他最鍾愛的兒子胡馬雍（Humayun），他大概帶著鑽石逃亡至波斯，然後做為禮物獻給伊朗王，伊朗王轉身將鑽石獻給他在德干的君王。在一六五六年七月八日，鑽石獻給了巴卑爾曾曾孫，阿格拉的沙賈汗（Shah Jahan），巴卑爾最初得到鑽石之處。

一七三九年伊朗統治者納迪爾沙（Nadir Shah），從沙賈汗最後繼承者那得到鑽石，橫越阿富汗將鑽石帶回伊朗。他命名鑽石為「Koh-i-Noor」，光之山。鑽石大約有一百八十六克拉，一般相信當為女性佩戴時，無論誰擁有，將可統治全世界。納迪爾沙兒子接著把鑽石交給艾哈邁沙杜蘭尼（Ahmed Shah Durrani），他的阿富汗戰馬長，以及現代阿富汗國父。

艾哈邁沙將光之山存放在喀布爾，作為阿富汗自波斯獨立的核心符號。他的孫子接著帶著鑽石橫越阿富汗逃亡至印度，在那裡他受要求將鑽石交給旁遮普錫克統治者蘭季德辛格（Ranjit Singh）大君。一八四九年蘭季德的繼承者將鑽石放在錫盒裡做為錫克戰役賠償，交給東印度公司。約翰．勞倫斯（John Lawrence）爵士曾將鑽石遺失在花棚裡，當他找回時，將鑽石獻給維多利亞女王。

女王將鑽石於一八五一年萬國工業博覽會中展出。民眾因為鑽石缺乏光芒而未留下深刻印象。一特別委員會決定切割鑽石，並自阿姆斯特丹進口了一座專利蒸汽輪。威靈頓（Wellington）公爵啟用該機械，接著艾伯特（Albert）王夫將鑽石置於鑽頭上。在經過荷蘭團隊一個月的雕琢之後，鑽石大小降至一百零六克拉的「絕美」造形，確立了鑽石的永久外形。

女王於一九九七年造訪印度時我也在那，基於光之山鑽石和蘭季德辛格一起的時間，錫克人主張鑽石回歸至旁遮普。三年後，二十五名印度議員基於巴卑爾的鑽石擁有權要求鑽石回歸新德里。當我在伊朗時，基於艾默沙的鑽石持有權，塔利班要求鑽石回歸阿富汗。二〇〇二年四月，一篇《衛報》頭條文章——沒提到巴基斯坦、阿富汗或伊朗論述——支持印度人的說法。我最後看到鑽石躺在女王母親西敏寺廳的棺木上。

＊

我決心在午夜前入睡，所以當人們繼續抽菸玩牌時我在角落躺下。油燈在一小時後滅了。但今晚實在難以入睡。阿布杜爾．哈克喝了水溝水中毒腹痛；阿齊茲咳嗽嚴重到聽來像罹患結核病。我在日出時醒來，出門走到葡萄園來紓解自己。走到角落附近時，我發現賈里爾老師蹲在地上，用石頭擦他的光屁股。當對我展現阿富汗的土地時，沒給我一壺水來清洗我的手讓我很驚訝。阿富汗科技現在很清楚明白，而我能了解為何卡西姆和阿布杜爾．哈克那麼驕傲地展現他們的衛生紙了。

早餐有非常甜的紅茶及乾麵包，昨晚那位主導言行的肥胖老人看起來喝多了，大約是因為他水煙壺裡的東西。通常阿富汗人坐得好好的，幾乎不露出他們的臉或身體。但這位隔壁村的村長，沉浸在英雄式冗長結語中，用著過於戲劇化的私語、漸強，還有誇大的手勢，對我來說很難懂。他巨大身軀前後擺動，他的雙手劃向空中，然後他不停將頭巾戳回頭上形成險峻角度。每隔幾分鐘，他會將頭扭向一邊，就像隻鳳冠鸚鵡，然後發表他的演說。

據了解有數隊人馬想在前往奧貝的路上置我們於死地。卡西姆，在前幾天還相當放鬆，嚇得要命。當村長結束時，卡西姆告訴我接下來十公里步行等於自殺。「奧貝的年輕指揮官穆斯塔法計畫要殺死我們。我們一定至少得坐車前往薩爾勒普。我們不能步行。」

我拒絕了。我下定決心完全徒步行走。我在尼泊爾，人們警告過我一模一樣的危險，而我很好。最後卡西姆堅持賈里爾老師陪我們走到奧貝。我們再次於灰濛濛天空下涉過冰冷河水，阿布杜爾．哈克輪流背著卡西姆和阿齊茲。

這是我們一起徒步的第五天。我們僅自赫拉特往東一百四十公里，仍在哈里河旁的礫原上。在晦暗天空下短短的青草及圓石頭讓我想起蘇格蘭的卡倫頓戰場。在遠遠的河岸矗立著兩座普什圖庫奇人的黑色羊毛帳篷。傳統上庫奇人每年此時帶著他們的牲口往南移動。但不管是政治還是天氣都讓他們在冬日留在哈里河谷中。

走在其他人前面，我感到逃離幽閉恐懼症、訪客間的人群以及待在外頭寬闊空氣中，雙腳站著，熟悉的自由。

*

我們愈來愈接近奧貝，在巴卑爾時代由宗農·阿兒渾（Zulnun Arghun）統治：

宗農·阿兒渾……他嗜棋如狂，如果說別的人是用一隻手下棋，那他可說是用雙手下棋……他心裡怎麼想，就怎麼下。他以使刀技巧於其他年輕戰士中脫穎而出……他的勇氣人無異詞，但在理解方面確實有所欠缺……素檀授予他古爾首長之職……他以少少兵降英勇地降伏滅絕了許多龐大的哈札拉人……那些部落從未由別人這般有效地安頓及遵守秩序。宗農官職高升，赫拉特在達曼柯哈（群山之緣）的土地，如奧貝及洽赫洽蘭，都賜予了他。

然而，在巴卑爾旅程過後不久，宗農說服自己，阿拉支持的戰士是無敵的。就同如其他人，他錯了：

宗農．阿爾渾雖然勇敢，但為人乖戾糊塗。若他不是如此，豈能聽阿諛奉承，而使自己蒙受恥辱……當他在赫拉特掌權並享受巨大尊榮時，有幾個舍黑及穆拉去他那裡說：「我們同天國有來往，賦予您『獅神』的稱號。您將俘獲烏茲別克人。」他完全聽信了這番花言巧語，把手巾繞在脖子上，向真主致謝……他沒有將堡壘設置在防禦狀態；沒有準備彈藥或武器；沒有派前導或前哨去探勘敵軍作戰手法，也甚至沒有訓練軍隊，或發布任何規範或陣形，在敵人來襲準備以待能夠戰鬥……當烏茲別克將領把他們一個一個擊潰之後……宗農……還相信舍黑的胡言，竟以一百至一百五十人之眾，抵抗五萬個烏茲別克人。當敵軍將領率大君上來，立刻擊潰他們。宗農．阿爾渾本人的頭一被俘獲馬上遭砍下來。

麵包與水

奧貝，阿布杜爾．哈克走在我身旁，談論著他的人生。也許因為他比卡西姆或阿齊茲都來得年輕與強壯，他看來沒因步行而疲倦。其他人落在後面五百碼。我很享受跟他談話。不像卡西姆，他看來沒有為了向我套話編造故事。他告訴我他十三歲、距今十年前，成為一名聖戰士。

「在我得到准許對抗蘇聯傀儡納吉布拉（Najibullah）前，我在伊斯梅爾汗軍隊中擔任廚師。一九九五年當塔利班底達赫拉特，我沒法隨伊斯梅爾汗到山上。我只好逃去伊朗，留下我太太與兩個女兒。」

他在設拉子跟德黑蘭的貨車休息站賣了三年零件，也許在那裡他開始刮乾淨鬍子戴起棒球帽。當他在一九九八年返回赫拉特時被塔利班囚禁。他在擁擠到囚犯站著睡覺的獄間待了六個月。他一天飲食是一片饢餅和一杯水。

「如果能籌到一千三百五十美元，其中一名獄卒願意幫助我逃獄。我叫我太太把我們的衣服在市集上賣掉。我女兒開始沒肉可吃。我傳訊息告訴所有朋友，然後從一個朋友那借了一百美元，另一個借了二百美元。最後我籌到錢，獄卒幫助我逃走。我到山上去為伊斯梅爾汗對抗塔利班。那是段美好時光。我們有很多來自伊朗和其他國家的金錢。我們睡在帳篷裡。每晚我們向庫奇人買羊肉大快朵頤。四個月前我下山到赫拉特。有人——他不是人、是撒旦、是魔鬼——向塔利班供出我，然後他們把我關進牢裡要處決我。但十天後伊斯梅爾汗攻下赫拉特，我獲得自由。」

「你有錢嗎？」

「有，我是個有錢人。我在安全部門的工作是司機。我一個月有八十美元，但我賺得更多，多多了——一樁好買賣——在村裡做點小生意。」

「什麼小生意？」

「因為我來自安全部門，沒人能檢查我的卡車——所以人們付我大把鈔票使用我的卡車。我能載任何東西。」

「阿齊茲呢？」

「阿齊茲非常窮。他什麼都沒有。他的部隊好幾個月沒發薪水了。這個月能有四十美元算他幸運。帶他一起來是為了幫他。」

「那卡西姆呢？他跟他說的一樣窮嗎？」

「卡西姆，不，卡西姆非常有錢。但他的父親和祖父，誰都不是。比一文不值更慘。」

「但他是位先生。」

「先知後代？說的跟真的一樣，」阿布杜爾．哈克說，然後大笑，「可是沒人聽過他的家族。現在他擁有赫拉特旁兩個村莊。他在家裡有六千美元的現鈔。」

「因為……」

「因為他和伊斯梅爾汗很親近。他能自己接觸到外國貨幣。」

「你們都是安全部門人員嗎？」

「卡西姆和我是。我們是聖戰士。我們大部分的同僚曾為KHAD阿富汗國家信息服務部（由蘇聯KGB建立體制）工作。」

「但我以為你們曾對抗蘇聯？」

「我們能怎樣呢？卡西姆和我沒辦法運作安全部門。我們幾乎不會讀也不會寫。我們需要專家。像那個審問你的人。那個留山羊鬍的人……」阿布杜爾．哈克鼓起他的臉頰，在他的下顎描繪形狀。

「什麼？」他沒跟我說過他認識那審問我的人。

「那是古而閣下。他在這裡藏了把左輪手槍。」他拍拍胸口一邊。「他是個很魁梧的人。他不是位聖戰士。我們在山上打仗時他在伊朗安全部門工作。」

「那卡西姆呢？他工作是什麼？他是個指揮官嗎？」

「卡西姆？不是。卡西姆不在辦公室裡與文件為伍。卡西姆的工作是處理壞人……質問他們，並且為了像古而閣下的人處理他們。」

阿布杜爾·哈克沒有在這件事上多說什麼，所以我沒更精確地知道卡西姆為了曾審問我的人如何處理其他人。然而，這是份由《人權觀察紀錄》登錄於二〇〇二年九月的六個月後，發生在卡西姆總部大樓審訊的目擊者報告：

他們綁住他的腳，將他（頭下腳上地）掛在天花板上，因此他的手碰得到地板。用鞭子鞭打他後，他們拿來兩條電線，然後破壞了電線尾端，那些金屬部分，纏在他的兩個大腳趾上。接著他們電擊他。在他的大腳趾上有焦痕，就像腳趾上的戒指。那裡的皮膚焦黑流血。一個沒看過的人進來。他環顧四周，然後對那些虐待阿拔博（Arbab）的人說：「你在幹嘛？你們做錯了。」他要那些人拿下環在他腳趾上的電線，改為纏繞在他的大拇指上。他的雙手縛住但垂在地板上，他們在那樣做時穿著靴子踩在他手上。接著新來的人說：「現在我要讓他跳死亡之舞。」接著他們再次電擊他。他全身都在震動，還有他的雙腳都在搖晃。接著他昏過去失去了知覺。

當三小時步行後，我們到達奧貝外緣的一座墳場，天開始下雨。最巨大的墓石是一座十一呎高的花崗岩巨石，由破損俄國盔甲的必要部分與毀壞驛站圍繞著。

走在主要的市集街道上，我們被一群荷槍的人叫住。

「這是美國人嗎？」

「他是英國人。我們從伊斯梅爾汗首領那來的，」卡西姆說。

「這不可能。你們會坐在車裡。」

阿齊茲和卡西姆黑白相間的阿拉伯頭巾和他們的軍用對講機明確地標識他們是伊斯梅爾汗的人馬，但我們到了一個政府權力削弱的地方。當地統治者穆斯塔法（Mustafa）是位新指揮官，並且不確定他是否忠誠。奧貝的部隊不要外來單位進駐，但他們可能假裝沒認出身為伊斯梅爾汗手下的卡西姆，因為他們還沒準備要直接挑戰領導者。

卡西姆、阿齊茲，和賈里爾老師呆住了。阿布杜爾．哈克和我被要求坐在卡車休息站裡。這是我們剛剛在小鎮邊緣經過廢棄驛站的現代版本。庭院裡充滿了混凝土及人類排泄物的臭味。一排排驢子耐心地在雨中等待。牠們的鼻孔為了吸到更多空氣給剪了開來，象徵牠們曾被帶到高海拔區域。我曾和一頭騾子在伊朗走過不少路，但因為警察認為我是個用動物經由山路走私鴉片或其他物品的阿富汗人，而把牠留下。沒刮鬍子、眼睛充滿血絲的人們將一綑綑黃色防水包裝的包裹放在驢背上。那些人穿著仿冒設計師連帽上衣，沉重鑲珠寶的手錶鬆鬆地掛在細瘦手腕上。我從他們的衣著猜測他們住在德黑蘭。

阿布杜爾．哈克和我坐在餐廳地板上吃著一大份羊肉，卡西姆走進來時說，因為下雨我們無法前進。卡西姆沒多說，只說很危險，還有要是沒有像賈里爾老師那樣的當地人和我們一起，我們沒辦法走到這麼遠。我猜想是不是那些奧貝人不想要我們看到他們把鴉片裝載在驢子上，但我很懷疑。他們看起來不介意我們走過庭院。問題大概在於伊斯梅爾汗和奧貝民兵部隊之間的敵意。

我告訴卡西姆無論如何一小時後我要離開，接著他回去告訴那些民兵。他終於回來後，重複前面的路實在太過危險——有匪徒設下的許多路障。我猜想匪徒是不是奧貝民兵的委婉說法。我們會被搶劫或殺害。我們得搭車到薩爾勒普。

「有多遠？」

「二十五公里。」

那是五小時路程，只有四小時就天黑。「我要用走的，」我說。

有個停頓，然後阿布杜爾．哈克說，「那我要跟他一起走。」

卡西姆猶豫了。「好吧，阿齊茲和我要找輛吉普車，會跟你們在那碰頭。」

戰士應如是

我們走上街時，雨下得很大。

「五個小時……沒問題，」阿布杜爾．哈克對著離開的卡西姆大喊。「我可以做到。但卡西姆不行。我。看著我……一把槍、兩排子彈、三顆手榴彈、功夫……我會打敗他們……應該看我昨天……那時我有三排子彈、五顆手榴彈。」

配合阿布杜爾．哈克的長長步伐，我走出奧貝時，想著奧貝民兵會不會射殺我們。我們一語不發地走接下來的三公里路。我們進入了一個駱駝鄉間：三隻馱著物品在牆邊廄裡，一隻走在一位老人身邊，還有一群在沙漠裡放牧。當我們抵達下一個村莊時，阿布杜爾．哈克再次開始大吼他殺了多少塔利班。他在開槍射擊時從沒用過耳塞，他是半聾的。

「十六個人？」我問。

「十六個人？不，十八個人。我一人一下午殺了十八個人，在一場埋伏中，用我的AK-47。」

他舉起步槍展示並大喊，「砰……砰……砰……我讓五位囚犯生還，然後帶著他們跟我到山丘上……走了兩天兩夜，靠雪維生。一個人死在雪中。十九個人因我而死。」他把頭上的棒球帽推向腦後。

繼續往前，在一個小樹林中，我們遇到一位騎著驢子的九歲男孩。阿布杜爾．哈克給了那男孩一根香菸，把他的步槍平衡地放在移動中的動物身上。接著他嘗試爬上去。那驢子在阿布杜爾．哈克爬上去時撒腿小跑起來，他的膝蓋一腳跨過驢子瘦骨嶙峋的背，一隻長腿一路磕在地上。接下來那男孩離開我們。傍晚時我們周圍的山丘收了起來，雨停了，我們看不到一座村莊。我們往上看著光禿禿的緣線。

「如果上面那裡有人……」阿布杜爾．哈克說。

「我們就倒大楣了，」我說。我們在一條左手邊有座險峻山丘，右手邊下方是湍流不止哈里河的狹窄通道。遠方河床是座礫灘。一點庇護都沒有。

「我就在這，」阿布杜爾．哈克對著荒野大吼。「沒問題。我是個男人。我會打敗他們。」他轉向我。「卡西姆是個娘們，對吧？他沒法走。事實上，他是個娘炮。」他轉向我展示一種卡西姆和其他人做的事。「事實上，」他繼續，「我們回去時我要幹他。吼啊，」他嘶吼，「真是個娘們。」

一片靜默。我們兩個人一陣子都一語不發。我發現我們走路和呼吸都比平常更快。一顆鬆脫的石頭落下來，我們都轉過身去。

「你不怕，對吧？」我問。

「不怕。你呢？」

「不。」儘管很緊張，我陶醉在低矮丘陵和薄暮的美好中。每樣事物都十分平和靜默。峭壁長長的緣線在我們上方延續，我們在過道上看不見任何人。阿布杜爾．哈克停下，往上看，然後突然朝壁緣開槍。他的步槍槍口閃著火花，而尖銳的爆炸聲在谷中回響。

「那會把他們嚇跑……他們全部——匪徒、村民、狼群。」

*

我們繼續走，幾乎看不見道路。又開始下起雨來。在灰濛濛夜空下、一個不供電的國家黑漆漆的。突然之間，有陣吠叫，狗群朝我們奮力跑來，憤怒又看不清楚。阿布杜爾．哈克拉著他AK-47步槍的拉柄；我大吼並投擲石塊。那些狗跟著我們，對著無疑是一頂頭盔的帽沿感到憤怒。雨下得更大了，浸濕了我們的靴子及外套。四年乾旱顯然完結。再過了四十五分鐘後，阿布杜爾．哈克轉身然後在黑暗中抓住了某樣東西。原來是一位站在樹後面的人。我對他的反應印象深刻。我沒發現那個人。

阿布杜爾．哈克豎起他的AK-47步槍，抵住那人的頭，然後要求得知他在幹嘛。那人沒有移動但非常緩慢地回答他在紓解自己。阿布杜爾．哈克搜過他全身後警告一番就放了他。

一片霧氣接近並包圍了我們，雨繼續下，我們什麼也看不到。五分鐘後我踩了個空。當我往下跌時，我試著抓住一根樹枝，又掉出我手中，但減緩我跌下懸崖的速度。我最後大字型地躺在道路下方十五呎的河床上。阿布杜爾．哈克往下大叫，然後我吼回去，「我沒事……我沒事」，他當時正在大笑。我找到一段嵌進崖壁的煙囪，然後困難地爬上去，繼續加入他。

我們自奧貝開始已走了超過五小時，已經天黑幾個鐘頭了，我們兩個正在發抖，雨正轉為雪。我們的終點在哈里河對岸，已被傾盆大雨吞噬，且水流湍急。沒有繩索很難穿越。我們聽到一輛卡車在我們後面移動，自早上以來頭一遭。阿布杜爾．哈克提議我們要求卡車載我們穿過河流。我不太願意，因為在這旅途中我一步都不想以車代步，但我知道阿齊茲可能已經在雪中等了二小時，而且這看起來不值得吵。

那卡車正接近轉角。阿布杜爾．哈克走進路中，站在卡車頭燈的眩光下，用他的步槍指著擋風玻璃。駕駛停下來，然後載我們通過河流到另一邊。阿齊茲拿著手電筒等著我們。我在他身旁蹣跚地穿過雪堆，好幾次跌進雪水中。在一幢房子的門邊，我脫下濕透的靴子，並且將頭髮上、外套上的雪撥掉。接著我們進入房子。招待人請我坐在火邊，我把我蒼白、發皺的雙腳盡可能地放在火旁，充滿感激地接受一杯茶。晚上十點了。這次我累到沒辦法在日記裡寫東西，所以我和招待人玩了一盤西洋棋。

阿布杜爾・哈克進來時對卡西姆大吼，「你是個娘們。嚇到不敢走。但我們成功了。沒人膽敢殺死我們。然後現在，我答應過羅利，我要雞姦你。對吧，羅利？你是個娘們。」卡西姆沒有回話。

阿布杜爾・哈克繼續，「羅利很不情願搭上卡車……然後現在呢，明天我們得回去河灘上一樣的地方開始走……好，我要睡了……阿齊茲，你可以做到的……之前全部最棒的就是我們在黑暗裡踮著腳走，還下雪，然後突然有東西撕裂的聲音，接著石塊嘩啦一聲掉進河裡。接下來有陣重擊聲，從好像井裡那麼深的地方傳來微弱的聲音，用英國腔說：『握每事。握每事。』」

一文不值之人

隔天早上阿齊茲和我折回我們在河岸上的路程時，他告訴我他現在就要離開，而卡西姆隔天走，阿布杜爾．哈克再隔天。接下來六百公里我將獨自行走。這真是解脫，但不是個驚喜。卡西姆在他紅靴子裡的水泡腫了又破，又再腫了起來。他疲倦不堪，又因為這趟徒步旅程遭受羞辱，所以很開心我獨自繼續，就如同我先前建議，從達來埃克特，古爾邊境開始。他不再準備去洽赫洽蘭。

雪持續地下了整晚，覆蓋了我走到房屋的蹣跚足跡。空氣冰冷且乾燥；天空呈現深藍色；雪片閃閃發光。一片片冰片在湍急河面旋轉。

「我很窮，」阿齊茲說。

「我知道，」我說。

「我需要一些錢。」

「我正要給你一些──這裡是一百美元。感謝你的幫助。」

阿齊茲收下錢，快速地露出微笑，然後把錢放進口袋裡。「我病得很重，」他說。「這趟旅程後我要在床上躺一個月。」

「謝謝你加入我。我希望你早日康復。」

「回到赫拉特對我而言是個艱困的旅程。」

「祝好運，」我說。

阿齊茲沒有回答。

我們走進屋內，享用我們的麵包配上核桃還有甜茶。早餐後，阿布杜爾・哈克和卡西姆與阿齊茲道別，然後我們穿過哈里河南岸的山丘。半小時後，我聽到一陣來自我們左手邊一座隱密山谷的叫聲。很快地那叫聲升成「啦啦啦啦啦」的高聲嚎叫。那由不止一人的聲音組成。那聲音停了下來，十分鐘又開始，間隔著吼聲與口哨聲。接著一大群狗兒迅速跑過，吠聲響徹雲霄，後面跟著一百名在雪中奮力前行的村民。

「獵狼，」卡西姆說。「他們大叫『阿巴』驅使獵犬找到狼群。」更多人從河另一邊的河岸線出現。其中一人大吼，然後狗群轉向東消失在視線內。

卡西姆說我們離開奧貝周邊的道路讓他最為煩心。

「真主愛你，羅利。這就是為什麼你能夠活著走到這裡。」

「謝謝你們安全地帶我來到這裡。」

「不。謝主，不是謝我。從這裡到奇斯特你會沒事的——他們是好人。」

「那奇斯特之後的人呢？」

「人？奇斯特之後都是驢子。」

＊

我們在奇斯特十公里外的村莊裡停下用午餐。水穿過泥巴屋頂，滴進擺在我們招待人訪客間中間深色地毯上的水桶裡。一張海報上可見一輛停在有著放滿花的陽台，瑞士小木屋外面的黃色敞篷跑車。下面用大寫英文印著：「任何曾在貧窮中掙扎的人知道貧窮多麼地令人興奮。」我們的招待人在赫拉特買了這張海報，然後拜託我翻譯。我告訴他我沒辦法理解那句話。

＊

卡西姆說他準備離去。我請他花十天路程回到赫拉特，然後告訴安全部門他有跟我到洽赫洽蘭。

「沒關係，」卡西姆說。「我們會慢慢來，在回去路上和我們的朋友待久一點吃些好吃的。他們不會知道的。現在請給我們一些錢。我們非常窮。」

「當然，」我說。「感謝你做的一切。」

「如果你不想你不用給──你是我的兄弟，」卡西姆說。「即使你什麼都沒給我們，我們會很開心。」

我給了他們一人一百五十美元。

卡西姆看起來特別失望。一段停頓。

「能麻煩你也給我們一些錢，我們好給阿齊茲嗎？他非常貧窮且病得非常重。」

「我已經給他了。」

「多少錢？」

「一百元。」

阿布杜爾．哈克插話，比我聽過的他都更加生氣。「這完全錯了。他什麼也不是。一個無名小卒。他兩天前就停下來了。他跟我們一起來只是因為我們邀了他。如果你給了他一百元，你應該給我們三百元，」阿布杜爾．哈克怒道。「你為什麼給他那筆錢。」

「因為他非常貧窮且病得非常重。」

「他告訴我你什麼也沒給他，」阿布杜爾．哈克說。

「我給了他一百元。」

「那我會殺了他，」阿布杜爾．哈克說。

我什麼也沒說。

「你不信我，對不對？」他繼續說。他取下他的彈匣，然後拿出五顆子彈，放在地毯上。「這些是給阿齊茲的。他告訴我你什麼也沒給他。我本來要把我的一些錢給他。他試著從我這裡偷取錢財。從一個朋友身上。下一次他遇見我就是他的死期。」

「拜託不要，」我說。

「太遲了，你不應該告訴我的。」

「不要。我給了他錢並且告訴了你，我要為他的死負責。」

「你說什麼也沒用。他說了謊。他背叛了一位兄弟。他死定了。」

我們整個晚上持續這場辯論，但阿布杜爾．哈克不願改變心意。卡西姆，阿齊茲的妻舅，什麼話也沒說。

隔天早上，卡西姆擁抱我，然後他的臉咧開一個溫暖、親情的笑容，我不知該如何解讀。我祝他好運。他點點頭，但如同阿齊茲，沒有回祝我好運。在巴基斯坦和尼泊爾，即使遇見我十分鐘的人也會想把我的地址寫在來自斯德哥爾摩外圍工業小鎮的小紙條上，上面寫了他們的祝福。然而卡西姆，沒有詢問我的地址，他說了再見接著走進屋裡享用茶水。

第三步

埃馬克人的國家較哈札那人的擁有較少山岳；但即使在山中，山丘展現出一座陡坡及至赫拉特。他們的帳篷幾乎都是那種稱為圓頂氈篷的……所有埃馬克人持有許多羊隻……

——蒙特斯圖亞特．埃爾芬斯通

《關於喀布爾王國及其波斯、韃靼與印度境內屬地報告》，西元一八一五年

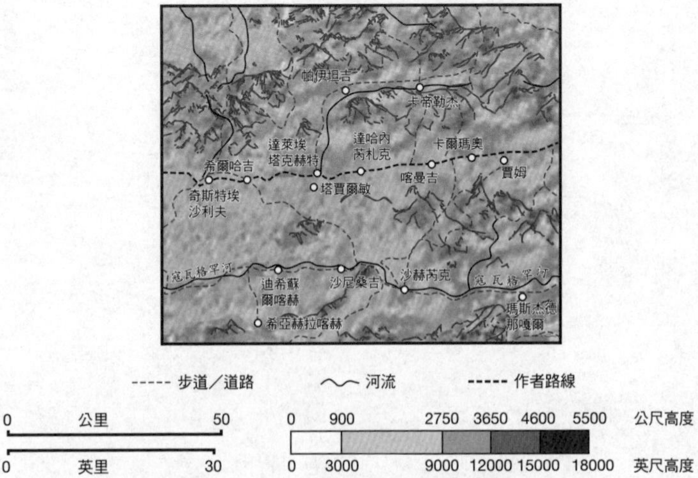

第七天　奇斯特埃沙利夫至希爾哈吉
第八天　希爾哈吉至達哈內芮札克
第九天　達哈內芮札克至喀曼吉
第十天　喀曼吉至卡爾瑪奧
第十一天　卡爾瑪奧至賈姆

高地建築

自赫拉特六個半法爾桑（日程）後，你到達丘陵王國古爾的邊界，一個名為奇斯特之處。

——阿拉伯的伊本・豪蓋勒（Ibn Haukal），《地理》（*The Geography*, 976）

在第六天的日落，阿布杜爾・哈克和我爬上我們路途上第一座丘陵。我們到了山岳地帶。從丘陵頂端我們俯瞰一座漂亮高原坐落在一排排對稱的雪白山峰之間。下方村莊不供電，只有微小的火光與燭光。乘著北風，雪片飛舞閃耀如暮光裡的白色螢火蟲。現在落雪將行路占據了兩日，而唯一聲響便是我們靴子在薄泥上行走以及我背包的嘎吱聲。接著兩座殘破的圓頂，逆著暮光，在高原的天際線上升起。這裡是古爾省邊境的奇斯特，迴旋托缽僧統治的古國，也是曾征服印度的一座帝國。

面前呈現全世界最偉大的山岳——以一隻神祕鳥兒之形，環抱著亞細亞超過四千五百公里。奇斯特為鳥首；興都庫什山為鳥頸；鳥胸為喜馬拉雅山脈；鳥身為西藏高原；後鳥羽延伸至中國沿岸。古爾是阿富汗最為貧窮及偏僻的省分之一。古爾到不了任何地方。沒有青銻礦脈，沒有偉大城市。這是唯一幾個在古典世界中未被波斯人或希臘人賜名或了解的地方。亞里斯多德相信，從我們剛到達的帕魯帕米蘇斯山岳，人類可以在此看見地球的東緣。[1]

在亞洲的其他地方，古代統治者能夠以驚人速度跋山涉水。成吉思汗的「箭速傳騎」一日可前進四百五十公里。這般速度是征服或統治一個大型古代帝國的關鍵。

在奇斯特每件事情都不一樣了。在山裡，旅者速度降低成步行速度。在這裡，古英文「日程」（a day）（法文「journée」）的概念，與古波斯文中的「法爾桑」（farsang）一致，代表「一個人一天步行能完成的距離」，而這地區實務上無法控制距離。一個月的時間，我或巴卑爾經由這些山岳可以自赫拉特前往喀布爾城，亞歷山大大帝則可由赫拉特到達雅典。從這裡，在他到達雅喀浪前他人已在耶路薩冷，到達巴米揚之前已在開羅。一位蒙古箭速傳騎能在阿布杜爾．哈克和我從赫拉特走到這裡的時間抵達巴格達。幾無懸念地，只有一個例外，古代世界將古爾完整排除在外。

次日清晨我往上爬，好好看奇斯特埃沙利夫高原上的圓頂。粉雪覆蓋在地板上，在建築物剝落梁柱上的內角拱外部輪廓上落成楔形。但垂直面上的淡黃磚頭在晨曦中很溫暖。

西邊圓頂因歲月逐漸毀損，但看來幾乎未受到戰爭摧殘。東邊圓頂曾被坦克砲彈擊中。背牆完全毀壞，正面自前方往下垂落。留下的是一道獨立拱門，坐落得有如一座往山岳上行的凱旋門，以及一個與蒼天碎片一同展現的房頂片段。

當地人叫這些圓頂madressah，或學校建築，但圓頂造型與中亞布哈拉的墓塚原型，以及伊朗成吉思汗孫子壯麗陵墓的極點如出一轍。我能看出在圓頂下沒有往墳墓的通路，但在白雪覆蓋下，高原上散著墓穴。

*

在接下來兩日裡我和聲稱家族與這些建築相關的兩個人見了面。一位是留著一大把用指甲花染成亮紅鬍鬚的肥胖中年男子，還有一隻小狗。當我們到達他在希爾哈吉的家，離奇斯特再往前

1 亞歷山大大帝從赫拉特派他的刺客追蹤一千二百公里去刺殺他在哈瑪丹的朋友帕曼紐（Parmenion），而他們在十一天內走完那距離。在七天內亞歷山大大帝的敵人波斯人能在波斯御道上完成從薩第斯到蘇薩的二千二百公里。

走一天的路，那小狗想咬阿布杜爾．哈克。阿布杜爾．哈克花了一段時間繞著房子追狗，而我們的招待人，因戰爭身受創傷，艱難地一瘸一拐地跟在後面，懇求阿布杜爾．哈克停手。

「真是隻好狗，」當我們關上在身後的客廳門時他說，「有人來時總讓我知道。」然後，從未與我們見過面，也沒有任何介紹，請我們在他的暖爐旁坐下，用八顆水煮蛋招待我們。

他的名字是古利閣下。從奇斯特到洽赫洽蘭每個人都稱他閣下，因此閣下自動成為他名字的一部分。但這並非因為他有什麼權力或財富。他住在一間哈里河畔的小泥棚屋裡，他也不會再有任何工作。

古利閣下失去了他的一雙兒子。一個在對抗俄國人時遭殺害；另一個在對抗阿富汗前總統納吉布拉時死去。無論何時，若有人向古利閣下提及他們的逝去，一個大大的微笑就會從他染紅的鬍鬚中展現出來。

在戰事期間他曾指揮東奇斯特部隊。在那之前，他曾是一項哈里河水力發電工程的負責人。人們談論這事時仍帶著敬畏。

「那計畫要費十億美元建造，」阿布杜爾．哈克告訴過我。

「那會帶給赫拉特每個人財富與電力。」卡西姆曾說。

但在計畫完成前戰爭來了。那天前我們經過工程的殘留部分。一個三十呎高的隧道在岩石裡延伸二百公尺，淹滿了水，然後突出的鋼筋露在峽谷外頭。二十五輛生鏽的JCB挖土機佇列在一群傾倒的水泥建築旁。在這些廢墟旁也許有著為誰訴說，關於失落文明的傳說飄散。村民談論日本工程師的驚人財力。他們談論一個三千人的工人團隊及可切開岩壁的機器。他們談論我們走過的平原將變為一座湖泊，十公里長並且穩穩當當地在水壩牆後。

古利閣下不稱呼自己為塔吉克或埃馬克人。他說他是古爾人，在十二世紀建造奇斯特圓頂來榮耀當地迴旋托缽僧教派的古爾省統治者後裔。他在戴瓦拉偉大堡壘下成長。但他說對自己祖先所知甚少。

這些古爾統治者是古爾格外貧乏歷史中的奇葩。他們在阿富汗中部的荒涼地帶，四面八方圍繞著世世代代的游牧乘馬民族，以酋長為始。由於馬匹是軍事成功的基礎，且古爾太多山無法培養大量馬匹或允許他們迅速移動，古爾人看來從未擊敗過鄰居。[2]

然而，西元一一四一年，其中一個鄰近的游牧王朝伽色尼土耳其人，殺死了古爾酋長。為了報仇，酋長兄長攻擊了加茲尼。據巴卑爾四百年後造訪時言：

「世界焚毀」阿拉烏丁（Alauddin，遭殺害酋長兄弟）征服該地時，焚燒了素檀後裔的

[2] 像多山尼泊爾的七十個小王國。

許多陵墓，焚毀了加茲尼城，其居民遭到掠奪與殺戮……自他禁止以來毫無動靜，只是荒蕪與毀壞。從那時開始加茲尼墓塚便一直處於廢墟狀態。

古爾君王迫使加茲尼居民運送他們城市裡的每一塊泥磚到古爾群山中。在那裡，古爾人為了他們的高地首都綠松石山處決俘虜，將他們的血水與泥沙混合製造出更多磚頭。古爾人繼續征服自巴格達至印度西邊的亞洲其他地方，並且控制了前往中國的絲路。在朮茲贊尼（Juzjani）敘述下的綠松石山有著宏偉的禮拜五清真寺，裡面裝滿了印度珍寶，在防衛牆上由兩隻金身巨鳥守護。綠松石山在群山中心，一個沒有其他王朝能夠攻占、難以前往的地點，並且在一個考古學家未能找到的所在。古爾人自這個高山城持續蔑視當時所有經濟及行政體制，並且在下半世紀裡這個偏僻的古爾高山地區成為世界上最有權力王朝的其中之一。然而，在西元一二一六年，成吉思汗侵略，已衰弱的古爾帝國遭毀壞。這個城市陷落，而此奇異高山文明所有細節也一併失去。自巴卑爾親眼所見赫拉特的最後繁華後，阿富汗也沒能再次感受這般文明發展。一如印度的伊斯蘭教統治者，巴卑爾視自己為古爾人繼任者。[3]

奇斯特圓頂是古爾人難以置信的成功遺產。那天早上看著圓頂，我察覺圓頂不像任何我曾看過的伊斯蘭禮拜塔。游牧土耳其人及蒙古人常建造圓頂建物，但那是搭蒙古包。他們在大布里士、蘇丹尼那、馬拉蓋以及撒瑪爾罕的建築看來隨意地散在平原上，只不過紮營位置最重要的就是平坦、涼爽以及有能養殖動物的水與牧草。

但奇斯特禮拜堂放置得更為謹慎。圓頂給放置在一座對稱高原的中心，比西邊通道邊緣稍低。從上方沒有圓頂蹤跡，而從坡道下方看不見圓頂。只有走下坡半途的某一刻，圓頂從天際線上升起。接著圓頂再次消失直到爬上最後頂端，圓頂弧狀屋頂慢慢地重新出現，背著前方群山，拱門外型對應著山峰造型。

圓頂由淡土色泥磚裝飾而成，切割成仿製荊棘紋路的造型，以拼寫《可蘭經》內容。[4]當時賽爾柱人用藍瓦覆蓋他們的圓頂，但古爾人在此不用有色瓦片。[5]圓頂造型、淡色磚頭，還有文字顯然完全選來呼應及擁抱這景觀。[6]

---

3 「有三個君主曾征服統治過印度……，」巴卑爾寫道：「一位是加茲尼的素檀馬合木（Mahmud）……第二位是古爾王朝的素檀穆伊祖丁（Muizuddin）……而他的奴隸及隨扈曾多年統治著這國家。第三位便是我自己。」

4 這庫法體文字對古爾人而言是獨一無二的。我也曾在赫拉特清真寺凹室，蓋達組織的人習以烏爾都語交談的地方看過。

5 見馬拉蓋的藍色清真寺。

6 亞洲高地的古人對景觀很敏感。在我步行初期於土耳其及伊朗，我常為在沙漠裡一塊岩石的對稱與獨立震驚，只在靠近時發現石頭表面給佛里幾亞人刻上了獅子；或在四十呎高的懸崖，米底人放置了神龕正面；或在火山口旁及前方的青紫色銅牆，波斯人建造了水神殿。古爾人看來共享了這於岩石造型與顏色裡的喜悅。不像賽爾柱或蒙古人，他們非來自乾草原的游牧民族，而是像佛里幾亞、米底及波斯人，在他們的山中住了好幾世紀。

也許這是他們對於群山的依戀，還有他們成為唯一建立泛亞帝國高地人民的驕傲[7]，以致古爾人用這些圓頂標誌為通往古爾的大門，以及用此方式放置圓頂來強調他們的高山背景。但為什麼他們將這圓頂獻給奇斯特迴旋托缽僧呢？

[7] 這份榮耀反應在古爾人使用Malik-I-Jabal或山岳之王稱號上，做為皇室頭銜。

傳教士之舞

當我自圓頂轉身時，一位騎著裝飾著柔色植物染、精細編織鞍褥白馬的老人出現。那馬瘦骨嶙峋、狀態糟糕，他騎馬時小心翼翼地。他頭上戴著的看起來不像頭巾，而是理髮店的臉盆。

「我，」他說，「是卡哈利夫閣下先生，哈吉・卡哈利夫・艾哈邁德（Haji Khalife Seyyed Ahmed）之子，哈札拉・茂拉那・素檀茂都地（Hazrat Maulana Sultan Maududi），於西元一一三二年去世契斯特（Chist）聖人的直系繼承人。我的祖先葬在那圓頂之下。我是你能看到所有土地的主人。」

「所以你是契斯特阿迴旋托缽僧的領導人嗎？」

「我是，但不再有迴旋托缽僧住在這裡了。你能畫張我的馬的像嗎？」

「我試試。」在雪裡天氣很冷，所以我的雙手凍僵了，但我畫的像看起來像匹馬。一位年輕人加入我們，並靜靜地站著看。

「我可以留著你的畫嗎？」那老人問。

「好啊。」我將畫從筆記本上撕下來並且拿給他。

「我喜歡你的太陽眼鏡。我可以戴看看嗎？」

我把太陽眼鏡遞給他，然後他把眼鏡掛在他長長鼻子上。「棒極了。我可以留著嗎？」

「不，我很抱歉，我需要眼鏡。我要走過巴米揚的雪地——我需要眼鏡防止眩光。」

「求求你。」

「我很抱歉。」

「只是這副墨鏡……」

「我很抱歉。」

「真遺憾。我本來可能款待你的。」教長轉身騎馬而去。契斯特阿迴旋托缽僧曾一度以拒絕餽贈聞名。

那年輕人大笑。「他現在啥都不是。他的祖先是偉大的契斯特阿導師，神祕力量擁有者及偉大領導者。今天這裡一個契斯特阿也沒有。他怕到不敢對抗俄國人，怕到不敢對抗北方聯盟，怕到不敢對抗塔利班。二十四年來他啥都沒做，我幾乎忘了他的存在。我們還沒搶走他所有土地算他好運。」

只留下為什麼這當地的蘇非教派（稱為契斯特阿因為他們來自奇斯特）曾為世上最有權力的四大托缽迴旋僧教團的提示。倖存下的描述提及他們與其他，甚至非伊斯蘭教的神祕教派，有極大部分相似處。他們像在十字軍東征時可能與蘇非教徒相遇的印度教徒、佛教徒，以及基督教徒般重複經文且使用連禱文。他們的聖人講述看見神至上歸一的可能，且他們以一種超越的熱情沉浸於信條細節中，彷彿身中與神的愛欲之毒。

可是他們也用一些非常獨特的方法，與其他神祕教派大相逕庭。這並不只是他們其中一位聖人，巴巴・法里德（Baba Farid），倒吊自己祈禱了四十天，或是那有著傑出例外表現的阿米爾・庫斯洛（Amir Khosrow），寫出精巧詩作的契斯特阿。他們非依 walaya（先知的聖道）及 welaya（神聖之愛）的理論觀點。他們非拿著牙刷貼著頭巾，且戴著有著四邊角的箬笠。使契斯特阿聞名的是音樂。儘管一些迴旋托缽僧以祈禱到達神祕領域，其他依靠步行或旋轉，契斯特阿則由演奏樂器及跳舞達成。

古爾人侵略印度時帶上了他們的當地教派，將一個軍事行動加上一些正當性將其包裝為聖戰。他們也許建造了圓頂榮耀這個組織。但編寫古爾王朝編年史的述茲贊尼，認為迴旋托缽僧沒有被全體伊斯蘭教徒所接受。身為評判者，他導覽了關於一個名為薩瑪（Sama）的讚揚儀式，在儀式中契斯特阿藉由跳舞及演奏音樂帶來信仰上的出神狀態。述茲贊尼看來偏好的這位契斯特阿[8]，爾後於這般演出時處於出神狀態。一位出生於十三世紀的契斯特阿聖人[9]記錄薩瑪集會持續

---

8 庫圖普丁・巴提亞爾・卡奇（Qutb-al-Din Baktiar Kaki）。

9 尼薩姆丁・阿烏利亞（Nezam Al-Din Aulia）。

一整個夜晚。他們由吟誦波斯詩歌的男性歌者領導，且伴著鼓、天巴鼓以及鈴鼓，卻沒有弦樂器或木管樂器，因為那些樂器「阻礙奧祕的滋味及苦痛」。印度教徒允許參加、且鼓勵每個人跳舞及歌唱。接著敘述顯示這些行為曾經多麼侵犯正統。

這位聖人門徒[10]強調在薩瑪舞蹈儀式中對未見之探視，應該考量為做愛的一種形式。薩瑪必然發生在夜晚，不在清真寺而在一緊閉房間中，伴著檀木熏香。衣飾在出神狀態中也許褪下或丟棄。舞蹈能以一種不可控制的激情感征服你，能夠發展成一種完全和諧的感情，或能夠藉由與其他舞者一至而同化：

> 蘇非派僧人或在出神狀態中以畫圈方式繞著圈走、跳躍，在他的所在處用雙腳踩擊地面或高舉雙手過頭，同時彎曲雙手並且在放下雙手前再次旋轉。

這鋪張圓頂表明了古爾人對這個跳舞教派有著特別喜愛。[11]他們將這些圓頂如此顯眼地展示在他們土地入口處，並用《可蘭經》長長經文圍繞著圓頂，是一種情感關係。這關係是他們對於阿拉伯人及賽爾柱人曾嘲笑這偏僻古爾地方為在這波斯世界圍繞下僅存其一的異教所在的回應嗎？我再度看著一個非常不同的社群以及一個非常不同的伊斯蘭教派在今日存在於相同所在的證明。

*

奇斯特警長有一台發電機、一台錄放影機，還有一台黑白電視。我們二十人聚在一起看一部舞蹈錄影。他遞給我錄影帶封套，上面有一個穿著紅色亮片短洋裝和過膝靴的女孩。但當影片開始時，舞星是位穿著輕飄飄晚禮服，在白沙瓦一座帳篷中跳舞、體態過重的中年女子。為了使一列坐在地上的阿富汗男人高興，她放下頭髮且露出她的前臂。這影像在黑暗中由一位手勢不穩的人拍攝，但他有捕捉到她大部分的不悅神色。她跳舞時雙手置於臀上直直地上下跳躍。也許對她懶散的步伐失望，攝影者在她極為豐滿的胸上聚焦，畫面自一邊傾斜到另一邊，直到兩邊胸脯占滿畫面。

10 基蘇德瑞茲（Gisuderaz）。

11 然而，他們的關聯少為人知。我於印度發現一位偉大契斯特阿聖人如何於十二世紀後期走過木爾坦及拉合爾，然後到達阿傑梅爾，出現在古爾王子夢中說，「起來吧，印度土地渴望親吻你的雙腳，而王冠及王座在那等待你」，鼓勵古爾人征服全印度。穆伊努丁・契斯第・桑賈利（Muinuddin Chisti Sanjari）自木爾坦（他們於一一七五年征服）行至拉合爾（一一八六年），然後到阿傑梅爾（那裡他們於一一九三年發生決定性戰役）。這聖人進入印度的遊行，看來經過了古爾人征服的城市及他們征服城市的順序。這說明了，至少軍事征服者支持托缽僧的努力，並且反過來得到托缽僧的鼓勵。這征戰為一聖戰，且戰士及聖人兩方皆為必要。

「這裡曾經有過舞蹈嗎？」我問。

「在奇斯特沒有，但於國王在位時我們曾在赫拉特及喀布爾舉行過，」警長回答。「納吉布拉總統時期因為戰爭比較少舉行。聖戰士完全禁止了舞蹈。」

「塔利班呢？」

「沒有。伊斯梅爾汗和北方聯盟也禁止舞蹈。伊斯蘭教禁止舞蹈的。」

「你喜歡舞蹈嗎？」

「我？」警長說。「我相當喜歡啊。」每個人大笑。

我坐下且寫了封長信給我的父母，以防我遭殺害。在過去六個月我曾行賄、阿諛、窺探、霸凌、乞求，而且說盡好話誘騙以繼續我的旅程。比起神祕派僧侶我更像一位浪人，但當書寫時我感到平靜。我向父母描述在路上看似與我的過往有深刻、一致關係的時刻。我猜想行走不啻是舞蹈的一種形式。

我很快樂，隨即沉沉入睡。

來自賈姆之雕刻大理石，於古爾

貓眼鏡面墨鏡

阿布杜爾・哈克在跟我一起的最後幾小時裡表現得與前幾週相差無幾。在三小時裡他找不到路，說我們就快到了，改變主意且說我們還要一晚才到，大笑，說自己是頭騾，然後對一幢泥屋開槍。接著他轉向我問，「在英格蘭買一個太太要花多少錢？」

「可是你已經結婚了。」

「我想要第二個太太。」

「不用錢。在英格蘭你不需花錢。」

「那我為什麼不到英格蘭找一個免費的，而要在這裡花上五千美元啊？」

「不為什麼，」我說。

阿布杜爾・哈克懷疑地看著我。

要是你不能規避同意將自己姊妹嫁給自己太太兄弟這系統，在阿富汗娶老婆必須花上多數人十年的收入。在某些村莊裡，除了現金之外必須再給岳父兩匹馬及五十頭羊。每個人看來都覺得這總額高得荒謬，但沒人能夠逃離這風俗。阿布杜爾．哈克說他大多數朋友得離開阿富汗到伊朗工作三年，賺得支付新娘價錢的金額。

有人在我們後面開了三槍。我們跑上幾步，然後停下來。他們再度開槍。我們拔腿跑起來。阿布杜爾．哈克毫無頭緒誰在開槍，但他認為他們在瞄準我們。槍聲停下來了。

在半路上我們到了達來埃克特，一座挨近哈里河峽谷的大型村莊。達來埃克特是古爾省的現代邊境，且是伊斯梅爾汗的前領地。從現在開始伊斯梅爾汗的權力不再直接，儘管他任命了古爾政府官員。阿布杜爾．哈克說這就是他止步的地方。我們坐在一間旅舍裡。我習慣了在私人房舍裡發生的問候儀式。在這裡每個人都忽略了我們。自己意識到八天沒有盥洗，我襪子及靴子的臭味，還有背包上的塵土。

一個三十歲左右、高瘦的人走進來，所有人突然站了起來。他戴著金緣貓眼鏡面墨鏡，一條銀色頭巾繞在他的帽子上。跟著他有三十位武裝人士，全都年長於他，他列隊式地移動，以穩健流暢的滑步握著手，走向屋子裡最尊貴的位置。他沒有要求任何人坐下，或嘗試要別人坐在尊位上。這對他來說很難停下，因為在他後面的人帶著子彈帶及機關槍，那種設計給架設在車輛上的，一定重到差點舉不起來。他其中一位侍從在頭巾下戴著俄國坦克指揮官帶有耳罩的帽子；另一位穿著一件帶著銅扣的藍色海軍外套。

這是奧貝指揮官穆斯塔法（Mustafa），顯然剛剛試著在靠近奧貝的路上殺死我，也顯露出他就是開槍射擊我們的人。我從來都不知道為什麼。也許他在重申反美的公信力。之後有人告訴我，穆斯塔法的表親賭他射不到我。當他一坐下，他開始用一種微弱的高音說話。他的話語一點都沒有波斯語演說豪言壯語的莊重。

「走在最後的那位外國人，我明白了。歡迎。然後你走去哪了——你一定很冷……你吃了嗎？」他說得很快，且沒有給我時間回答；他看來因為某事非常開心——也許是因為開槍射了我們。

當他說話時，一個留著灰鬍子的秘書寫下每個字。這指揮官脫下頭巾及帽子，然後爬梳著他閃著黑色微光的、剛洗好的頭髮。他的隨從盯著他看。

「遇見我你很幸運，」他繼續說。「我要提供你五人的榮耀保鑣。」

我微笑著說，「不好意思請給我們一點私人時間。」然後把阿布杜爾・哈克帶到外面。我不想要走了一群武裝護衛，只為了再得到另一群。我告訴他跟指揮官說我需要獨自旅行。

當我們進入屋子時，阿布杜爾・哈克坐下，並且與年輕指揮官說話。「羅利閣下正為了他的書獨自旅行。」他說到巴卑爾君王，說到人類學，說到我和伊斯梅爾汗的親近交情，說到我在其他國家的旅行。我以為阿布杜爾・哈克對我在做什麼所知甚少也沒有興趣。但他顯然幾乎記得我在路上說過的每件事。他說得很具信服力且流利，然後聽眾聽得聚精會神。

當他說明結束時，穆斯塔法對著我跟阿布杜爾・哈克大笑。「那你可以繼續往下走了，英國佬，我會給你一封介紹信，我的秘書會寫給你。還有你，」他對阿布杜爾．哈克說，「可以跟我一起回到赫拉特。抱歉我沒有更多時間了。」他站起來往隊伍末端走去，一邊握手，然後離開，後面跟著他的隨從。阿布杜爾．哈克擁抱我，親了我三次，然後快步跟著他們。我走到外面看著他離開。他是唯一沒戴帽沒蓄鬍的人。他的鞋子只穿上一半，然後肩上掛著來福槍踉蹌地穿過泥地。我站好準備揮最後一次手，但他沒有回頭。我的旅程已來到四分之一。

嫁娶一位穆斯林

一位名為庫爾閣下喀里米（Gul Agha Karimi）的人，寫了封信介紹我給在古爾的人。庫爾閣下是位富商，出身自這行政區，在喀布爾有一家披薩餐廳及一家商店。我對介紹信非常感激，但我不知道在古爾能否得到接納，或是人們接不接受他的介紹。

他曾告訴我村莊的人會陪我到下一個村莊。這個風俗曾一度在亞洲很普遍。在伊朗、巴基斯坦，還有印度，城市居民城跟我說：「不用擔心……村裡的誰總會和你一起走……他們不會讓訪客獨自上路。」但此傳統和社會結構事實上已經消逝了，在我十八個月的徒步旅程中，從來沒有人提出護衛我走到鄰近村落。

庫爾閣下的第一封信指名哈比布拉・薛爾瓦（Habibullah Sherwal）醫生，他在達來埃克特有間旅社，我剛剛在那遇見那位年輕指揮官。我找到了哈比布拉醫生；他瞄了一眼信，然後說：「給我一點時間換雙鞋子。」

一分鐘後他戴上墨鏡，在肩上背著AK-47步槍重新出現。他鎖上門，然後我們出發走上一個過夜一晚的旅程。

哈比布拉醫生是位三十六歲高大魁梧的男性。他的步槍在他渾圓肩膀上垂著，然後他穿著他棕色流蘇樂福鞋走著小而迅速的步伐。在一開始一起行走的二十分鐘他一句話也沒對我說。

我喜歡阿布杜爾．哈克但我更喜歡沒有他的旅程。他掌控了我看到的景觀。無論是危險及這國家的地理、村莊，都被一位住在赫拉特的伊斯梅爾汗聖戰士的心過濾掉了。哈比布拉是位當地人。我們走的土地都屬於他。路上人們認識他。終於能夠到達丘陵、遠離車輛，並且深入古爾，我很開心。山谷很狹窄，而哈里河穿過峽谷。已經兩天沒下雪，但在洞穴及在上方斜坡上仍有白色痕跡。在我們過道上方有沙丘，在高處峭壁上還有在冬季時權作羊圈的岩窟。

我們經過一座在河邊的圓形堡壘。當我在一半掩沒雪中的傾毀城牆下漫步，及爬上圓形塔樓俯瞰整個村莊時，哈比布拉耐心地等在外面。這堡壘看來掌控了來自各個方向的路徑。我無法找出堡壘有多老——泥磚可以是任何年代的。接著，確認我不會從路徑上被看到，我往下蹲在雪中。

我已經拉肚子拉了一天。我曾嘗試藉由只喝茶或用氯片淨化我的水來避免腹瀉。麵包跟湯是相對安全的，但沒人洗手，而且共用餐具。我很驚訝三天前當阿齊茲和阿布杜爾．哈克抱怨腹痛時我沒發展成這樣。但我現在開始腹瀉，且使我脫水。我仍感覺相當有力，但，要是持續下去，我就得試抗生素了。

當我重新出現時，哈比布拉在下午陽光中坐在他的腳後跟上。我道歉花了太多時間，但他只是聳聳肩。我們重新開始步行，我則在與阿布杜爾．哈克一週的大跨步後試著調整配合他的短小步伐。我們穿過達來埃克特下方的堡壘，通過一條標著「回響——以來自歐洲社會基金建設而成」的小橋。橋在五年前建成，而已經破敗，但橋是個重要貢獻，因為這堡壘曾一度無法穿越。[12]

＊

當我們到達橋遠遠的那端，哈比布拉醫生指着一塊高高在我們後面坡上的大黑石頭，然後說：「穆斯塔法指揮官——那位你剛剛見到並且射擊你的年輕人——在那裡擊斃了兩個塔利班。他們在這地上，我的麥田，死去。在這之前他誰都不是——小時代的穆拉——但因為他是這村莊裡唯一反抗塔利班的人，他現在是位指揮官。」

「那你呢？」

「我沒對抗塔利班。我從十四歲開始和拉巴尼（Rabbani）總統的伊斯蘭促進會對抗俄國人十

12 見南希．杜普里（Nancy Dupree）於一九七六年對中央路徑的說明。

年，當塔利班來時我去了伊朗和赫拉特工作。」

走了四小時沒休息，我們沿著哈里河行走。每個我們遇見的人都帶著敬意，而非恐懼問候哈比布拉醫生。哈比布拉醫生擁抱其中一些人；當他看來不悅且毫無興趣時，其他人對著他的手鞠躬並親吻。

＊

「在蘇格蘭你們要花多少錢買到一個太太？」哈比布拉醫生問。

我告訴他。

「你的宗教是什麼？」

「Jesewi——基督徒，」我說。

「你信上帝嗎？」

「對。」

「唯一的上帝？」

「對。」

「你會娶你母親姊妹的女兒嗎？」

「我不認為。」

「那你母親兄弟的女兒呢？」

「不會。」

「你父親兄弟或你姊妹的女兒呢？」

「不，她們也不行。」

「那你要娶誰啊？」

「大概是一個跟我沒關係的人。」

一陣安靜。哈比布拉的問題顯出他對一個石器時代部落居民審訊了親屬結構，但這些並非人類學問題。它們是宗教問題。伊斯蘭教，是個比基督教還要政治化及社會化的宗教。伊斯蘭教清楚規範指出你如何嫁娶什麼對象。在這宗教裡大多數人們與最親近的表親結婚。

一個高大蓄鬍的人追上我們。他忽略了我的問候，然後問哈比布拉醫生，「他的信仰是什麼？」

「他是位Jahdui——猶太教徒，」哈比布拉醫生說。

「不，不。我是一位Esawi——一個基督徒。」

哈比布拉醫生轉過身，看著我，然後對他的朋友說，「我搞不懂——有差嗎？」

很多在聖戰中對抗俄國人的人一定比哈比布拉醫生更不了解其他宗教。

那人帶他到一邊然後與他耳語，接著我們繼續上路。

「那人是位穆拉，」哈比布拉醫生說。「他說你可以娶我們的女兒——你是穆斯林的一種。」

這看法來紓解了哈比布拉醫生。我沒指出穆斯林女性通常不受鼓勵與基督徒結婚。

哈比布拉醫生解釋他稱為醫生是因為他在赫拉特完成了獸醫學分課程。

「為什麼你要帶著武器？」我問。

「因為狼群。」

「牠們很危險嗎？」

「六個月前在我去為小山上的羊接種疫苗的路上，在山坡上發現了那天中午被一匹狼吃掉的朋友的衣服和斷腿。兩年前五隻狼在早上十一點殺死我的鄰居。你的枴杖嚇不走牠們。」

哈比布拉醫生告訴我他年輕時走過的長途旅程。他曾要五十個人穿過山丘到奎達取武器。那花了他們兩個月從達來埃克特出發再花兩個月回來。他們大多睡在岩洞裡。然而現在，他的棕色流蘇樂福鞋折磨他的腳，一天將盡時他已步履蹣跚。

「我會說英文，」哈比布拉醫生用波斯語說道，然後再加上英語，「我父親名阿齊茲。」他用英語數到二十，只缺了數字八。

「做得好，」我說。

「這沒什麼。我能數到一千。」

我說：「也許等會吧……」

*

當晚我們停在達哈內芮札克，哈比布拉醫生母親的村莊。這是我在山丘部落村莊的第一晚。山谷很窄，沒有空間有大面積田地，而泥屋建在山坡邊的岩層上。兩隻巨大牧羊犬在平坦屋頂上睡覺。

村民認為自己是塔吉克人，意即他們是非烏茲別克、哈札那，或普什圖人[13]的波斯語語者。但其他人稱他們古爾的埃馬克人。儘管他們以多彩帳篷聞名，他們只在夏天的牧草高地上住在帳篷裡，而在我拜訪期間沒看見任何帳篷蹤跡。冬季時，他們住在村莊裡的平頂泥屋裡，而非許多在赫拉特平原上的圓頂屋。近來，埃馬克人已超過五十萬人口，被歸類為四大部落族群。[14]哈比

13 他們有時也用部落名稱如泰馬尼、菲魯茲庫希、賈姆西迪，及哈札拉埃卡拉瑙指涉自己。

14 一些埃馬克人有蒙古人特徵。他們與其他波斯語者相較也應用了更多突厥詞彙。也許因為我的波斯語不夠好，或因為他們在跟我說話時避免方言。我從未注意到此事。即使埃馬克人也不同意有四個主要部落。然而，在那些族群中，有菲洛庫希、泰瑪尼、泰瓦拉、賈姆西迪即提穆里。埃爾芬斯通於一八一五年加上了宙奧瑞耶，並將菲魯茲庫希及賈姆西迪視為哈札拉的亞部落。

布拉醫生說這個部落為人識為Firuskuhi，意即綠松石山的埃馬克人。他們住在古古爾帝國的心臟地帶。

每個在芮札克的人為同一個祖父的後代。村莊裡有六間房屋及七十位居民，儘管他們聲稱這有三十間房屋，以獲取更多來自國際組織的食物援助。發展單位稱這個地區「飢餓帶」並預測冬天十萬人會死於飢餓。但看來沒人挨餓，唯一缺少糧食的家庭，其成員已離開前往赫拉特一處大型難民營。但村莊飲食有其限制，早餐和中餐吃原味饢餅，偶爾有豆子作為晚餐。

村莊財富傳統上與羊群連結，但許多羊隻在戰爭中死亡，而現在村民以聯合國穀物及買賣少許羊隻維生。男性在伊朗當建築工人貼補。女性編織能夠在伊朗及巴基斯坦市集出售的造型地毯。[15]然而，就像很多村民的狀況，他們主要現金來源是西方、伊朗，以及巴基斯坦支付來鼓勵他們對抗俄國人，還有接下來對抗其他阿富汗組織。

芮札克領導人，賽伊德閣下（Seyyed Agha），擔任軍事指揮官二十四年了。起初他和一個由巴基斯坦情報局資助的組織對抗俄國人。然後，「因為他們殺的人不夠多」，他在一個特別由英國人資助的組織裡對抗俄國人。俄國人撤退後，他對抗親俄的納吉布拉政府，還有敵對的北方聯盟組織。當塔利班五年前取得這一省，他決定「金盆洗手」。這大概代表他是這一區的塔利班指揮官，但如果我問他會否認。也許為了補償這空白，這指揮官在兩個月前總統進入赫拉特的凱旋遊行時，向伊斯梅爾汗獻上了他的私人馬匹。

指揮官問我知不知道穆罕默德・奧瑪在哪裡。我回答我猜他在南方。「不對，他不在那，」指揮官說。「他正坐在那……」然後指著一位獨眼的人。每個人都大吼伴著大笑，除了那位獨眼龍，他看來之前聽過這個笑話了。

當我們準備睡覺時，有人打開收音機的ＢＢＣ達利語頻道。一則比爾・蓋茲（Bill Gates）關於美國政策針對科技壟斷法的演說翻譯成了達利語。大家專心致志地聆聽。我猜想這些沒電可用的文盲怎麼想ＩＥ瀏覽器與Windows系統的綑綁搭配。

15 她們的地毯經常做為布哈拉祈禱毯或「Khoja Rushnai手織毯」於好幾百哩外販賣。地毯主要成本在於羊毛。編織的女性及女孩費上一個月的工作卻僅有少於十美元的收入。

戰狗

隔天早上醒來時，發現哈比布拉醫生正試著把另一個空的奶油包裝殼綁在他AK-47步槍的槍托上。槍管纏著餅乾包裝。在下面，泛黃透明膠帶貼住了用印地語、英語及波斯語宣傳在大布里士和邦加羅食品工廠的文字。晨光微微地透過小型窗戶照了進來，他很艱難地尋找膠帶另一端。他看到我看著他，接著問道：「你會想有隻狗嗎？」

「什麼狗？」我回。

「在外面有隻他們想給你的……那是隻好狗。」

我不知道能否帶隻狗。不過，我喜歡狗。

「給他看那隻狗，薛克哈（Sheikh），」哈比布拉醫生說，指派了一名十二歲的穆拉見習生。

薛克哈帶著我走出清真寺。在黯淡晨光中，人們開始從泥屋現身，小心地踏著步伐走過雪堆，並將毛毯緊緊地圍在身上。三位老人已經圍著長袍蹲下來了。他們大聲地咳嗽，把痰吐在潮濕空氣中。女人正把鐵罐浸入丘底的冰冷河水中。陽光在一小時內都不會進入這個狹窄山谷裡。

在一座泥屋頂上的毯子上，一隻大狗仍在睡夢中，夜晚落雪沾在狗毛上。當我看著那隻狗，一小群小男孩看著我。到最近的鄰居家要走上兩小時，所以孩子總是和表親一起。當他們長到約莫十五歲，便與表親結婚。

一個叫侯賽因（Hussein）的年輕人戴著匆匆纏上的頭巾出現在一扇門後。「這就是那隻狗，」他說。「你要嗎？」

侯賽因走向那隻睡著的動物，然後踢了一腳。那狗張開一隻眼睛往上看。牠再度閉上眼睛，搖搖那熊般的頭，然後，還是躺在那邊，伸出前腳，拱起長長的背部，然後伸展。接著牠呼了口氣，艱難地翻身向前，然後站起來。村莊男孩退後得太快，跌成一團。牠大小如一隻小馬。

「牠非常強壯，非常危險，」侯賽因說。那狗對男孩們來說顯然是如此，看看四周，接著用三隻腳困難地走了幾步，一隻左前腳縮在空中。然後牠再次躺了下來。牠的背部像德國牧羊犬或狼的外型，但更高更瘦。毛皮除了豎在冷風中的黑色斑紋外是深金色的。侯賽因將一隻腳放在狗頸上，將狗轉到他那邊。「好，過來。」

那狗瞧瞧我，在那人的靴子下舉起脖子。狗的雙眼充滿血絲，而且沒有耳朵和尾巴。

「你要這隻狗嗎？」侯賽因問。

「我不知道。狗的名字是什麼？」

侯賽因越過肩膀大叫，「這隻狗有名字嗎？」

「沒有，」那男孩回。

「這是哪種狗？」

「Sag-Jangi，」侯賽因回，意思是「戰爭之狗」，一種鬥犬。

「牠在村莊裡做什麼？」

「牠在這殺死狼群。」

「麻煩把你的腳從狗脖子上拿開，」我說。

侯賽因拿開他的腳。我蹲下去喚那狗。牠翻起身然後把巨大腳掌擺在前方，繼續躺著。我吹了口哨和彈了手指。狗就像特拉法加廣場的獅子像般動也不動。接著其中一名男孩發出了一種咻咻聲，狗重重地站起來。

「看看牠有多結實多強壯，」侯賽因說。

那狗慢慢地一瘸一拐地走過來看著我。牠的雙眼平靜且如狼般呈黃色。我把手給牠聞，接著謹慎地摸牠的頭。我聽到一位老人低聲說，「那個異教徒要被咬了。」

要是他知道我可以聽見，他就不會叫我異教徒了，但這就是村民認知的我。這是個虔誠穆斯林社群。他們為了一座有六間房屋的小村莊蓋了間清真寺，然後每個人一天禮拜五次，在晚上聆聽長長的《可蘭經》經讀。

我走回屋頂邊緣，然後再次叫喚那狗——這次用了咻咻聲。一番考慮後，牠跟著我。牠的左前腳無可否認地行動困難。牠用牠無耳的頭蹭我的腿。

「牠的耳朵發生什麼事了？」

「我們把耳朵割了。」

「為什麼？」

「所以牠能夠打得更好。牠非常凶猛。」

那狗打了個哈欠，比起牙齒看到更多牙齦。

「牠的牙齒發生什麼事了？」

「侯賽因用石頭把牙齒敲掉了。」

侯賽因露齒而笑。他還保有他的牙齒。

「為什麼？」

「因為牠咬我。」

「還有為什麼牠在口鼻處長了白毛？」

「這附近的人很容易長白髮。」

「這狗幾歲了？」

「五歲，」哈比布拉醫生說，從平台上出現，並且以他的專業扮演一位獸醫。

「才不是。牠很老了。都有白鬍子了，」我回。

「他說那隻狗有白鬍子，」哈比布拉醫生重複，然後所有人大笑。

「而且他都沒牙了，」我加上去。

「那不是因為年紀——那是因為侯賽因用石頭敲掉牙齒了。」

「聽好，」我說，「牠是隻很可愛的狗，但我不認為牠有辦法跟我走到喀布爾。從此出發有七百公里遠，而且路上很多雪，我們還必須一天走上三十五公里。看看牠行動有多困難。」

「胡說八道，」哈比布拉醫生說。「我們了解這些狗——牠不老，只是今天早上很冷。牠來自一條非常出名的血脈……全都在這裡培育的。牠是這省裡最大的狗之一。你很幸運他們要給你。牠殺死過很多狼。」我沒問那是在牠失去牙齒之前還之後。「這是個非常貧窮的村莊。他們一天只能供牠一塊饢餅。要是你帶牠走，你可以找到肉給牠。牠會變強壯。牠對你來說是隻好狗。要是一不小心，你要獨自穿越山群；你會需要牠保護你對抗狼群和哈札拉人。」身為一位埃馬克人，他相信哈札拉人不值得相信且暴力，還有一定會置我於死地。

「你為什麼碰狗？」薛克哈，那十二歲的穆拉見習生問。

「我喜歡狗。沒人碰過牠嗎？」

「當然沒有。牠是隻不潔的動物。我們先知告訴我們不要碰狗——尤其在我們祈禱時。要是我們碰了狗，我們一定要做一個特殊的沐浴儀式。」

「《可蘭經》的哪裡提到這個呢？」

「我不太記得，」薛克哈說，「但就是在那裡。」

「我以為你是位哈菲茲[16]——你必須記住整部《可蘭經》……」薛克哈從一個更偏遠的村莊來到這裡與穆拉學習。他在晚上為這村莊吟誦經文。因為這榮耀，他允許加入我與成人訪客的晚餐。

「我記住了，」薛克哈回。「我可以從頭到尾用阿拉伯語吟誦——那超過十萬字。但我不懂阿拉伯語，所以我不確定在哪個章節。」

一小群沒事做、骯髒的小孩對著那狗大吼。其中一人用一顆石頭丟中牠的側腹，但牠沒有反應。我猜想從未被撫摸過是什麼感覺。牠的行動些許笨重；沒有渴望，沒有玩樂，而且沒有探求。我無法決定牠是非常沮喪或是衰老，或者兩者都是。牠越過肩膀瞧著我。牠的殘尾小幅地擺動，然後踏著緩慢的腳步走向我。我決定帶牠跟我回蘇格蘭。

當哈比布拉醫生道別時，他加上，「你認識布萊登（Brydon）醫生嗎？他是英國人。我們把你們都殺光了，但為了前往白沙瓦留他活命……我想阿富汗人應該像對布萊登醫生一樣保你生

---

16 編注：Hafiz，為知名的波斯抒情詩人，哈菲茲是他的筆名，意指「能背誦《可蘭經》者」，文中即取此意。

路。」[17]半小時後，拿了一些錢給村民後，我和那狗一起離開。

我叫牠巴卑爾，意即老虎，來自他的黑色斑紋，還有因為我們要走巴卑爾王的路徑。狗兒巴卑爾跟著我走上第一個山丘的坡路，那坡路呈深紫色，且坐落得彷彿奇斯特高原漂亮地框在周圍山陵中。這裡名為「印度山」，村長告訴我山頂上曾經有一座印度教村莊。他不知道是什麼時候。歷史學家不能確定古爾的信仰在轉變成伊斯蘭教前曾是什麼。這名字指出那曾是印度教。[18]

我們在一個轉角轉彎，巴卑爾的村莊在視線裡消失。在巴卑爾長長一生中，除了那六間泥屋還有村民在夏天放牧時移動帳篷的高地牧草地外，牠什麼也沒看過。年年在同一片牧草地上，每日待在羊群旁，將巨大獸掌放在身前，等待狼群。牠從沒去過離家多於一天的地方，牠還沒看過移動的車輛，電力，或一座超過六間泥屋，且仍缺少學校或診所的村莊。這對芮札克的女性也是一樣的事實，我由她們驕傲的丈夫告知，她們從沒拜訪過兩小時腳程外的村莊。只有男性曾探索過一些其他地方。巴卑爾不會再見到牠的家。在十分鐘路程後，巴卑爾遇到峭壁上的冷風，趴下，然後不願前進。只有一塊走味的饢餅說服了牠走下山坡。

在另外半小時遠離牠村莊的嗅聞及小跑步後，牠再次躺下，還堅定地看著我，閉上牠黃色的雙眼。牠對麵包沒有興趣了。當哄騙無效，我扯住他們繫住牠脖子的橘色尼龍繩然後硬拖，沿著碎石路拉著牠一百四十磅的身體走。鬆一口氣的是，幾呎後牠重重地站起，然後在大力甩過頭後，走在我身後，現在更加慢了。但經由強迫牠上路，我終於下定決心牠會整路走直到蘇格蘭。

就好像是對我們嶄新關係的認知，牠不再對身邊四周的味道有興趣，然後我們沒有停歇地走了一小時，直到我們遇到一位騎著白馬，伴著一群山羊的人。

「喂，男孩，」那馬上的人大叫，「來這裡。」從沒人這樣對我說話。他顯然當我是個階級非常低的阿富汗村民，因為我跟一個不潔之物，如一隻狗一起行走。「鬥狗是什麼時候？這隻狗做什麼的？你要帶牠去哪？」

我禮貌地回答沒有鬥狗，巴卑爾什麼也不用做，還有我要帶牠去喀布爾。

巴卑爾於首日，沉睡的樣子

17 英國人自喀布爾撤退發生於一八四二年一月，幾乎剛好在我與哈比布拉醫生對話的一百六十年前。阿富汗人六天內在喀布爾下方充滿雪的峽谷中殺了至少一萬二千名英國軍人，還有他們的追隨者。只有布萊登醫生，一位醫療兵，能夠騎馬進入賈拉拉巴德。在稍後遭釋的少許囚徒外，他是印度軍隊唯一生還者。巴特勒爵士夫人的畫作中展示他在馬上於大門前命垂一線，穿著長尾束腰外衣，他看起來像個前拉斐爾時期的騎士結束追尋聖杯。他騎著他從阿富汗村莊取得的馬，抵達安全之處，帶他回到蘇格蘭。

18 阿拉伯歷史學家也指出這是個印度教地區，但他們有個稱所有異教王國印度教的傾向。古爾人研究權威克利福德・埃德蒙・博斯沃斯（Clifford Edmund Bosworth），指出他們也許有自己獨特的當地信仰，於伊斯蘭教侵略時便消失了。

「你在說什麼啊？」那人以為我在說什麼天方夜譚。阿富汗的狗非寵物。牠們是為了打獵，為了保護羊群遠離狼，或因為鬥狗。巴卑爾的體型使牠成為一個大有可為的戰士，那騎馬的人想要巴卑爾和他的狗配對戰鬥，然後開始下注。

並不是這人不愛動物。在他的馬上，他放了一塊大型有著三十道不同顏色的羊毛薄織鞍毯，肯定需要六週來編織。但一隻狗在信仰上是污穢、骯髒，而且危險的。往後，阿富汗人多樣地描述巴卑爾巨大、強壯、凶猛、無用、疲倦，或是衰老。我說牠美麗、聰敏，還有友善。阿富汗人傳統上只用這些形容詞形容人、馬匹，或獵鷹。

喀曼吉指揮官哈吉（莫阿蘭）・莫辛・可汗

我們走過有著美麗顏色土壤、金屬礦石的山丘：岩石切面有如糖果的多層狀，一座融雪的紅褐色山峰，接著是綠色及橘色砂岩山坡，最後是一座有著血紅色條紋的峭壁。四小時後我們到達指揮官哈吉・莫辛・可汗（Haji Mohsin Khan）在喀曼吉的土地區域。

整個下午都在下雪，而我花了幾乎所有時間在哈吉・莫辛屋子的陽台上看著巴卑爾。我給了牠一些饢餅，牠就像隻熊般，在自己兩隻巨大獸掌間抓著饢餅，用牠的嘴一塊塊撕下。當牠吃完，牠在柱子周圍飢渴地嗅著，希冀找到任何碎屑，接著翻倒在地，把頭放在雙掌間閉上眼睛。當牠睡著時，牠前額的皺褶使牠看起來很焦慮。我回到客房去。

午後，哈吉・莫辛指揮官的僕人瓦奇爾（Wazir），進來房間，敲下靴子上的雪，然後在爐子旁放下一條新的水菸菸管。在房間裡很溫暖，而哈吉・莫辛・可汗指揮官向後靠在靠墊上，讓他的駱駝毛長袍在他瘦削胸前敞開，搔著他的灰色鬍鬚，就好像在禮讚袍子長度及不常見的美好造型般。一位年輕人與他父親在房間裡，從他們的村莊走了整整一天來見哈吉・莫辛，但他幾乎沒跟他們說話。那年輕人為哈吉·莫辛的水菸混合大麻及菸草。

當菸管放在他面前時，哈吉·莫辛坐起身，將他絲綢的頭巾尾巴甩到肩膀上，將菸管放進口中，開始吞雲吐霧。在幾個深吸後他將菸傳給那位老人，然後問我是否有足夠食物可吃。儘管哈吉·莫辛是位大封建指揮官（Grand feudal commander），但他只用乾麵包招待我們。我對他致謝。

「綠茶或紅茶？」

「綠茶，麻煩了。」

瓦奇爾走回雪中拿茶，然後指揮官向前靠拿起我的念珠，接著把自己的塑膠念珠放進口袋裡。他用手滑我的念珠幾分鐘，看著西藏琥珀上不透明的光。

靜默。

從一個小窗戶我能看到雪落在他的庭園裡、水管上，還有帶著國際救助組織縮寫標誌的廁所上。這片土地區域離村莊有點距離，且在湍急哈里河的另一側，所以除了哈吉·莫辛的親近家人外，沒人可使用這來自斯堪地那維亞人民的衛生禮物。

那男孩遞回水菸，說「哈吉·莫辛·可汗指揮官」，好像指揮官的名字只是一個字。**指揮官**意指莫辛曾是位軍事指揮官，**哈吉**代表他富有到能夠實行前往麥加朝聖的義務，**可汗**指他的家族在幾百年來在這地區曾是兩個最大地主之一。我看過一位英國軍官在西元一八八五年寫下關於他家族的報告。他們描述他的祖先為一個埃馬克邦聯的世襲領主。對一位這樣的人來說負責一位來訪賓客很正常，就像他作主決定發展機構在哪裡放置他們的廁所及水管設備。

「給我看你的介紹信，」哈吉・莫辛指揮官說。

我給了他庫爾閣下喀里米的信。他沉下臉然後放在一邊，喃喃說著庫爾閣下曾和俄國人合作。接著我遞給他古利閣下，還有那封阿布杜爾・哈克拜託年輕穆斯塔法指揮官寫的信。那些信應該要在一路上介紹我給每個人，但哈吉・莫辛指揮官把信放進他口袋裡。留著那些信能讓他在將來向那些人請託事情。

「我能拿回那些信嗎？」我問。

「不，那是給我的。」

「但我需要那些信在路上給別人看。」

「那他們應該多寫給你幾封。我會給你幾封給別人的介紹信。」

我走到屋外。巴卑爾在陽台邊睡著了。一堆厚厚的雪積在牠的側腹。我帶著牠走下哈里河。牠沮喪地看著水，然後看著我，但不肯喝。我帶牠稍稍往上游去，站上一顆河中岩石，然後等著。牠用牠的舌頭舀起水，導致水灑在牠嘴上，從牠巨大嘴唇邊滴落。牠喝了整整一分鐘，然後抬起頭。我等著。牠繼續再喝。

當我回到屋子時，其他人站起來問候我，但哈吉・莫辛僅僅抬起眉毛，然後在他的靠墊上繼續抽菸。他尊貴的氛圍顯然地反映了他的社會地位。不像其他封建地主，他在戰爭之後仍然保有他的土地及權力。

「哈吉．莫辛．可汗指揮官閣下，這二十五年來你都在做什麼？」我問。

「嗯，一開始我是位馬蘭——一位老師。」其他人將「莫阿蘭」的頭銜放進名字裡，就像西方博士的形式，但哈吉．莫辛．可汗指揮官已經有足夠的頭銜了。「接著我成為一位聖戰士對抗俄國人，他們在喀曼吉投下十六顆炸彈，殺死我們四十五位村民。當北方聯盟占領喀布爾時，我成為洽赫洽蘭的安全長官。當塔利班掌權時，我從我的職位上退休然後不再管事。我現在是退休狀態。」

哈吉．莫辛的訪客其實是為了討論政治而來，從討論的狀況看來我無法相信他已經退休五年了。他家人參加前幾任君王的大支格爾會議[19]，並且預計將參加新集會。

「你會加入卡爾扎伊（Karzai）的政黨嗎？」那年輕人的父親問。

哈吉．莫辛．可汗沒說話，專注在他的水菸上。

五分鐘後，他再被問了一次。

「我又老又已退休，這跟我都沒關係了，」哈吉．莫辛．可汗說。

十分鐘後那老人問了第三次，然後得到也許是他期盼的答案。

「我對那英國男孩充滿敬意，」哈吉．莫辛．可汗拖著聲音說，指的是我，「卡爾扎伊是英國和美國的工具，而我不會支持他。」

稍後我發現哈吉‧莫辛‧可汗在塔利班時期不在退休狀態。他投降塔利班，並成為他們的區域指揮官；他和他的連襟，拉伊斯‧薩拉姆‧可汗（Rais Salam Khan），在伊斯梅爾汗於赫拉特進行最後一次進攻時，曾向伊斯梅爾汗的政黨成員開火，殺死兩位高階中尉。如果我仍和卡西姆或阿布杜爾‧哈克這兩位伊斯梅爾汗士兵一起，是不可能進入這屋子的。

*

多數下午與晚上的節奏都由哈吉‧莫辛的清真寺而定。午餐與入夜間三次，哈吉‧莫辛的私人穆拉走進花園裡，雪緩慢地落在他身旁，唱出哈吉‧莫辛私人清真寺的禱告呼喚。指揮官與他的訪客消失又再次回來享用他們的水菸及熱茶共三次。

晚餐，哈吉‧莫辛給我們一小塊鹹肉及一盤分食的米飯。也許失去我的武裝護衛後，我不再有享用高級餐點的地位，也或許他樂於用簡樸菜色招待一位外國人。

---

19 編注：Loya Jirga assemblies，又稱大國民會議，由上下議會議員、各省議會議長所組成，負責制定修改憲法、批准國家相關法律，及決定與國家主權相關、內閣人事等議題。會議不定期舉行。

用餐後，如常在靜默中進食，他靠得很近以至於我能聞到他口氣中的菸草味，說：「羅馬—里加—馬德里—基輔—名字，對嗎？」

「正確。」

「在英國你們造船嗎？」

「不再造了。」

「你們看，」他向大家說，「在英國，他們在統治世界時因偷竊如此富有，他們付給工人大筆金錢。他們不需要製造——他們從美國和日本，工人更便宜的地方進口所有東西。」

「英格蘭很有錢嗎？」那老人問。

「當然，」哈吉·莫辛說。「全部都看起來像杜拜。」

瓦奇爾將他的頭伸進門裡。「現在至少下了一公尺的雪。那位外國人得在這裡待上兩個月了。」

那老人低聲說了什麼然後大家哄堂大笑。

「三十五年來想擺脫外國人，」哈吉·莫辛的弟弟說，「然後他們又在這裡了。」

大家大笑。

哈吉·莫辛·可汗

「他最好小心點，」那老人說，「不然我們會對他做我們對昆都士ＣＩＡ探員做的事。」那昆都士的ＣＩＡ探員被殺死了。

「他不會真的以為那隻狗能幫他抵抗狼群吧？」那年輕人問。

「別忘了他那有金屬頭的東西，」哈吉·莫辛說，一度拋開他的尊嚴，蜷起他的背在靠墊上大笑。

*

翌日清晨持續下雪，他們試著說服我不要離開。他們說要是在喀曼吉有一公尺深的雪，那在洽赫洽蘭一定有兩公尺深。但我不想要困在喀曼吉兩個月。

瓦奇爾，裹在三件外套裡，帶著我和巴卑爾穿過哈吉·莫辛的庭園。他以緩慢的海軍步伐走路，用他的高筒皮靴將雪高高踢往空中。雪厚厚一層覆在蘋果及桑樹又細又黑的枝枒上，也在乾燥石牆上形成一層厚冰。巴卑爾開心地在我們身旁踏步，在新雪上踏上自己的腳印。但這讓我們把牠從河流冰層上拖走。

當我們進入一座寬闊山谷，雪不再下了，陽光探出雲層，然後我們看見其他人的足跡。

「你來自哪裡，瓦奇爾？」我問。

「我是哈吉·莫辛·可汗指揮官的士兵。我在聖戰期間為他作戰，前往山中和他一起躲過俄國人，然後為了溫飽現在為他工作。他是個好人。」

在走了另一哩後，山谷縮小，然後山群的樣貌突然間活了起來——順著山脊，山坡急急落下，然後成為適合狼群生活的低矮山丘。人們跟著大型犬隻等在山谷地面的瓶頸處。

這看起來是個會遇見一匹狼或一隊軍隊的危險處。我把這想法跟瓦奇爾說。

「我們在這裡包圍納吉布拉的部隊，」他回，「然後在那裡處決了四十個人。」他指著一條在雪地與花叢間涓涓流著的小溪。

我猜那是哈吉·莫辛·可汗的部隊被處決的地方。但在我聽到這故事的那晚，看起來受害者是另一方。納吉布拉總統曾指派一隊擁直升機特殊武裝部隊，行動解除哈吉·莫辛的武裝。哈吉·莫辛的士兵有十人遭殺害，但納吉布拉的士兵有數人遭捕獲。其中三位當地人仍然記得他們的名字：毛拉尼·賈拉米（Maulani Jalami）、哈札拉特·古爾（Hazrat Gul），還有阿喀巴爾·穆罕默德（Akbar Mohammed）。哈吉·莫辛在村民面前處決了他們。

在山谷外三隻狗——好像一種哈士奇犬——對著我們露齒吠叫。我拿起一顆石頭威嚇牠們退後，但巴卑爾認真地繼續踏步走，彷彿牠們不在現場。瓦奇爾叫我把石頭放下。當我一放，那哈士奇的老大往前衝，彈跳到巴卑爾背上，插進牠的牙齒。巴卑爾迴身，暴怒，然後將哈士奇甩在地上；其他兩隻跟進，然後我追著牠們跑，甩動著我的東西。我重重地打到其中一隻狗，然後他嗚嗚叫地撤退。我不喜歡打狗，但我沒有讓一隻雜種狗虐殺巴卑爾的準備。巴卑爾跟我都對瓦奇爾讓事情變成這局面感到非常憤怒。接下來和他一起的早晨，瓦奇爾看到狗盯著我們看就對牠們丟顆石頭。

當我們轉向山谷一邊前往卡爾瑪奧時，我們看到一隊人接近，七個人徒步，而最後一人騎在一匹白馬上。他們都戴著厚編織帶，帶著步槍。他們經過我們沒有問候。

「他們是誰？」我問瓦奇爾。

「我不知道。他們不是來自這地方。」

來自哈吉・莫辛・可汗

表親

在山谷中繼續前進三公里，我們到了要在此過夜的卡爾瑪奧村莊。我們進入訪客間，看見一位非常高的人坐在門邊，四周圍著保鑣。從他的禮節及隨從判斷，他應當坐在房間另一端的尊位上。有點不太對勁。他沒在跟招待的主人說話；他拒絕與瓦奇爾致意，然後唐突地問我有沒有衛星電話後，就離開了。我們的招待人，賽伊德．烏瑪爾（Seyyed Umar），目送他離去然後說：「我曾願為這人殺一頭羊——現在我給他茶已經算他好運了。」接著他叫人端一份蛋捲給我。正好很餓的我滿懷感激。

賽伊德．烏瑪爾對那位高個男的應對，是砲擊聯盟形成後權力迅速轉換的徵狀。平原地帶一半由卡西姆那樣的民兵自赫拉特那掌控。但在古爾山區，我在幾乎不與彼此對話的埃馬克人領袖間游移，且我只得在一知半解的差異中跌跌撞撞。

伊斯蘭教並不鼓勵強烈的社會分歧，而在村莊裡戰爭及社會革命已然摧毀了阿富汗的古老封建制度。儘管如此，村民很在意別人的背景。大量禮規、傳統以及部落認同的不同點，分開了僕人如瓦奇爾與封建領主哈吉・莫辛，及哈吉・莫辛與一位中產階級獸醫哈比布拉醫生，或一位往上提升的穆拉比如奧貝的年輕指揮官。階級不盡然反映在教育及經驗上。我目前的招待人，賽伊德・烏瑪爾，是位富人，來自聖職地主受尊敬家族的後代子孫，但他不能讀寫，也不曾出過國。阿布杜爾・哈克，來自更低下的背景，識讀寫且曾出國過。重要的是權力，而那依附於聯姻。

許多我的招待人都曾是戰爭領袖。他們大多數曾對抗俄國人，但不見得在同個陣營裡。哈吉・莫辛及紅鬍古利閣下曾為省裡領導伊斯蘭促進會的指揮官，但那狗兒村莊的村長是巴基斯坦資助軍閥古勒卜丁・海克梅迪亞（Gullbuddin Hekmatyar）的指揮官。

有些人曾為俄國人工作，像是為我寫介紹信的庫爾閣下喀里米。他和一些人的合作看來已被大致原諒。可是KGB國家安全委員會與阿富汗國家信息服務部指令飛機投下炸彈至哈吉・莫辛村莊的俄國將領一踏進這區域則會被殺害。[20]

事情在塔利班時期變得更加複雜，因為反俄國組織發現他們在相反立場。一些人，如古利閣下，真正地退休了。哈吉・莫辛・可汗曾支持塔利班，因此受允許在塔利班時期經營村莊五年

---

20 在所有得到諒解的俄國時期長官中，法札爾・艾默德・可汗（Fazal Ahmed Khan）為基督教救助協會代表，居住於沙哈芮克。他來自比哈吉・莫辛更大的封建家族。哈吉・莫辛的家族為khan zada，重要的區域人物，但法札爾・艾默德的家族曾為泰曼人，於宮廷之上有效地掌控這地區。他的阿富汗國家信息服務部保全首領及他曾被迫隱匿。

之久。

塔利班投降代表在兩個月以內所有事物再度改變。反塔利班指揮官[21]現在自哈吉·莫辛手中取回此區域的控制權，且自沙赫拉克指派自己的士兵至哈吉·莫辛的領地。這是為何瓦奇爾不認得在雪地上與我們擦身而過的擁槍士兵。同時，哈吉·莫辛拒絕交出他的塔利班副手。[22]

我的招待人，塞伊德·烏瑪爾，是哈吉·莫辛·可汗的士兵，而甫離去的高個男子是哈吉·莫辛的敵方。但十年前他們曾在河邊站在彼此身旁攻擊納吉布拉的士兵。

「你為什麼成為一個聖戰士？」我問賽伊德·烏瑪爾。

「因為俄國政府禁止我的女人戴頭巾，並且沒收了我的驢子。」

「那你為什麼對抗塔利班？」

「因為他們強迫我的女人穿**全身罩袍**，而不是只戴頭巾，還有他們偷走我的驢子。」

這看起來彷彿政府不介入他女人的頂上配飾還有他的驢子，他便不會對抗。可是賽伊德·烏瑪爾沒有對抗過塔利班。身為哈吉·莫辛·可汗的士兵，他曾是他們其中一位代表。

*

在訪客間裡我們有五人，而我們靜靜地坐著五個小時。這是個陰天的下午。賽伊德·烏瑪爾坐在一座大窗旁，敲著他的念珠。他來回轉頭往下看著黑色山脊、河水下方的泥沙，還有雪中足跡。偶爾他嘆口氣或清喉嚨。在外面門嘎吱一聲，然後馬匹鳴叫。半小時後，兩位衣衫襤褸的人還有他們的驢子爬上山丘，村裡的小孩對他們丟擲雪球。

賽伊德・烏瑪爾還有其他人因為降雪無法下田工作；他們自孩提時代便一起生活；近來沒發生任何值得討論的事情，還有他們不識字。經過長長的下午，他們在靜默中等著禱告召喚、晚餐及就寢。

一百年前這村莊還無人煙。賽伊德・烏瑪爾的穆拉曾祖父從南邊山裡來到這裡。四位當地地主各自給了他一塊地——然後他在每塊地上指派兒子建立村莊。卡爾瑪奧就是其一。這塊土地由哈吉・莫辛的祖先給與，而最終傳給三位穆拉的孫輩——其中一人和我一起坐在這間房裡。那位穆拉有八十二位男性後代住在卡爾瑪奧（賽伊德・烏馬爾沒費心想到要數女性人數），這塊土地，一度對一個人而言太過慷慨，現在則人滿為患。每個人不是和村裡的表親，就是和其他三個原始村裡的遠房表親結婚。

在四十年裡關於財富及權力的戲劇化差異，出現在這些後代裡。賽伊德・烏瑪爾是個富人且

21 哈吉・古而（Haji Gul）及曾突然成為古爾長官的伊布拉希姆（Ibrahim）醫生，為此地區中少數真正對抗塔利班的人。

22 古克的穆拉侯賽因（Mullah Hussein）。

比他的領袖，哈吉．莫辛更為大方。除了午餐的蛋捲外，他以全雞（一道比羊肉更昂貴的美食）搭配米飯、牛肉清湯，一碗酥炸扁豆，還有浸在脫水羊酪裡的麵包屑。我極有困難地說服過哈吉．莫辛給我一點點麵包餵狗。賽伊德．烏瑪爾給了我四條麵包餵巴卑爾，我趁沒人注意時加了點肉。但賽伊德．烏瑪爾的堂兄穿得極度破爛、右身癱瘓。他坐在角落，就著裂舌對自己喃喃自語。他乞求金錢而我給了他一些。

這是我徒步旅程的第十天，對餐點已無能為力。我已經腹瀉了四天，也許是梨形鞭毛蟲病的結果，我決定當晚開始服用抗生素。我的膝蓋因為爬坡扭傷，我也準備包紮膝蓋。我已在這個地區用完所有介紹信。哈吉．莫辛給我的那封介紹信已在賽伊德．烏瑪爾口袋裡。他的不識讀寫增添了複雜度：他看不懂信，也無法為我寫一封。

卡爾瑪奧的賽伊德．烏瑪爾

第四步

埃馬克人是強硬的遜尼派。在他們的征戰裡……展現了阿富汗人未曾有的一種凶猛程度。我有他們自懸崖投擲囚犯，然後用弓箭射擊他們致死的可信報告；並且在某場合中與一位相熟的佐歐爾耶部落人協助下與他們交談，他們確實喝下受難者溫熱血液，並且將血抹過他們的臉及鬍鬚。

——蒙特斯圖亞特．埃爾芬斯通

《關於喀布爾王國及其波斯、韃靼與印度境內屬地報告》，西元一八一五年

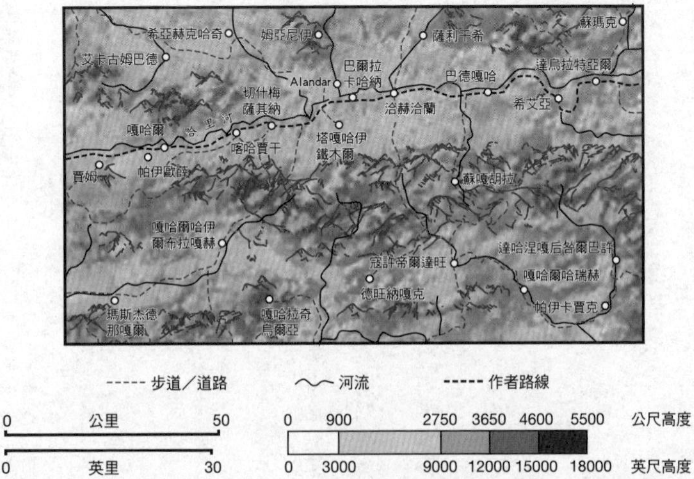

第十二天　賈姆至嘎哈爾
第十三天　嘎哈爾至切什梅薩其納
第十四天　切什梅薩其納至巴爾拉卡哈納
第十五天　巴爾拉卡哈納至洽赫洽蘭
第十六、十七天　洽赫洽蘭
第十八天　洽赫洽蘭至巴德嘎哈
第十九天　巴德嘎哈至達烏拉特亞爾

賈姆宣禮塔

　　當翌日早晨踏上雪地，巴卑爾在我身旁昂首闊步時，陽光才剛剛照進谷裡。雪已下了整晚，到處都是新雪。賽伊德．烏瑪爾在我身後騎著馬，笨重地裹著毯子。他不明白我拒絕騎馬這件事。雪將近一呎深，所以爬上小丘到道路上很簡單。當我在雪裡移動枴杖時，枴杖在手裡震動發出咯吱聲。山峰閃著碎光，有如破碎的擋風玻璃散在粉雪裡。

　　上坡半路，巴卑爾停下聞一顆深黑色大圓石。牠長長的鼻子貪婪地戳往我們往沙地的足跡，尋找消失動物冰凍的氣味。在完成牠的探查後，牠舉起頭，嚴肅地凝視遠方，然後舉起牠的獸足。接著，用牠的前掌用土掩蓋住牠的標記，牠迅速地繼續前進，轉過臉，將自己遠離那行動。一分鐘後另一顆大圓石吸引牠的注意。在十分鐘內我們停下六次。

　　巴卑爾看來準備好檢視、用尿液標記，並掌有接下來六百公里的每一公尺。在十八個月橫越亞洲的徒步旅行中，僅有一或兩次我感受到對土地的奇幻所有權。但巴卑爾顯然總是如此感受。溫熱尿流便是標記牠全新帝國的旗幟。牠所有行動只是征服與占領。看來牠準備好衡量及持有世界上所有地方。牠就像犬科的亞歷山大大帝。牠從未遇過這麼大的空間或這麼少的時間，牠沒有可能嗅聞並衡量每一顆石頭。在這種心情下，牠的毛皮因寒冷及精力豎起，牠攀上了山峰。

道路上積雪很厚，所以賽伊德．烏瑪爾在我們往下走前被迫下馬。在坡底，一座狹窄凹地裡的花圃，沿著一條蜿蜒河流有一座小而尖的山丘，一群山峰，然後雪地突然間消失了。在這裡，賽伊德．烏瑪爾加速往前。他非常堅持要我擺脫巴卑爾，他認為那隻狗會讓我們被一群村莊狗兒殺死。他說如果我丟掉狗，他會一路陪我到洽赫洽蘭。但因為我堅持要留下巴卑爾，他遺憾地踏上歸途。

如賽伊德．烏瑪爾預測，越過每座花園圍牆，狗群便大批圍上來，露出牙齒，而我一次又一次轉身逼退牠們。在對另一隻狗揮動楞杖時，我不小心敲到巴卑爾，而牠蹲在我腳邊哀鳴。在那天前，牠會幫我對著其他狗吼叫，並在我身邊小跑繞圈。但從現在開始，每當我舉起楞杖保護牠，牠恐懼地伏下，想著牠做了什麼錯事，然後等著我揍牠。憤怒狗群因此覺得牠易於攻擊，而我現在得拖著牠一百四十磅的軀體，同時挺起身體丟擲石頭。

*

我們離開村莊，狗群退後，然後在路旁山壁收近，河流彎曲得更厲害。我們在一座狹窄峽谷迷宮裡走了二十分鐘，沿著窄小的道路。淡黃色山壁在兩邊往上延伸。在河流生氣勃勃的嘩啦水聲外，一片靜默。在視線裡沒有人，也沒有二十四年來阿富汗戰爭的任何跡象。

我們來到了一個布滿石塊的崖邊，接著看到一座塔。一座修長石柱雜亂地嵌上赤褐色外殼，配上一條往上延伸二百呎的綠松石磚。其他什麼也沒有。這山牆形成一個圍繞尖塔的小圈圈，然後下方是兩條河流，自融雪水道往下流，流過溪谷奔向荒野。淡色的長形磚頭組成了五角形、六角形還有鑽石形環繞著石柱的連環序列。在尖塔的上端，阿富汗冬季天空色的波斯藍瓷磚拼出：吉亞蘇丁．穆罕默德．伊邦．薩姆（Ghiyassudin Muhammad Ibn Sam），王中之王……

吉亞蘇丁為古爾帝國的素檀，建立了赫拉特清真寺，在奇斯特埃沙利夫的迴旋托缽僧圓頂，還有失落城綠松石山。

我在塔底周圍沿著高大滿溢拼出（雖然我不明白這幾何文字）《可蘭經》其中最長一章阿拉伯文字的多邊形行走。[1]這有如一顆象牙西洋棋般做工精細。十邊形基座、三層樓高，殘留下的陽台以及裝飾華麗複雜的幾何表層，全讓俐落漸細的線條及米色燒製磚頭柔和下來。地上的雪在陰影之下。只有馬賽克磚的細窄藍線，由明亮陽光照著，自咖啡色山丘上凸顯而出。圓弧形尖塔的外型反映出周圍峭壁的曲形。就像奇斯特埃沙利夫，古爾人慣於運用自然景觀來凸顯建築的顏

[1] 瑪麗亞——耶穌母親的瑪麗亞姆章。

色及外型。

儘管十九世紀來到阿富汗的旅人沒人知曉這座塔的存在，法國人安德烈．馬希克（André Maricq）在西元一九五七年確實到達此處，且確認在建造當時，此為世界上最高的宣禮塔。爾後一批考古學家完成了這艱困旅程。但他們無法決定這座塔如何與神祕的古爾帝國連接，而俄國在西元一九七九年的入侵阻止了接下來的造訪。

一些考古學家總結，這尖塔曾為一座清真寺的一部分，喚為「賈姆宣禮塔」，然後尋找山谷裡的綠松石山。他們在尖塔基座兩公里外發現一座十二世紀小小猶太人墓地，增添了神祕感之外，找到極少東西。其他人，根據南希．杜普利在西元一九七六年的著作，引用文句「山谷窄小，其不可通行性與其重要建築遺留缺乏性（具說服力地論述），綠松石山曾位於戴瓦拉往南超過兩百公里。」其他人仍確信這山谷曾為前穆斯林聖地，而尖塔為一座單一凱旋塔，由古爾人建造標誌的一個別於伊斯蘭教唯一，且異教徒神聖的轉化點。然而，考古學家在兩件事上取得共識：尖塔是座獨特、重要的早期伊斯蘭式建築，且處於即將倒塌的危險中。

到我造訪此地為止，阿富汗文化遺產協會官員已有八個月沒有關於賈姆尖塔的可靠報告。在前十年，太多阿富汗文化遺產遭到移除或毀壞：喀布爾博物館遭洗劫一空、塔利班炸毀了巴米揚大佛。在喀布爾沒人能確定尖塔倒了沒。

*

留巴卑爾在基座周圍嗅聞，我爬進一個深約地下四呎深的洞穴，然後掉進一座迴旋梯。頭上的設計照進了有限光線，但這裡很暗，並且樓梯又陡又舊又窄。沒爬多久我滑倒，然後加速進入黑暗，頭磕在階梯上，所以我抓住磚頭試著讓自己停下來。我的手掌破皮了，磚頭從手上溜走，尖塔因為我撞上外牆，看起來正在搖動。一瞬間我猜想，我會不會身為撞倒古爾最後傑作的人死去。接著我停了下來，而尖塔還好好站著。在梯井底部很安靜且寒冷。當我開始再次往上爬時，我動作緩慢，雙手抵在兩邊磚牆上。我的右腿在發抖。

在大約一百二十呎後，我走進一座環形房間，從那裡有第二座往上的迴旋梯。這裡，窄小磚頭階梯自牆上崩毀，而我得用我的雙臂將自己撐起，把自己弄上天花板。我繼續，在一堆老舊階梯裡爬行，往上到達其他三個房間，直到我恰好在燈下現身。在我頭上是條煙熏黑的木梁，肯定一度支撐著外部陽台。我順著光線往外看，吃了一驚，面對我的是山脊上兩座小型毀損尖塔以及一條掘往碎石坡的壕溝。

*

當我往下走出現在地上時，我發現巴卑爾舉起腳抵著基座，而一個人蹲在地上，警戒地看著牠，支著他的AK-47步槍撫著白鬚。站著與我問候，他將手放在胸上非常迅速地說道：「Salaam aleikum. Chetor hastid? Be khair hastid?」，當我很快地理解他的話後，他又說：「Jur hastid? Sahat-e-shoma khub ast? Khane kheirat ast? Zinde bashi...」還有其他禮貌用語。總結他所說的，他叫布希爾（Bushire），是這區域的指揮官。我曾聽說過他。他領導過八個人對抗俄國人，在近來五年當他的前指揮官供給塔利班時，他對抗他們。他曾與我前晚的招待人賽伊德·烏瑪爾對抗。布希爾現在非戰時，但他仍被稱為指揮官，且在賈姆山谷中握有權力。

布希爾邀請我在他家過夜，且帶我們穿過哈里河上的冰，往上到溪邊峽谷。我們經過布希爾在鞍袋上

阿布杜拉，指揮官布希爾之子

馱著羊的牛群。「在山谷裡我們沒有足夠牧草地，」布希爾說，「所以山羊過於飢餓虛弱到無法行走。」

靠近布希爾的泥屋，巴卑爾繞著雪中一顆特別的石頭嗅聞。

我撿起來，發現那是片有著花形帶狀雕飾的灰色大理石。在訪客間裡，我們坐在地毯上，布希爾的兒子往爐子丟樹枝。

「你現在在做什麼？」我問。

「我是一個被設立用來保護這座尖塔協會的主管，」布希爾答。「我們得到外國人提供的經費保存這裡的歷史。」

「那你們有發現任何關於這尖塔歷史的東西嗎？」

「嗯，我們從地裡挖出相當多東西。」

「什麼樣的東西呢？」

「噢，我們把大部分東西賣給從赫拉特來的交易商了，但我確信這裡還有幾樣留著。兒子，去看看隔壁有什麼。」

他兒子，阿布杜拉（Abdullah），拿個一個放著綠茶的托盤和一些包著布的物品回來。那裡有片帶著花形紋路的厚大理石板（與巴卑爾在外面發現的一樣）；一個外面有粗黑色波紋與魚眼設計的赤褐色大口水罐；一個每面都有五點的六面銅骰；一顆用骨頭刻成的半球造型念珠；還有一個中間有孔雀的大型陶盤。

「這些從哪裡來的？」

「這整個山區來的。」

喝完茶，我爬上尖塔旁的山丘。這裡的石礫鬆軟、山坡陡峭，所以我需要用到雙手。我很快注意到自己爬過深深壕溝，有些深及十呎。沿著坑緣是一堆堆砂土及罐子碎片。我經過一堆亮黃色陶瓷碎片、半個赤褐色的碗、一區古代排水溝，還有一些簇新鏟子及鶴嘴鋤。無疑地，古物竊賊不偷彼此的工具。這些挖掘不能保存他們找到這建築的形狀；只有在邊邊極小一區，你能勉強找到房間牆壁的軌跡。村民盡可能挖洞挖得又深又快，到達埋在下面的所有東西，而在過程中大程度的摧毀。這些壕溝，從尖塔基座那看不見，現在在視線內延伸爬過每一個山坡。村民清楚地在考古學家失敗的地方取得成功，揭開這古城面紗。

我在邊上往下看著尖塔下的坑洞，聽見阿布杜拉——布希爾之子在他攀上這陡坡找我時一聲大吼。「這是公主王宮，」當他碰到我時他說。

「你怎麼知道？」

「我們在這裡一顆古岩上找到說明文字，一個交易商幫我們破解的。說這座王宮由古爾古亞蘇丁的女兒所建。」

「那說明文字現在在哪？」

「賣掉了。我們在山谷裡這座山坡上往上三公里找到三間房子。」

我沿著狹窄溝牆跟著他，在陡坡往下滑往布希爾房子去。「你要這個嗎？」阿布杜拉問，停下撿起一個完整赤褐色的壺。

「不了，謝謝你。其實我覺得這些東西應該放在博物館裡。」

「當然，」阿布杜拉說。「你覺得下次你來訪時，可以帶給我們一個金屬探測器嗎？」

那晚，一大群人聚集在布希爾家。有人告訴他們我對歷史有興趣，而他們希望得到往哪裡挖掘的建議。

「你們什麼時候搬來這裡的？」我問。

「一年前。在之前這地方沒有房子。山坡太陡了很難蓋房子，並且山谷太窄陽光太少。我們在這裡無法種植作物，動物因缺乏食物很瘦弱。我們搬來這只為挖掘。」

「你們有多少人在這裡挖掘？」

「幾百人。現在人們從周圍所有村莊來，從這裡往外兩小時路程所有方向的村莊。」

「你有控制這情況嗎？」

「沒有，沒有，任何人都可以自由開挖，」在這區域有些主導權的指揮官布希爾說。「你想去就去。」

「你什麼時候發現這城市的？」

「真的只是在兩個月前。塔利班在這裡五年間，我們試著從事一些挖掘，但很困難。一些塔利班穆拉和古物走私商有良好關係，但他們也為了違法出土文物殺人。現在沒事了。不再有政府，在任何狀況下雪封閉了道路，所以沒有外來者可以干預。」

顯然地，我假設美國主導對這座山谷留下了極小影響是錯誤的——他們開啟了古物走私市場。作為一個伊斯蘭地區，賈姆在塔利班時期得到相對完好的保護。

「那你有找到關於這毀滅城市的生活嗎？」

「我不明白。你指什麼？」

我再度嘗試。「你有大略找出這城市曾有的規劃……哪裡是市集，哪裡是宗教學校？」

「沒有。」

「小型清真寺、花園、軍營呢？」

「沒有。你問的問題很困難。我們只是往下挖，然後我們找到一大堆東西。這可以讓人很挫折——昨天我們挖了一個十公尺的坑，然後沒找到任何有價值的東西。」

「原始房子看起來是怎樣的？」

「像這個房子——用泥做的，但房間非常小且擠，並且很多間有很多層樓，也許因為房子建在這麼陡的坡上。我們有時可以從房子裡的財務狀況，猜測哪些房子比較好。但這對我們找到寶物沒幫助——很多房子裡面沒有東西。什麼也沒有。」

阿布杜爾插入對話，「我覺得我有找到一間浴場。那裡面有很多浮石，還有將水從三公里外水泉往上引來谷緣的排水溝。」

「這非常有趣。還有什麼其他的嗎？」

「沒有。」

「你怎麼想曾住在這裡的人？」

「一群賭徒，」布希爾說，然後大家笑著同意。「我們找到相當相當多的遊樂器具，像是銅骰。這個老頭，」布希爾說，指著一位無牙村民，「一個月前找到一整組精細雕刻的象牙西洋棋，在山丘上一群最小房子的其中一間。我們的祖先不是塔利班。」塔利班禁止下棋。「而且他才剛賣掉一扇漂亮的雕刻木門，一公尺半高，上面有老虎及打獵圖案，給了一個赫拉特商人換得一大筆錢。」

「你這些物品能賣多少錢？」

「這個，」布希爾回覆，拿起那有大波浪紋的十二世紀大口水罐，「值一或二美元——很多錢。這是為什麼我們在這裡。那扇門或棋子能賣更多。但這沒我們想的那麼多。這些人一定在這城燒毀時帶走了一大堆。」

「燒毀？」

「對。在大部分房屋裡都有燒焦的屋梁。」

「在古爾曾有座名城叫綠松石山，成吉思汗燒毀後失落至今，」我說，不確定這些不識讀寫的人，是否聽過這地方。

「這裡就是綠松石山，」那位來自八公里外的貝伊頓村莊的人說。「我們在兩個月前發現這裡。」

「那七〇年代的外國專家呢？」

「我們記得那群人，」那找到西洋棋的老人回答。「在宣禮塔旁甚至有幢他們住宿的飯店，在戰爭時炸毀了。我一直跟那些教授講，我祖父相信綠松石山就在這裡。但他們從來不聽。你想為什麼我們部落一直稱作Firokuhi Aimaq（綠松石山的埃馬克人）？那些外國人不知道怎麼挖；他們動作太慢了，一次只有幾公分。他們只找到位於地面上的猶太人墓碑。他們當初應該跟我們一起挖的。」

＊

「我們全都聽過關於綠松石山，古爾人首都的故事，在我們小時候，」另一人在隔日早晨說。「傳說有用木梁建成的堤道，好幾公里覆蓋在河上，因為峽谷太窄而道路太陡，駱駝商隊沒辦法自兩個方向交會。在宣禮塔下有一個隧道，在河下往上直通到公主王宮……」

「而且，」那老人插話，「在城垛上有兩隻黃金巨鳥，不過一隻給鎔掉造成赫拉特清真寺裡的大釜。」

「在我村莊裡，」那自貝伊頓來的人說，「我們在我父親說的成吉思汗第一次進攻撤退的地方找到了武器。他就在一年裡的這個時候進行第二次進攻，當時雪還在地面上，自喀曼吉指揮一隊軍隊從木頭堤道往上走。」

「這城毀了兩次，」布希爾加進來，「一次因為冰雹，然後一次因為成吉思汗。」

「三次，」我說。「你們正在毀了剩下的。」

他們全部大笑起來。

在古爾出土的遊戲物品及赤褐色大口水罐

土地上的軌跡

如果這裡是綠松石山，那宣禮塔上的石頭是由加茲尼居民的血水造成，而這村莊正在挖掘出超過單一個阿富汗的文化軌跡。身為一個絲路帝國的首都，綠松石山保有進口自整個十二世紀亞洲的藝術。伊朗瓷器的嶄新顏色與裝飾圖形，以及賽爾柱金屬的全新形式，在建築上曾伴隨著古爾人的侵略。我們對這時代幾無所知，因為，就如成吉思汗焚毀了綠松石山，他也湮去了在東伊斯蘭世界裡其他偉大城市——屠殺了他們的學者與藝術家，將灌溉普及的中亞土地轉變為不毛之地，並且對伊斯蘭世界造成了一個幾乎難以回復的重擊。綠松石山能夠告訴我們很多，不僅是關於阿富汗人，更還有前蒙古時代整個亞洲失落的榮光。

編年史家述茲贊尼，在這城市輝煌時在世，寫下充滿來自德里印度寶物的禮拜五清真寺，還有在那之上「城堡堡壘放置了五座鑲金尖塔，還有兩隻黃金呼瑪鳥，[2]各是一隻駱駝大小。」述茲贊尼曾常遭質疑他對此城描述做假，但村民的發現指出他可能是正確的。在兩座巨塔下宏大的禮拜五清真寺必然占滿了整個峽谷底部，坐望著哈里河。其上，一座緊密占滿房屋的高牆，必然幾乎垂直地往上延伸自峽谷邊緣的城堡。這城在建築上，他們對赤褐色裝飾、文字筆跡，還有瓷磚貼飾的先進運用上，能反映出古爾人對景觀的想法。然而，這城市的壯麗現在僅能由倖存下來的壯麗宣禮塔感受到。

村民的挖掘已經損害得太多，這地方也許再不會顯露出古爾時期的神祕文化。這城大部分的藝術寶物，在經由巴基斯坦與伊朗前往歐洲市場的路上。但即使是散落在壕溝周圍的殘骸，也暗示出這文化曾多麼不尋常。

*

在奇斯特，我曾想古爾人在他們的時代，違抗了經濟與行政邏輯在群山裡建築，但我還不明白他們曾前進到怎樣的極端。山谷地面勉強有一百公尺寬，且荒蕪到即使是布希爾的羊也瘦弱到走不了路。食物、飼料，還有所有這城所需物品都必須運送進來，經過我們甫跋涉過的覆雪道路，或者，若村民是正確的，經過掩在哈里河上五公里的堤道厚木板路上。

---

[2] 若村民是正確的，那些是鍍金的銅而非黃金，且被熔鑄成赫拉特清真寺裡的著名大釜。那受到信賴委託予大釜的人，是古爾王朝最後一個直系後代。因此，這城市失落後二百年再次使用了一項家傳寶物。

這山谷壁很陡峭，易發生土石流，而且很難於上建立屋舍。較低處的房舍肯定一天最多可接收一小時陽光。沒有便利道路連接這城市到古爾王國裡的赫拉特、巴米揚，以及加茲尼，更不用說德里。儘管如此，村民的發掘指出，八百年前比起古爾現今所有城市中，只有更多人民曾居住在這遙遠、令人不悅，且非現實的峽谷中。這極大成分顯示出關於古爾人的政治力量，以及他們強調相對於平原上敵對游牧民族，他們山岳根源的欲望。

綠松石山是唯一最具戲劇化，及最近期阿富汗文化遺產大規模毀壞的受害者。對這些歷史物品的需求及出土文物的金錢，主要來自日本、英國以及美國的交易商及收藏家。我離開村莊一個月後，來自賈姆的物品──描述為塞爾柱或波斯以掩蓋其阿富汗出處──出現在倫敦藝術市場。

古物走私行為很古老，且是個高度爭議議題；並且因為涉入金錢，幾乎不可能遏止。[3]但在賈姆的情況相對簡單。一個處於遙遠地區，有著壯麗歷史重要性的單一、小型地點可受到封閉、控管以及監視處理。所有來自賈姆抵達國際市場的物品並非偶然尋得，而是刻意偷竊。當地村民挖掘一天僅掙得一或兩美元，能夠為一考古學家隊伍聘用，從事正式文物挖掘，而非與之對抗。伊斯梅爾汗，此省最有權力者，比起以其他來自赫拉特物品的跨境交易，並沒有自非法出土文物賺得大量金錢。一位相當有活力且有抱負，帶有相當資金的外國人類學家能於任何時間介入保護這地點。然而，我猜想國際社會在這已然太遲前不會行動，事實證明我是對的。[4]

*

就在我離開綠松石山前，布希爾的兒子阿布杜拉，向我展現他早上發現的三件東西。他們顯示出古爾王朝曾在十二世紀時在某些方面比今日在赫拉特的政府對世界更加開放。一件是瓷器上的碎片，顯現在八百年前曾走了四百公里遠的貿易道路，自中國進口紅色釉彩的精細設計裡。另一件是一枚描繪了五位拜火索羅德亞斯教崇拜者的硬幣。在複雜宗教拼湊下，一件要素自宣禮塔顯露出來：希伯來墓石顯示這裡曾有過猶太人；本地人也許曾為印度教徒，而古爾人的第二首都巴米揚曾由兩座巨佛統轄。[5]第三個物件為一盤子邊緣的碎片。在表面上，盤腿著一件亮色

---

3 古老是由於這般事件看來即使在西元前二〇〇〇年的埃及也曾發生。因此在金字塔周圍或稍後時間裡，加強了土耳其邁達斯王墓塚周圍的保全。

4 二〇〇二年，聯合國教科文組織，聯合國負責文化遺產小組，造訪賈姆，舉行了更多研討會，且宣布了一個「世界遺產地點」。但沒做出任何事阻止掠奪。在二〇〇二年八月中旬，聯合國教科文組織仍拒絕指認掠奪的規模或移走物品的數量。因此，他們繼續指稱這宣禮塔「可能為一座凱旋塔」且不願承認古爾首都已被發現並且遭到摧毀。於七〇年代領導挖掘行動的安德烈亞．布魯諾教授，及聯合國教科文組織最近的造訪，仍認為「菲羅茲庫希只是一時的傳說」。當我在二〇〇二年十一月一個大英博物館研討會遇見他與其他人時，我被告知考古學家將會於二〇〇三年四月在那地點作業——在我造訪的十六個月後及村民拿走所有他們能夠拿走的東西更久之後。

5 在中世紀穆斯林亞洲有非常大量的信仰。在伊朗西邊及伊拉克山區仍有雅茲迪教，這融合信仰結合了伊斯蘭教、索羅

長袍，一個帶著聖光的人在一座花園裡布道。現今已滅亡的摩尼教創始人摩尼（Mani），和亮色長袍和開滿花的庭園相互連繫。摩尼教徒總被猜測在綠松石山前一世紀已離開這區域，但這碎片讓我猜想，他們是否在古爾人庇護下直到成吉思汗入侵才不再倖存。

「這些物品顯示出有關綠松石山及阿富汗文化非常有意思的事情，」我說，將物品遞回給阿布杜拉。

「我不懂那些，」他回，「而且我沒辦法賣出那些東西。但是，」他說，微笑著，「我喜歡在盤子上的人所以我想我會留下他。」

德亞斯教，還有基督教且主要圍繞於崇拜——孔雀造形的的墮天使。他們的偶像傳統上包含了巨大銅鳥——使人聯想到城市牆上的呼瑪鳥。由布希爾展現給我看的古爾陶碟上描繪得就像他們所崇拜的孔雀。

賈姆與洽赫洽蘭間

巴卑爾和我在賽伊德·烏瑪爾吃得很好，但基本上以乾麵包果腹，沒提供多少蛋白質。我已經走了十四天，雖然服用了抗生素，胃仍然非常虛弱。我期待抵達在巴卑爾王時代一度為區域首府的洽赫洽蘭。儘管道路遭雪封閉，但有人告訴我，那裡有條飛機跑道，還有英國軍人和一個小小的紅十字會單位。我想像在一間單人房裡休息一整天、說英文，再繼續前進哈札拉賈特山區前為巴卑爾弄點肉吃。

接下來四天我們走在一條通往貝伊頓村的狹窄道路上。由我看到的蒙古文箭頭判斷，這裡也曾是蒙古軍隊發動他們其中一次對綠松石山攻擊的路徑。根據述茲贊尼所說，因為這次征旅蒙古軍隊驚嚇了古爾人，就像我，「在雪仍在地面上時」。我在嘎哈爾過了第一夜，在切什梅薩其納過第二夜，第三夜在巴爾拉卡哈納，然後在第四天抵達洽赫洽蘭。因為在更高海拔雪下得更多，所以我們大多時間涉雪而行。

在印度喜馬拉雅山區，村民使用宗教神話描述他們的景觀。他們會說，「這是濕婆神曼舞的山丘，」或像阿布杜爾·哈克，埃馬克村民用暴力或死亡行為定義他們的景色「這湖由阿周那的箭矢造成。」年輕指揮官穆拉·拉希姆·達德（Mullah Rahim Dad）向我展示遭來自馬遮爾康達士兵伏擊後致命受傷的一百碼處，接著是一位在前往難民營路上死於飢餓的年輕人之墓。

在蘇格蘭高地上有地方也因暴行而為人所記憶：亞德馮里希家的史都華（Stewart of Ardvorlich）開槍射擊麥克唐納（MacDonald）騎士之處，或麥克格雷格（MacGregors）斬首亞德馮里希妻舅的地方。在我蘇格蘭的家附近，蓋爾語記錄死亡之處的正式稱呼為「悲慟之處」或「哀悼之處」。但這裡留下紀錄的事件只有幾個月歷史。

他們非受害於俄國人，而是來自不同群體。坦奇亞人安頓處現在只是一列彷彿巨大生鏽牙齒的紅泥柱。每個人都知道誰做了這些事情。他們都曾親眼目睹。

*

在離開賈姆後第二天，巴卑爾和我自切什梅薩其納寬闊的雪地轉向一個在主要道路上看不見的窄小山谷。當我們到達溪流邊一排光禿禿的銀色楊樹及一小落泥屋時，一個人跑出來對著我大叫：「歡迎，歡迎。」緊抓著我的手，他叫一個人餵巴卑爾，然後直接領我進入他的訪客間，沒問我是誰。

這是帕埃德（Paende）醫生，一位像哈比布拉醫生的獸醫師。他的房間裝飾著海克梅迪亞攻擊俄國及美國的海報：「讓我們團結起來擺脫紅與黑的帝國主義。」他和兩位僕人及他受傷的兄弟同住。帕埃德醫生要他的僕人取來些食物。他們微笑但一動也不動，所以他只好微笑地自己去拿。當他離開房間時，他的僕人在一分鐘內拿起我的外套然後檢查所有口袋。聽到他回來的聲音，立刻坐回門邊的位置。

帕埃德醫生的兄弟一跛一跛地拄著枴杖行走。他為阿富汗救援協會工作，在三個月前，路還沒被雪封住時，乘著他們其中一輛吉普車開在前面道路上。他碰上了一場埋伏，腿上中了三彈。他的司機在他身旁頭部中槍，然後「很快地」死去。帕埃德有足夠金錢送他的兄弟到巴基斯坦動手術。他僅在大腿上打了六個鋼釘便出院了。那場攻擊是個錯誤，他告訴我。埋伏部隊以為吉普車屬於阿布杜爾・薩拉姆（Abdul Salam）指揮官，他殺了四名來自巴爾拉卡哈納的人。因為他們不識字，他們看不懂阿富汗救援的標誌。他們深感歉意。把這事件送上法庭沒有意義。[6]

帕埃德醫生要求他的年輕僕人引導我。日出後不久，我們出發，穿越高原上的新雪。看起來

6　一位在伊斯梅爾汗旗下名為阿布杜爾・薩拉姆的指揮官攻擊了來自巴爾拉卡哈納村莊裡的一位敵對指揮官，因為他靠近洽赫洽蘭。他殺了該名指揮官，逮捕其軍隊好幾人，折磨並殺害了他們。「那些屍體交還給他們家人，」居民其一說。「那軍隊在折磨一些拘留者時，殘忍地切割他們的身體：「當家屬得到屍體時，他們看見被切除、挖出的雙手、眼睛、耳朵，人們因此明白他們曾在監獄裡可受到的殘酷折磨。」《人權觀察紀錄》，二〇〇二年十月。

無邊無際，我們幾個小時看不到路徑。雪很深且從我靴子頂端跑進來，最終浸濕了我的雙腳。在我們左手邊，一座座有著波浪般外型的山，無盡地重複，低谷高峰，低谷高峰，延伸了六十公里。我拿出了墨鏡，但嚮導沒有，所以我把自己的借給他。在平地上的眩光，沒有陰影的雪原，我只看得到面前數碼。我毫無概念我們是在往上爬或往下走。在半小時沒有墨鏡後，我幾乎看不見。當我閉上雙眼，光芒在我眼皮後跳動，且我的頭抽痛。那年輕人迷了路，我們較原本預估的多花了兩小時穿越這片高原。

首日作者於赫拉特沙埃德旁

Rick Loomis © 2002 Los Angels Times.

左至右：阿布杜爾·哈克、卡希姆、作者
Rick Loomis © 2002 Los Angels Times.

第二日：赫拉特沙埃德旁一位
騎驢的老人

第三日：阿布杜爾．哈克與
卡西姆休憩中

於瑞克瓦耶原路折返；我們的招待人在左，阿齊茲（生病者）在右

卡西姆看著阿布杜爾・哈克扛著阿齊茲穿過哈里河

阿布杜爾與他最鍾愛的所有物

於奇斯特埃沙利夫的圓頂

薛克哈，巴卑爾村莊中的穆拉學徒

第七日，右起：阿布杜爾．哈克、作者及穆斯塔法（奧貝指揮官），於阿布杜爾．哈克離去前 ，他緊接著射擊我們

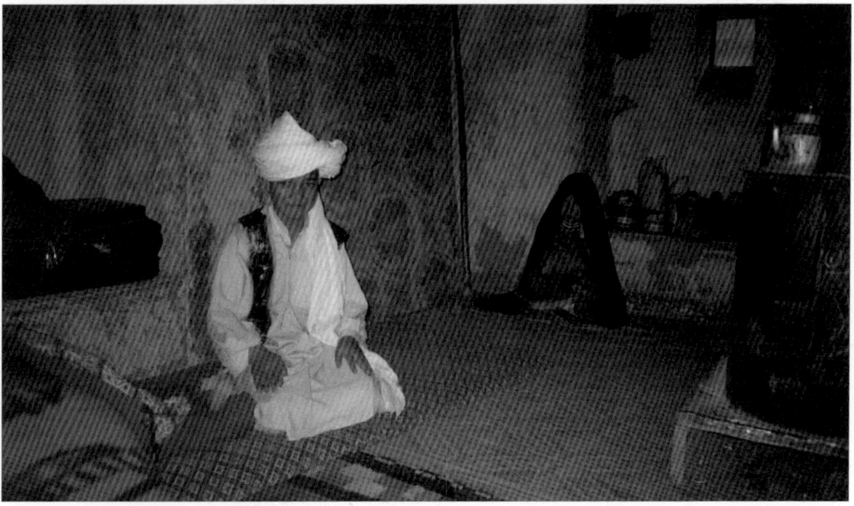

一位埃馬克老者

巴卑爾於哈里河畔

巴卑爾與作者穿越冰凍班德阿米爾的足跡

喀曼吉：哈吉·默辛可汗（手執物品）與兄弟及穆拉，他的僕人瓦奇爾與巴卑爾一起

賽伊德·烏瑪爾於他屋舍上方的過道

賈姆宣禮塔（有馬兒在基座處）

賈姆：一頭牛駝一頭飢餓山羊

一塊空地裡阿薩德在暴風雪中身任嚮導

在桑吉札爾德的哈札拉家庭

一位於沙伊丹的年輕人演奏一把隨意拼湊的吉他

巴米揚：大佛

巴米揚：由僧侶間看出之景觀

巴卑爾與在哈札拉賈特的一輛坦克

希亞哈克，哈札拉閱兵
的指揮官

在邁丹沙哈爾的塔吉克要塞

作者與巴卑爾於步行旅程半途

清晨禱者

走過雪原之後，帕埃德醫生的嚮導離開了我。我繼續往前，然後在太陽恰恰於地平線上時抵達巴爾拉卡哈納。向南坡的雪融化，露出了芥末黃的土壤。有雪的山峰呈淡紫色，且遠方泥屋如油般發光。村長畢斯米拉（Bismillah），跟我在村裡街上協商了半小時。當他邀請我進去時，他的狗攻擊巴卑爾。我以枴杖重擊地上嚇跑牠們，枴杖因此從中間斷開。除了我外，大家都笑了。晚餐我拿到乾麵包及一碗糖水。那晚我和九個人一起睡在地板上。

我的招待人在四點半後醒來，走到外面，然後回來，洗了他的手跟腳，接著開始禱告。星星正開始隱去，天空在雪峰上半暗半明，但還沒到早上。我因前一天走了十一個小時很勞累，想再多睡些。當畢斯米拉結束他的禱告時，他在爐子裡添樹枝，而其他與我一起睡在地板上的人迅速地捲起他們的毯子，跪成一列朝西面向麥加。天氣很冷，他們在禱告、各自說話還有依序行禮時時簌簌發抖。

穆拉吟詠了一章長《可蘭經》文，陶醉在阿拉伯語的喉音發聲裡。村民不說阿拉伯語，所以我懷疑他們頂多套句：「以真主之名」、「唯一真主」，以及「受讚之真主」的句子。最後每個人行禮，用清晰聲音聲明「真主至大」，接著起身然後再次跪下，然後轉向右接著向左說「願你平安」兩次。

接下來他們坐下背靠著牆，用他們的毯子裹住膝蓋抵抗寒冷，嚴肅地看著我，眼睛半睜。他們和哈比布拉一樣，基於伊斯蘭教生活背景，問我一個人類學的問題：「在蘇格蘭，寡婦可以再嫁嗎？她能留有多少她丈夫的財產？她可以和她丈夫的兄弟結婚嗎？」

穆拉告訴我他讀過關於耶穌的母親瑪麗亞的章節，顯示出穆斯林多麼喜愛耶穌。這是在賈姆宣禮塔上刻寫的一章。

我走到外面。一道細細黃光出現在東側，落雪在漆黑天空下發光。我幫巴卑爾抓抓癢，牠慢慢地伸懶腰、低鳴、翻滾，然後站起來。面向南，牠用四聲響亮吠叫問候清晨。這是帕埃德醫生遭槍擊的村莊。在山丘上的墳墓最近有遭盜的跡象。我經過的每個村莊幾乎都在挖掘古物，通常在古老墳墓裡。村民向我展示腐蝕長矛、有雕刻的赤褐色水壺，還有他們從骸骨手腕上取下的銅鐲。

阿姆魯丁（Amruddin）醫生，我三天前在嘎哈爾的招待人，是帶我進入阿富汗民居私人所在的第一人。當我們進入由一盞煤油燈照明的漆黑房間時，女性散入陰影中。但我看見她們戴著圓盒狀小帽及亮色頭巾，且用黑色染劑加粗眉毛。稍晚阿姆魯丁帶來他在山丘上盜來的陶製大口杯，頂端有精細設計過的女首雕像。女首在黑褐色背景上以白色小點，或在紅色背景上以亮黃色裝飾。女首的眉毛用一條條黑釉彩強調。我在這條路上的許多村莊裡看過相同的大口杯，有著相似的眉毛以及相同的尖瘦下顎。

畢斯米拉之子

在帕埃德醫生家西邊，我們經過了在達哈聶寇庫爾的「蛇岩」，一個四公尺高、像蟒蛇般有著平坦頭部，往前拱起的粗泥石礫柱。村民找到了位於旁邊的前伊斯蘭時期墓地。崇拜蛇是在印度喜馬拉雅山區最古早倖存的宗教信仰[7]，而我猜想是否有一派也曾在這裡。

但是，村民對紀錄或保存歷史證據依然沒有興趣。他們挖掘出來自不同時期的物品。發現八或九個人和木碗埋在一個墓裡，還發現有罐子的小小泥屋。但這些地方彼此關聯嗎？誰製作了上面雕著騎在馬背上拿著長矛男人的碗？他們和村民找到長矛、頭盔以及盾牌的是同樣一批人嗎？

7 對崇拜孔雀的雅茲迪教也很重要。

我花了半小時自一個曾經直徑有兩公尺大的花瓶那拿下一個碎片。那碎片以黑色、奶油色、紅色，以及褐色裝飾。中央有一個漂亮的黑色圓圈，上面兩個白色等腰三角形、一個有著鋸齒邊的等邊三角形，一個弧形，一個橢圓形，跟一隻人眼。這些幾何造型由那超現實的眼睛優雅地平衡了。這設計基本上是前伊斯蘭時期的，但阿富汗文明曾對這奇異且確信的象徵性構成有何影響，仍然毫無頭緒。

少年領主

唯一與我在賈姆及洽赫洽蘭這距離之間說上話的封建領主此時十二歲。[8]他和一小群僕人搭了一個月的車，由巴基斯坦受到召喚會見他的父親拉伊斯·薩拉姆·可汗。我在貝伊頓村，看見蒙古文箭頭處見過他。他父親是喀曼吉的哈吉·莫辛·可汗指揮官的妻舅，不是個受歡迎的人。很多村民告訴我他奪走土地且與塔利班合作，現在因為殺了一些伊斯梅爾汗的士兵，正在藏匿中。但他的十二歲兒子彷彿王子般，乘車前往洽赫洽蘭。

六名保鑣跟著那位男孩進入我坐著的房間。我站起身問候他，在他坐上屋裡尊位前，他將小小的手放在我手上表示接受問候。他長長的淺黃色大衣——與他舅舅哈吉·莫辛穿得一樣——強

---

8 我幾乎不曾遇見這地區的大指揮官及酋長。我的招待人全是擁有少部分財產的小埃馬克村長，如巴爾拉·卡哈那（Barra Khana），經營一間小五金行，還有阿姆魯丁醫生及帕埃德醫生，像哈比布拉·薛爾瓦醫生一樣是獸醫師。第一天，我看到一位酋長兒子緩慢地騎在他的白馬上，踱步穿越白雪，但他沒靠近我。第二天，一位年長酋長經過我越過白雪，身後跑著一列荷槍人群。他告訴我他和其他人在前去赫拉特路上，他們受召喚去會見新總統。

調了他有多麼嬌小。相比之下我非常高大且位階低下又無知。他用一種不絕的歌唱語調介紹自己，接著用英語加上，「這裡相當髒。你沒有不舒服嗎？」

「我很喜歡這裡。你不喜歡嗎？」

「我對這不是很熟悉。我在巴基斯坦一間住宿學校上學。一間學習《可蘭經》及英文的伊斯蘭學校。」他臉上的不悅褪下。我已經兩週沒聽過英文了。「一間最優秀的學校。我非常喜歡巴基斯坦。我們在白沙瓦有間大房子。但我怕這些人只是村民。他們不是受過教育或有文化的人。是的，」他總結，「我比較喜歡巴基斯坦。」

「嗯，你真不該這樣說。他們會失望的。」

「恐怕他們會的，」他說，皺著眉頭，「但他們不會說英語，而你不會跟他們說我說了什麼吧？拜託。」

「當然不會。」

「很好。我喜歡你。」

「你為什麼在這裡？」

「因為我父親召喚我。我離開阿富汗四年了。這裡我相當不熟悉。我得從奎達到赫拉特。我想父親可能身陷麻煩。他要我回來幫忙。我寧可留在學校。但我已滿十二歲，又是長子。我能怎麼辦呢？」

「你的兄弟在哪裡呢？」

「在巴基斯坦。告訴我，拜託——你要去哪裡？」

「去洽赫洽蘭。」

「那你應該跟我一起走。我要去洽赫洽蘭。你可以跟我作伴。」

「你什麼時候要去？」

「我會在約兩週內到達那裡。在這個時間點不太安全。在我見到父親前，我們要先前往父親的一些莊園。你跟我一起。我可以練習英文，而你可以跟我和我父親待在洽赫洽蘭。」

「我恐怕想比你計畫的更快到達洽赫洽蘭。」

「多快？」

「三天內。」

「但你要怎麼走那麼快？你沒有馬匹。我可以給你我的馬。」

「謝謝你，但說真的我必須用走的。」

「我希望你可以成為我的朋友。在這裡我沒有朋友。他們年紀太大了。」

一位老人出現在門後，然後對那男孩悄聲地說「殿下」。

「這位是我的僕人，」那男孩說。「他是位懂很多的好人。你一定要見見他。阿布杜爾（Abdul），這是蘇格蘭人羅利，正在徒步穿越亞洲。」

「祝你平安，」阿布杜爾說。「但殿下，我們是時候該走了。天色漸黑，對我們來說路上會很危險。」

「是。是。好吧那我希望在洽赫洽蘭見到你。」

我再也沒看過他，而我最後一次聽說他的父親，仍在聯邦與伊斯梅爾汗的追緝逃亡中。

*

也許因為生病了，我常常因為村民及村莊裡的招待而焦躁。在第十四天，我在五小時步行後離開雪地，轉進一座村莊裡，希望有一些午餐吃，我被留在雪中，背著背包半小時，村長當時在想要不要跟我講話，且另一位村民跟我說，在天黑前我不可能到得了巴爾拉卡哈納。最後我大吼：「好，就這樣。如果這裡不歡迎，我現在就出發前往巴爾拉卡哈納，」然後準備走開。接著村長馬上邀請我進入村莊，且給了我一些乾麵包。餐後我找到條水溝，伴著腹瀉的需求，半個村子的人圍觀我排便。回到村裡，村長兒子問我他能不能試試我的相機，接著鏡頭朝地一次又一次按下快門，用完一捲底片。我現在到喀布爾只有一捲底片可拍了。我接下來一整天都很憤怒。當晚我夢見我買了一張到威尼斯的機票。

*

那天，到達洽赫洽蘭前，再次只剩巴卑爾和我，隨著道路走進一片雪地，清晨太陽偏移。巴卑爾不停地停下腳步，追在冷風中的味道或進行排泄。我好幾次轉向四周，接收低矮山丘上豐沛的陽光。在我們找回步伐前過了二十分鐘，準備萬全，我們進入靜默以及這空間中。沒有鳥鳴，且高高的深藍天空空無一物。唯一聲響是我背包持續的嘎吱聲，還有腳下堅硬雪地的吱吱聲。

我們抵達一座村莊。下一座村莊在十五公里外，而我想讓巴卑爾喝水。離開道路，雪有膝蓋深，而巴卑爾謹慎地走在我的足跡上。我猜想牠是不是擔心我的腳印。哈里河結凍了，用我的楞杖敲擊了好幾下才打破冰層。巴卑爾只是站著，抬起頭，盯著山看。我試著拉牠趴下，但牠拉了回去。我們在下午沒找到水，而且我知道之後一整天也不會有水。我蹲在冰洞旁，用手潑水，然後滴一些水在牠鼻子上。最後，牠在雪中展開牠的前腿，小心地往前伸出脖子，然後喝了三分鐘的水。

當我們重新從雪地回到道路上，我們被一位拿著AK-47步槍，領著一隊青年的人叫住。

「喂，男孩！你要帶那隻狗去哪？」

「到喀布爾，」我說。

他走近然後盯著我。但沒有太近，因為他不放心巴卑爾。

「你是外國人，對不對？」那人說。

「對，我來自英國。」

「來自印度……」他若有所思地說。

「不，英國。」

「對。」在這區域大部分人沒聽過英國，儘管他們聽過美國。一些人即使聽說過世界貿易中心，但他們沒有那是什麼或為什麼聯盟砲擊阿富汗的真實概念。那人停了一會兒，然後接著唐突地大吼，「給我你的狗。」

「不，這是我的狗。他跟我走。我要帶他去英國。」

「給我你的狗，然後你可以自由離開，」他再說一次。巴卑爾和那群人毫無情緒地看著我們。

「這算什麼？」我回吼。「你以為你是誰？這隻狗是由巴爾拉卡哈納的畢斯米拉給我的。我是昨晚在他家的賓客。他是我一位親近朋友。如果你有任何疑問，去找畢斯米拉。」我對畢斯米拉幾乎不了解，且巴卑爾不是畢斯米拉的狗，但這人突然間看起來不太確定，也許因為一個帶著不潔動物的人自信的提起一座村莊的村長。

「這是怎麼回事？他是誰？」他向那群年輕人說。

「我們聽說一位外國人昨晚在巴爾拉卡哈納的畢斯米拉家裡。」

「而且這是畢斯米拉的狗。」

「也許……」

「這就是，沒錯，」我冷冰冰地說。「現在要是你明白了的話……」然後我踏步越過他。巴卑爾趴下了身子，但我太急著懇求那隻狗。我猛拉牠的頸繩，在雪地上拖著牠直到牠甘願走才啟程。對人大吼會帶來危險。有十分鐘，我等著聽見聲音或射擊，但沒有發生。

青蛙

走過一段好幾座峽谷的長長步行後，我在日落前抵達沿赫沿蘭的首府古爾省。鎮上由沿著河流散落的泥磚屋組成。我朝鎮東邊的機場走去。穿著牛仔褲拿著大型自動武器的淺髮人們，正餵一隻阿富汗狗兒來自英國陸軍配糧組合裡的鹹牛肉泥。

他們看著我和巴卑爾走近，穿著臭氣熏人的阿富汗服飾，接著其中一人說：「這他媽的是誰啊？」帶著倫敦口音。

我用英文回答。接著，他們停止大笑，其中一人問我是否為英國政府工作。我說沒有，我正在度假。

「你在度假個屁，」他說，接著他們笑得更厲害了。

我在很多村莊聽說過，關於沿赫沿蘭機場的人。村民喜歡他們。巴爾拉卡哈納的村長畢斯米拉曾說：「英國軍人有跟馬一樣寬闊的胸膛。我們希望他們維持和平。每天早上他們把雙腳掛在吉普車的保險桿上，雙手放在地上，接著用手上上下下推兩百次不停歇。我不知道為了什麼。」

這些人非身處於如何部屬行動的職位上，所以我沒問問題也沒到處走動。他們身處在一個困難情勢裡——搭直升機來到這裡，留在阿富汗中心好幾個月，最近的補給點在兩百公里外——不過他們沒表現出來。他們給我一杯泰特萊奶茶，給我一大條吉百利牛奶巧克力，然後我告訴他們我的部分旅程。他們看來很享受這故事。他們很有趣且讓人放鬆。我喜歡他們，講英文也讓我很舒心。當我離開時，他們給了我一本機場恐怖小說、一些配糧，一些裝在馬莎百貨袋子裡的巧克力棉花糖派，還有一些給巴卑爾的肉。到洽赫洽蘭的接待很美好。

*

塔利班在西元一九九五年占領洽赫洽蘭，馬上處決了六十四名放棄武器投降的北方聯盟軍人。在二〇〇一年一月二十日，我抵達三個月前，塔利班撤退了。一些洽赫洽蘭人貿然地出門慶祝。一個返回的塔利班部隊在主要市集看見他們，立刻在午間殺死四十四人、午後殺死兩人。

當我穿過市集時，我看見一群淺髮小孩。阿富汗人經常是淺色頭髮。他們說這是因為他們是亞歷山大大帝部隊的後裔，但在亞歷山大大帝抵達前可能就有金髮居民。[9]然而，在機場的海軍

[9] 早在基督誕生前，中國編年史家描述蒙古的野蠻人為紅髮，而考古學家挖掘出由中國西北方乾燥空氣保存下帶著紅髮、距今四千年前的屍體。

陸戰隊，認為他們來自曾為俄國在阿富汗內陸永久基地之一，住在洽赫洽蘭的俄國軍人。在市集裡的阿富汗人告訴我，有一位俄國人轉信伊斯蘭教，並且在俄國撤退十二年後仍待在洽赫洽蘭。他們不願告訴我他住在哪裡。

當晚我找到其他在鎮上的外國人。由一位瑞士人、一位荷蘭人，還有來自靠近倫敦某處的柯林（Colin），組成了紅十字國際委員會辦事處。他們看來都曾在盧安達工作。他們現在策畫糧食援助以及管理進出——「飢餓帶」中心——洽赫洽蘭的班機。由於道路因雪封閉，這城鎮只能以飛機或徒步進入。這些人自赫拉特啟程，一百七十五輛裝載穀物的貨車堵在雪中。市集人們聽說我認識紅十字會，所以隔天把我包圍起來要求額外的配糧券。

紅十字國際委員會成員看來對讓他們的生活更加舒適沒有興趣。他們不願在市集買當地肉品或水果，因為太過昂貴，而且他們反對用飛機進口外國食品。他們以米飯及饢餅為食一個月，加上小袋草莓醬補充。他們看來對這區域的歷史或文化沒有興趣。他們不和軍人來往，因為他們想要維持中立。這必然相當令人沮喪。但他們對我非常友善。他們和我分享他們的米飯晚餐，並且違反規矩，讓我睡在他們的辦公室地板上，接著給我一些食物帶上路。

*

隔天午後，阿富汗第三個國際勢力，在兩台巨大契努克中型運輸直升機上抵達。直升機低低地自東邊略過山丘，機關槍架設在打開的後機艙門上。兩位三十來歲的外國官員在軍人身側出現。一位是位戴著契特拉圓盤扁帽的德國人。另一位是高大的愛爾蘭人，身著沙爾瓦卡米茲服飾。他們是聯合國的政治官員。

一紙一個月前在波恩簽定的合約擬定了阿富汗的未來雛形[10]。在五個月裡支格爾大會將選出新政府。聯合國特使拉赫達爾・卜拉希米（Lakhdar Brahimi）運作此進程，在阿富汗與一些最具能力、卻遭逐的國民設立了政務辦公室：流利使用達利語或普什圖語的人、曾多年於阿富汗工作的人，以及對村莊文化有經驗的人。但這少數人必須處理多個外國政府的相斥利益、聯合國其他部會、軍閥、國際組織，以及阿富汗專家技術官員。他們知道太多當地現實情況，而得到新阿富汗政府或國際官僚系統的喜愛。但在年底他們被調去執行毫無意義的工作。

然而，在此時起，他們仍握有權力。德國人跟愛爾蘭人以吉普車載我去鎮裡唯一的水泥建築裡。建築平坦的屋頂上擠滿觀眾，每一扇窗戶都塞滿人頭，而有一千人擠在前庭。那兩位外國人踏出吉普車，邊擠開人群邊握手。這是個陽光普照的日子，每個人都享受著溫暖。

---

[10] 編注：二〇〇二年三月二十八日聯合國安全理事會應阿富汗政府要求，成立聯合國駐阿富汗援助團，協助阿富汗人民為可持續的和平發展。

那愛爾蘭人站在麥克風前，以達利語解釋支格爾大會內容；當他這樣做時，發現人群裡三個外國人的雙眼：來自紅十字國際委員會的柯林、我，還有來自機場的一位軍人。他微笑。我們報以微笑——這在一群阿富汗人中實在令我驚喜。

那愛爾蘭人對觀眾解釋，他們能夠為支格爾大會選出一位全新類型的代表。傳統上這集會由封建領主及區域領袖如喀曼吉的哈吉．莫辛．可汗指揮官操控。這個計畫是為了提名更多數的一般民眾，包括女人。歡呼響起。然而，我猜想是否有人認為這是可能的。哈吉．莫辛確定會前往參加支格爾大會，而會有一位勇敢的村民站出來反抗他。三個月後，在他們能夠抵達喀布爾的集會前，新支格爾大會三位來自古爾的代表遭當地民兵殺害。

伊布拉希姆（Ibrahim）博士，古爾的新長官，起身談論民主。他戴著頭巾，還有一副大飛行員墨鏡。

「別用**民主**這個字。這不是伊斯蘭，」一位在他身旁的穆拉大叫。

「**民主**不是個阿拉伯字彙，是英文，」伊布拉希姆博士回答。

「好吧，這樣的話沒關係，」穆拉說。我不認為這種轉換對任何人來說代表什麼，但大家看來很滿意。

半小時後直升機再度起飛。

*

我於隔日清晨離開洽赫洽蘭。我休息了兩天，但沒有想像中的好好休息。我一晚睡在紅十字國際委員會寓所裡的守夜人房間中，一晚睡在寒冷地鎮中心清理過的驢廄裡，還有一晚在阿富汗救援辦公室裡。而我的招待人很忙碌，且希望我早晨就離開。白天我除了背著背包，巴卑爾跟在身後，在市集裡兩家茶鋪間溜達外無事可做。我還留著步行枴杖的金屬頂端及底端，我請鐵器鋪把那兩端裝在一根木棍上。我在日記裡什麼也沒寫下。我有偏頭痛，嘗試吃下的所有東西都讓我不舒服，有一天半我粒米未進。

風起之處

上路半小時後，我開始後悔離開洽赫洽蘭。背包仍然沉重、山丘高聳，巴卑爾不情不願的跟著，但我感到自信、自在與肌肉熟悉的律動回來了。道路緩緩地自哈里河向上延伸至一座高原，然後是連綿山丘。在淺色道路上的獸跡、腳印及蹄痕上，融雪留下一堆一堆又深又黏的泥。在我右邊一線山峰彎曲、落下，然後再次往上爬的輪廓，就如波浪或海岸線那樣規律般往東行。

我往前穿過一群戴著破爛頭巾滿臉風霜的少年騎驢者。他們正在爭著誰能騎上驢子。當他們看見我，用木杖戳巴卑爾、吹口哨、大吼著問問題，擊打驢子傾向我的背包，幾乎要壓過我，接著告訴我，不可能在天黑前到達巴德嘎哈。

我們很快的超越他們。一小時後我在一座泥牆旁坐下，打開一包標示著**綜合水果餅乾**的綠色英國陸軍餅乾。我不想吃超過一片，所以我把剩的都給了巴卑爾。牠連碰都不碰。最後，我們在傍晚走進一座有古代驛站的山谷，山坡上面有兩座泥塔。哈里河幾乎結冰，一列光禿禿的銀色楊樹沿著河岸佇立。一位牧羊人坐在冰旁，吹著笛子。

這裡是「風起處」巴德嘎哈，是一度曾與支持巴基斯坦軍閥古勒卜丁．海克梅迪亞（Gulbuddin Hekmatyar）聯盟和哈吉．毛都迪（Haji Maududi）指揮官的居處，而他現在是古爾唯一擁有刺針導彈的人。我有封介紹信，但他不在家。我們在家族磨坊找到他十六歲、全身滿是麵粉的兒子。他不確定要怎麼招待我，但在一段長長的等待後，他領著我到訪客間，整個傍晚留我在那裡。隔天他沒來道別。我很感激他讓我獨自留下。

隔天早上又開始下雪。走了十分鐘後，我停下來讓巴卑爾喝水。在我們上方的河水結凍，我們看著四位來自隔壁村的人停也不停地擊破三十呎的冰層。接著我們轉離哈里河，順著一座峽谷穿過低矮山丘。天開始微微下起冰霰。在巴卑爾金色毛皮上豎起的黑色毛髮，每一根尖端都有一小球冰。但有些時候溫暖到我不需穿著外套走路。接著霰愈下愈大，我把外套從背包裡拉出來。我們繼續走了三小時，走過吹著風、棕色、覆著雪的山丘，而太陽藏在厚厚雲層後。目前為止之於雪我們比巴卑爾王幸運得多：

> 愈是往前走，雪就愈大。在洽赫洽蘭附近，雪深超過馬膝。我們離開洽赫洽蘭二、三天，雪深高過馬蹬，在許多地方馬足甚至觸不到地面，雪仍繼續不停地下著。
>
> 一位素檀帕夏伊（Pashai）擔任我們的嚮導。不知是由於年老還是心慌神亂，或是積雪太深，他竟迷了路，不能再為我們引路。因為是哈斯木．柏克的一再堅持我們才走這條路

的，哈斯木·貝格為了自己的面子，和兒子下馬步行，將雪踏平，再度找到了道路，帶頭前進。隔天，雪下得太多，無論怎樣努力也看不清道路，我們只得完全停下來。

在風雪中心，狗兒巴卑爾停下來享用一座濕潤草丘的大餐。當我們繼續前進時天氣一變，山坡以銳利角度，在兩邊顯露出嶄新山谷。我的心閃過記憶以燃朦朧的詩句，一直到我做過並深以為恥的事情。我在不平的道路上踽踽而行。抬起雙眼看向山峰後的天空，感受此番寧靜。這便是我想像的荒野地帶。

在午間我抵達甘達布村，且從那裡離開道路，走上一條狹窄步道進入山裡。「往高處走就對了，」一村民說，「別被你離開的道路引誘。」

我們上山路途中，雪下得更急，遮蓋了我一直跟隨的一道足跡。巴卑爾和我一次又一次踏進三或四呎深的雪堆裡，很快地全身濕透。能見度降低至五十碼。最後我們到達一座山脊，雲突然一掃而空，顯露出一些山峰。但我看不見任何道路村莊的蹤影。我右手邊九百呎之上露出了山側以及可能的過道。我開始穿越深雪爬上山丘，每一步都沉了下去且緩慢前進。下方覆滿雪的山坡看來非常長。

在這坡上巴卑爾躺了下來，且不願再移動。天色再度昏暗下來，雪下得更大。我靠向牠。牠發抖，且用氣喘的哮嗚方式往肺裡吸空氣。我抱著牠兩分鐘，然後牠又抖又喘，接著掙扎著要呼吸，沒多久那緊繃感過去，牠又能站起來了。我想我們應該往山丘下走，但我看不見任何道路。

我們兩個又累又冷，且需要在天黑前抵達達烏拉特亞爾。我們應該往西走，所以我決定橫越山坡，後面拖著巴卑爾，並希望沒有任何裂縫。半小時艱難地穿越過更多深雪後，我們越過了一個裂口。霧氣升起，而我能夠看見下一個山脊上一條往山下走的腳印。我們開始沿著足跡走。不久令人開心地，我看見深紫色岩石上一個箭頭指向一座村莊，還有小小人影沿著哈里河岸旁的楊柳林地移動。我們奔跑然後滑下雪坡進入希尼亞山谷。

在村莊外圍，我繼續向東行。我跨過兩條半結凍的溪流，跳過岩縫，但巴卑爾很不願意，所以我忙著拉牠越過冰層。我們正穿過一場大冰雹。霧氣降下，兩旁低丘隱去。

我們走上一條車道。輪胎鑿出一條又深又黏的棕色紋路，有二十呎寬。我的靴子黏在泥裡，所以我走上路邊水溝的冰。這好多了，除非冰裂開然後我的雙腳插進冷水裡。巴卑爾覆上了一層黑泥。我們走了九小時了。

達烏拉特亞爾僅於十五公里外，大概還有兩小時天亮著，但我忘記泥有多深，濕濕的雪拖慢我的步伐。因為戴著防雨罩，我感覺被悶在雪霧裡。我將防雨罩往後拉，突然眼前一亮。天非常寂靜，原野看起來非常大。雪呈四十五度角飄進我雙眼，使我感到更加自由，但我的左腳凍得像塊冰冷鐵板。

在疼痛中創造了無盡的疲倦和愉悅與控制的所在。就在此時，我看見兩輛吉普車，車頭燈亮著，穿過霧氣慢慢地晃向我們。他們是我自洽赫洽蘭以來看見的第一輛汽車。他們到我面前時，車窗自動搖下。是小型機場的特種部隊。

「你，」那駕駛說，「他媽的是個瘋子。」然後他微笑繼續開車，把我留在雪中。在陸軍跟在外交部時，我曾看過這些人作業，所以我想像不到更好的讚美。我在好心情中繼續往前。

＊

剛天黑我們便抵達達烏拉特亞爾。這是哈札拉區域前最後一座埃馬克村莊。村長是阿布杜爾．拉烏夫．格哈夫利（Abdul Rauf Ghafuri）。每個在洽赫洽蘭談到他的人，都強調他的封建背景[11]，在邊境的地位，還有他與哈札拉人的聯繫。「他認識哈札拉酋長，」他們說。他們暗示與哈札拉人往來是件怪異且危險的事。他聽起來像個在蘇族領地邊上的洋基上校。

阿布杜爾．拉烏夫．格哈夫利沒有立刻進入訪客間，當他進入時帶著自我離開哈吉．莫辛．可汗後，再沒有感受過的紆尊降貴氛圍。這房間裡另外有好幾個人，全部跳了起來。他握了我跟其他人的手，但沒有跟我說話的意願。我走去外面確認巴卑爾。

我和巴卑爾的關係正在發展。牠從不是隻好玩的狗，而當我走近牠的食物時牠怒吼，但牠剛開始相信我。如果其他人靠近牠會退開。那晚我能夠抬起牠放進一個馬槽裡，在他身邊塞塊毯子，然後牠把牠的大頭在我身上揉作為回報。

我為牠感到驕傲。儘管牠喝了那讓我得瘧疾的水，穿過四呎深的雪、橫越了一萬呎的路，走了十二小時沒休息。但我還是不確定牠是否足夠強壯完成這旅程。我不覺得牠生來是為了每天走上三十到四十公里。

牠是獒犬的一種，培育來戰鬥及護衛抵抗狼群、狗群以及人類。在外型上牠類似羅馬人沿著絲路進口的藏獒，在性情上相近賽爾特人用來對抗羅馬人的英國獒犬。獒犬也許是世上最古老的犬種。在埃及早期壁畫上、亞述人帶狀裝飾雕刻上都有獒犬蹤影。現存最近的親戚是安娜圖牧羊獒犬，一種源自土耳其被稱為康嘎爾或卡拉巴希（意即黑臉），隨亞歷山大大帝帝國擴散出去至烏茲別克斯坦的狗。

大英博物館有座亞歷山大時代獒犬希臘雕像的複製品。那雕像到肩膀有兩呎半高，巨大獸掌放於身前蹲踞著，下半身曲在身旁。那雕像頭轉了過去。耳朵和尾巴就像巴卑爾，切掉了。

從現在開始人們稱巴卑爾為埃馬克犬——帶著敬畏——從體型認出牠來自古爾。古爾犬在這省最古老紀錄中出現，且一直都視為特別突出的獒犬。根據十一世紀的賽爾柱編年史家指出，有

11 他是位源自一封建家族的富有軍事指揮官。他的伯父，曾在他之前擁有一座村莊，被俄國人囚禁於洽赫洽蘭，並遭處決。

「一種在古爾引人注意的優良犬種，身軀及力量十分強大，每隻狗相當於一頭獅子」。

綠松石山國王曾擁有兩頭古爾犬，一隻以他為名，另一隻以加茲尼統治者為名，他會讓兩隻狗對打。與他同名的狗兒戰輸那幾天，待在他身邊相當危險。巴卑爾那種狗兒形古爾人至賽爾柱人部落的一部分，而成為中世紀學者記錄伊斯蘭文化的著名諺語，如「伊本．西那（Avicenna）無法對抗來自古爾的犬隻。」[12]

隔天早上，套上兩隻濕襪子跟我的濕靴子，我外出走到馬槽叫喚巴卑爾。牠躺在自己的嘔吐物裡，布滿血絲的眼睛裡充滿膿，而大量的鼠尾草在他的口鼻處拍打搖曳。

我不能忍受留下巴卑爾，所以我等待，希望牠會康復，然後畫了幅阿布杜爾．拉烏夫．格哈夫利的肖像畫。不像其他招待人，他堅持留下那肖像畫。我還給了指揮官一根雪茄。他從沒看過雪茄，但沒跟我道謝便迅速地放進口袋裡，那也是種讚美。

12 編注：伊本．西那（980-1037），中世紀重要的波斯哲學家、醫學家、自然科學家、文學家。

第五步

哈札那人的國家……凶猛的什葉派……仍然比埃馬克人更為強壯。不毛地帶與嚴酷氣候對農業同樣不利。他們的女性……擁有在鄰國不曾有過的優勢……有個名為Kooroo Bistaun，丈夫出借太太歡迎訪客的普及風俗。哈札拉人非常熱情，且相當多變無常。

——蒙特斯圖亞特．埃爾芬斯通

《關於喀布爾王國及其波斯、韃靼與印度境內屬地報告》，西元一八一五年

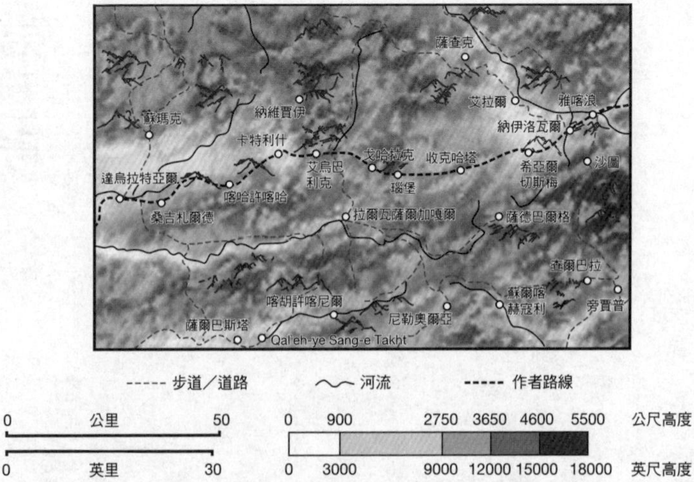

第二十天　達烏拉特亞爾至桑吉札爾德
第二十一天　桑吉札爾德
第二十二天　桑吉札爾德至卡特利什
第二十三天　卡特利什至瑙堡
第二十四天　瑙堡至希亞爾切斯梅
第二十五天　希亞爾切斯梅至雅喀浪

姓名導航

睡了覺，四小時後巴卑爾看起來好多了，好幾位村民看了牠之後同意牠能走上短短一天。約十一點時，巴卑爾和我將車道拋在身後，轉進長長的薩爾將嘎爾山谷中。[1]巴卑爾走得很好。在午後不久我們進入一個處所，我頭一遭在街上看見女性。她們穿戴著亮色小型圓盒帽，衣服上裝飾著白銀。比起遮掩她們的臉龐，她們站直直地盯著我看。我注意到她們的白皙膚色及狹長蒙古人雙眼，以阿富汗人來說並不常見。其中一位女孩微笑。在中央廣場有著紅潤寬臉及高顴骨的矮壯男性。他們立刻邀我進入清真寺。這是我在阿富汗第一座受邀進入的清真寺。這些人是哈札拉人。

1 我們在此離開了中央路徑，走了一條捷徑。正常的中央車道自達烏拉特亞爾走至拉爾。我們於一週後在雅喀浪重新回到這條路的支道上。

他們祖先大概是來自隨著成吉思汗軍隊抵達阿富汗中部的蒙古殖民者，替代了之前的占領人。[2]當巴卑爾王遇見哈札拉人時，他們控制了古爾、喀布爾及加茲尼間的廣大區域。一些人仍使用蒙古語，但他們大部分會說波斯語。他們的中心地帶由棋癡宗農．阿爾渾（Zulnun Arghun）統治。

巴卑爾王可能曾身在接近這裡的一座村莊，從洽赫洽蘭再走上五十公里，他那時派出有一批六七十人尋找可能引導他的哈札拉人。他們空手而返，大概因為哈札拉人懼怕且厭惡他——有原因的。[3]這是巴卑爾回憶錄中關於先前冬天的日記：

> 土庫曼．哈札拉人選擇在喀什谷為過冬據點，所以我們向那裡進軍。
>
> 我們發現了一頭屬於哈札拉人肥胖且無毛的駱駝，把駱駝牽來宰殺。一部分做成烤肉，一部分曬乾。我們從來沒吃過這麼好吃的駱駝肉。有些人還分不清這是不是羊肉。
>
> 哈札拉人在一個峽谷中放置了很多樹枝，強化固守了渡口……而哈斯木．貝格發現一個渡口，就渡河到另一邊去了；很快地他縱馬出擊，哈札拉人便無法堅持而逃跑了。與哈札拉人進行徒手廝殺的戰士們飛速地進行追擊，將他們一個個打下馬來……在距哈札拉人過冬據點不遠處，我們發現了他們的羊群及馬群；我們將四、五百隻羊及二十、二十五匹馬收歸己有……哈札拉人的婦女及小孩徒步逃上大雪覆蓋的山丘，就待在那。我們也懶得再追了。[4]

儘管哈札拉人口有三百五十萬，他們是阿富汗最鮮為人知的族群。有一部分是他們聚集在高海拔孤立中央山脈裡。直至十九世紀下半葉前，儘管有如巴卑爾王般統治者的努力，哈札拉賈特實際上是一個獨立國家。在一八八〇年代，阿富汗國王阿布杜爾・拉赫曼（Abdul Rahman）一次強力軍事行動，終於征服哈札拉人，且將他們納進阿富汗中。他將哈札拉人的土地給了普什圖人，很多哈札拉人因此成為普什圖人的奴隸，導致他們成為阿富汗最貧窮的種族。[5]

---

2 一九一一版的《大英百科全書》寫道：「哈札拉人起源自蒙古人……軍事殖民者成吉思汗的後裔……無疑地他們取代了哈札拉賈特及古爾的居民。」我起先假設這只是作者的另一個種族迷思。十九世紀特別執著所有種族一同遷徙的概念。因此有了爭辯於歐洲挖掘出的新石器時代人們大口杯造型陶器風格，在種族上與先前居民相異的企圖。我假設更多與原有居民間的通婚在這所有相遇時發生。但哈札拉人的面部特徵非常特別，必然確實地除去了他們先人的特徵。了解他們甚深的巴卑爾王寫下「在哈札拉人中有人說蒙古語」——暗示著他們有強烈的蒙古西紀，但至一五〇七年時他們大部分使用波斯語。

3 這也由他認為僅為了尋找一名哈札拉嚮導，有必要派六十或七十個武裝士兵前去可說明。

4 他繼續寫道：「在不遠的一個山洞裡隱藏了幾個哈札拉人。舍黑・德爾維希（Sheikh Dervish），曾在我過著流浪生活中大部分同我一起的兄弟，不小心走到了山洞入口處，沒有起任何疑心。早已隱藏在那的一個哈札拉人一箭射中他的乳頭，然後他當天便去世了……（後來）我命令士兵將那些曾射殺舍黑・德爾維希的哈札拉人抓來。這些該死的倒楣鬼似乎都躲在那山洞裡。我們的人前去，朝山洞裡放煙，抓獲了七十或八十個哈札拉人，而大部分都成了刀下亡魂。」

5 十九世紀，普什圖人掌控宮廷且免於賦稅，而在首都的哈札拉人大部分為奴隸或從事體力勞動。

接下來四百年，哈札拉人普遍被形容為無能、懦弱，沒有地位。在俄戰期間，外國記者——多半自東邊的巴基斯坦進入阿富汗——通常只能接觸到塔吉克或普什圖社群，因此，他們的報導幾乎不會提及哈札拉人。一九九〇年代中期，哈札拉人掌握了部分喀布爾，而其他阿富汗族群開始形容他們凶殘且無人性。「他們是蒙古人，」一人跟我說，「所以他們就像祖先成吉思汗一樣殘酷。」

塔利班在一九九六年自喀布爾驅逐了哈札拉人，在一九九八年掌控了哈札拉人在巴米揚的首府，迫使哈札拉抵抗勢力進入山區或伊朗。哈札拉人再次成為受害者，塔利班對待他們特別殘忍，一部分因為哈札拉人大部分是什葉派穆斯林。塔利班及大多數阿富汗人為遜尼派穆斯林。哈札拉什葉派教徒看待他們自身為文明、神祕、對女人及其他信仰寬容。塔利班視什葉派為異端者及異教徒。[6]他們認為什葉派對聖人陵墓以及先知親屬的畫像展現崇敬，以及他們對十二位伊瑪目的尊敬為偶像崇拜。他們相信什葉派儀式中的哀泣與自殘，以及祈禱時什葉派放在前額下的小陶桌，是迷信象徵。

什葉派與遜尼派間的厭惡並非僅存於阿富汗。我曾看過巴基斯坦軍隊操作架設於卡車上的機關槍，阻止遜尼派激進分子攻擊在旁遮普薩希瓦爾什葉派穆蘭哈姆月的宗教儀式。在哈札拉賈特，信仰暴力有更強烈的種族及文化內涵。大多為普什圖人的塔利班，因為他們的蒙古特徵、傳統，以及他們在喀布爾的行為憎惡哈札拉人。[7]

在我的徒步旅途中沒有遜尼派曾邀我進入清真寺，但在哈札拉賈特我經常受邀進入清真寺，遠多於受邀至家中。在伊朗什葉派地區曾是如此。這次，一位年老哈札拉人請我坐在祈禱地板上，走去倒茶。當我們邊喝茶邊聊天時，在角落的三個人正在禱告，另外三人在睡覺。我問那老人前方道路，他列下村莊還有村莊間的距離。

「你走了多遠，還有你要走去哪？」

「我從赫拉特走往喀布爾。」

---

6 於馬札爾的塔利班領導人做出一個關於此的明確說明，且鼓勵「好穆斯林」抹殺或處決他們。

7 泛論什葉派或遜尼派是很困難的。此爭論起源於七世紀時誰是穆罕默德先知的合法傳人。但每派積聚了自身的信仰傳統及慣例超過了十四世紀。一些基督徒觀察者視遜尼派為伊斯蘭教派別裡的新教徒，而什葉派為天主教徒。他們指出什葉派傳統中阿亞圖拉的權力，及他們富感情且多彩的贖罪與告解，他們與當地傳統的融合，以及他們與聖人及奇蹟的關心。但其他人視什葉派為新教徒：當之前遜尼傳統因權力腐壞時返回先知原始信仰的改革者。

這兩教派間的衝突，無論其神學基礎為何，在阿富汗歷史中是個古老主題。綠松石山的古爾人為遜尼派，且曾激烈地迫害他們區域裡的什葉派。一個什葉派組織，因其吸食哈希什後狂喜而名為阿薩辛派，接著宣稱了他們謀殺了穆伊祖丁，古爾王子及印度征服者的功勞。（諷刺的是，這是個山區勢力摧毀另一個山區勢力的稀有案例。阿薩辛派是據點於厄爾布爾士山脈的遙遠國度，且由「山中老人」所領導。古爾人由「山岳之王」（malik-e-jabal）所統御。蒙古人毀了這兩者。）

「徒步嗎？你正在中心點。我祖父跟我說從這裡到赫拉特需十五法爾桑，從這裡走到喀布爾要十五天。我祖父能複誦一個月裡每晚的歇息處。我很遺憾他不在世上與你談話。」

＊

我沒帶著詳細地圖，因為我不想被認為是間諜，但我讀到巴卑爾王在洽赫洽蘭與雅喀浪之間的地方迷路，感到很不安。三天前在洽赫洽蘭的茶屋裡，我和知道自雅喀浪至拉爾在主要道路上全數村莊的埃馬克人談論過路徑和距離。

一位老人，聽到我們的討論說，「你真的要走嗎？」

「對。」

「忘了那條路吧，」他說，「因為你根本不會想走到拉爾……你的旅途至少要在加上兩天。你應該在從達烏拉特亞爾我家那轉離車道，走上那條古道直達薩爾將嘎爾谷這樣只需兩天，接著穿過高山道路進入雅喀浪。你可以在一週內完成。」

「你曾走過這條路嗎？」我問。

「沒有全走完，但我的父親曾這麼和我說。」

「這對我們來說不安全。我們在對抗哈札拉人，」一位年輕埃馬克人加上。

我轉過去對著老人。「你能夠告訴我村莊裡大人物的名字嗎？」

「米爾．阿里．侯賽因貝格（Mir Ali Hussein Beg）是薩爾將嘎爾谷裡最偉大的人。」

「從達烏拉特雅爾走上一天能讓我碰上他嗎？」

「不能，」他大笑，「他在達烏拉特雅爾走上三天外。一天內你可以到米爾札貝格（Mirza Beg）的穆克哈塔爾，然後接下來到查拉希亞布，阿布杜爾．瑞札克．可汗（Abdul Rezak Khan）的家。」

「不對，不對，在達汗古拉瑪克的哈米德．可汗（Mamid Khan），」自房間另一端一位老人大吼。

「然後在卡特利什的米爾．阿里．侯賽因貝格，」第一位接著說。

每個人都贊同地點頭且重複，「對，米爾．阿里．侯賽因貝格。」

「然後在沙希穆爾里的格胡蘭．哈伊德爾．可汗（Ghulam Haider Khan），」那老人繼續。

「不對，」另一位打岔，「先是在埃斯皮亞希的瓦基爾．哈迪姆貝格（Wakil Hadim Beg）。」

我看著那老人。他聳聳肩。

「瓦基爾．哈迪姆？」我問，寫下來。

「也許我弄錯了……不是瓦基爾．哈迪姆……瓦齊爾貝格（Wazir Beg）。」

「然後沙希穆爾里，」那老人重複，「接著一天你就到雅喀浪了。」

他們正敘述超過一百公里路途上，他們二十五年來未曾造訪的村莊。他們知道這麼多道路，僅來自他們父親訪客間裡講述的故事。但每個人都記得每個步徑的方向，一連串的名字及村莊。這是幅非常有用的地圖。這強調了身為一位步行者的每樣東西：最佳路徑、一天內能夠走完的距離、在每座村莊裡應該跟誰說話。距說話者家愈遠，地圖愈不精確。（此狀況如他說從米爾．阿里．侯賽因貝格的城堡到雅喀浪只要一天，實際上花了四天，因為他不知道之間的村莊名稱。）但我能夠沿路加進細節，直到我能夠自記憶中連續吟唱所有階段：

第一天：在巴德嘎哈的毛都迪指揮官。第二天：在達烏拉特亞爾的阿布杜爾．拉烏夫．嘎哈夫利。第三天：桑吉札爾德的布希爾．可汗。第四天：卡特利什的米爾．阿里．侯賽因．貝格。第五天：瑙堡的哈吉．納希利．亞茲達尼貝格。第六天：希亞爾切斯梅的賽伊德．喀爾巴拉希……

我複誦並順著這首中間停靠點之歌，作為地圖。甚至在離開村莊後還吟唱著這歌，把這名單當作憑據使用。幾乎每個人都認得這些名字，即使在數百公里之外。能夠複誦這些名字使我歸屬了一半——打消招待人不確定要不要帶我進去的疑慮，並且告知任何想要攻擊我的人，我和這些有權者有連結。但那是活人的名字，所以不同名字引發相異反應。「你怎麼認識米爾．阿里．侯賽因貝格的？誰告訴你叫哈吉．納希爾『貝格』的？」

在名單上的人全都住在泥堡裡，大部分在哈里河旁的山谷地上，但有時候高高地坐落在山坡上。他們是哈札拉人們古老的部落領袖，最資深的稱作「貝格」，就像巴卑爾王的老臣哈斯木·貝格，一個意為領導者的突厥字彙。

陌生人的問候

埃瑪克人經常抱怨哈札拉人的待客之道，但我因在達烏拉特亞爾清真寺裡接受款待，印象非常深刻。那天下午我在村莊外緣遇見一群十歲男孩，問了其中一人桑吉札爾德在哪裡。他說他不知道，讓我很吃驚。那應該很近。我一轉身，他丟了塊石頭，砸中我的後腦杓。

我大吼，「你竟敢丟我？你父親在哪裡？」

「我沒有爸爸。」

我試著抓住他，但他的朋友跟著他跑上山丘。當我再次轉身，他們全向我丟擲石頭，用狼嚎聲促使他們的狗攻擊巴卑爾，一群狗齜牙咧嘴從坡上衝著我們奔來。而當巴卑爾發怒，我用枴杖回擊時，一位來自村莊的老人靜靜地坐著看。

這是十八個月徒步旅行來，第一次有人對我丟石頭，而這只是我到的第二座哈札拉村莊。我朝那位祖父跑上山丘，小孩在我面前奔逃。「你為什麼不阻止你的小孩，」我大吼。「這是哈札拉人對待旅人的方法嗎？」

那老人聳肩。幾位大人從他們的房子出來觀看。另一隻村裡的狗跳上巴卑爾的背，我用枴杖狠狠敲他，他嗚嗚幾聲逃走。那人說：「小孩就是小孩。你為什麼帶了一隻狗？這是你的不對。那就是刺激他們的東西。」我猜想要是其中一塊石頭砸破我腦門，他們是否會有不同反應。

＊

在路上走了半小時，我到達一座小市集，那裡站著三位年輕的哈札拉人。一位直直地走向我，然後輕率地、淺淺地微笑，詢問我累不累、要去哪。通常人們對我和狗兒很警覺，但他很有自信。我回答後繼續前進。

幾分鐘後，道路轉進了哈里河旁的狹窄峽谷。太陽將要下山。沒有住家，只有布滿碎石的山坡，還有我左手邊河水垂下的岩壁。我往後看，發現那三個人跟著我。我繼續走。在我身後突然有聲響。我疾行，轉身，然後看見他們丟了一塊圓石到河中。我停下等他們。

「你叫什麼名字？」我問那位跟我說話的人。

「我的名字？」那人說，笑得更開了。

「對。你叫什麼名字？」

「我叫……穆罕默德。」

「那你的名字呢？」我問第二個人。

「阿齊茲，」他就像第一個人那樣回答，「不對，他的名字叫侯賽因。」

「你們來自哪個村莊？」

「前面其中一座村莊。」

「村莊名字是什麼？」

「村莊名字？」

「對。你村莊的名字是什麼？」

「埃米爾貝格。」

「桑吉札爾德在哪裡？」

「兩天腳程外。」

我慢下腳步，他們也是，而當我停下來綁鞋帶時，他們聚在附近。他們其中一人在跟其他人說悄悄話。我轉頭看到一人沿著道路走來，在我身後三百碼。我開始朝著他走回去。那三個人漫步走了一會，接著停住，等著看我要做什麼。那走向我的人是位留著小束白鬍鬚的老哈札拉人。

「祝你平安，」我對那人說。他年紀相當大了。

「你也是，」他喃喃地說，然後試著越過我，他好像不喜歡在黃昏走在這條路上時被打斷。

「我是從蘇格蘭來的，」我說。「我是個旅人，你國家的訪客。我可以和你一起走嗎？」

他走了好幾步，彷彿想要忽視我，接著停下來，看著我和巴卑爾。「好。跟我一起走。」

我走在那老人旁邊，而三個人在我們前方再次開始前進。

「那三個，」我，「是來自前面一座村莊的嗎？」

「不，他們來自我們後面的村莊。他們是壞人。」

「那村莊名字叫什麼？」

「穆克哈塔爾。」

開始下雪了。我們在靜默中一同前行。幾分鐘後我們抵達一群住家。那三人轉身，然後看見我仍然和那位老人一起走。他們沒有穿外套，站在風雪中不會很舒適。

一會兒後，他們走向一間房子，進入，然後關上門。

「桑吉札爾德在哪裡？」我問。

「大概再往前走半小時路。你想要跟我待在這村莊裡嗎？」那老人問。「這場風雪這幾天內都不會停。」

「謝謝你，但我應該繼續走。」

「真主與你同在。」

雪持續地下，而那三人沒有繼續跟著我。

＊

當我在哈里河岸邊遠遠看見一座山坡上村莊時，已是日暮時分。這村莊很狹窄，兩邊很陡峭。湍急河流中又深又混亂的區塊，由破碎流冰顯現出來。沒有橋。巴卑爾和我越過一塊窄小、蓋著雪的三十呎冰堤道，接著爬過雪堆到達村莊邊緣。房屋是低矮泥棚，嵌進山丘中。雪一片片地落在牆上以及整片覆蓋著樹枝及儲存作為燃料乾燥畜糞的平坦屋頂。路上的雪融化了，露出泥巴及人類排泄物的混合物。也許因為天氣太冷，沒有任何氣味。

這是桑吉札爾德。這裡不像奧貝有運河、花園，或林道。土地很狹窄。卡西姆曾稱那具灌溉系統的平原「貧窮」。這是個更為貧窮的地方。我們走上陡峭的山坡前往城堡大門，跟著一群小孩。

城牆有四十呎高。在各個轉角站著一座頂端帶著防衛牆的圓塔。穿過有兩個人高的大門，一群有著中國白皙臉孔的女性跑向小孩，然後用藤條打他們。小孩四散逃跑。我踏進庭園中，以一座大城堡來說看起來很狹小。

桑吉札爾，布希爾．可汗的其中一子

我把來自阿杜布爾．拉烏夫．格哈夫利，達烏拉特亞爾富有指揮官的介紹信給最年長的女性看。「你可以把狗留在這裡，但你不能待在這裡，」她說。「我先生不在。你要睡在清真寺裡。」

我將巴卑爾安置在一座馬棚中，然後回到山丘下的清真寺，在那裡我除下我的濕襪子。我濕透了，而且清真寺很冷。當我在祈禱毯上坐下時，開始感到不舒服。我在想何時我可以換下濕衣服。我花了一個小時看著祈禱者，並且回答關於我旅程的問題，直到一位叫阿克巴爾（Akbar）的人邀請我在他家待一晚。

他住在村莊邊一座兩層樓的屋子裡，上層有兩間房間，下面是一座寬大的羊圈，裡面只有一隻羊。

我脫下傳統長袍，穿上另一件衣服，然後在爐子旁掛起濕衣服。阿克巴爾用一碗濃稠豆子湯招待我。我吃完後，他的太太們聚在牆邊看著我。其中一人正在餵奶。阿克巴爾的祖母問我我來自哪裡。埃馬克人曾告訴我，「哈札拉人對女性的態度不太文明」。也許他們是指哈札拉人把太太借給訪客的古老傳說。也許僅僅意指哈札拉女性跟訪客說話。

這是我第一次在阿富汗村莊裡被允許與一位女性同處一室。我猜想這是不是在哈札拉人中蒙古習俗的少數遺產之一。在一座蒙古包中，女性在對話中扮演著優先、受到尊敬，並且多話的角色。

在他訪客間牆上，阿克巴爾有幅自己於五年前照的相片。相片曾由相館人工繪製，所以他粉紅色的雙頰及萊姆綠的夾克由充滿活力的熱帶黃昏天空背景重點襯托出來。

天花板上的樹葉

阿克巴爾睡在門邊，夜裡我跨過他九次。我暗中摸索走下沒有燈的樓梯，穿過羊圈，打開沉重木門，然後蹣跚走進持續風雪中。村裡沒有燈，燭光在黃昏後很快便吹熄了。我的腹瀉太過嚴重，走到門邊前就瀉在褲子上兩次。我失去很多體液，而我帶的抗生素或解痙劑都無法治療。最近的基礎醫療設施在反方向三天路程處，且他們不會有合適的藥物。只希望可以自己痊癒。我猜想這是否是我死去的方式。

連續下了三天雪，直到隔天早上仍下得很大。村民堅持我不該試著穿過風雪，我頭一回樂意聽取他們的建議。我受邀在城堡訪客間裡休息，這天大多數時間躺在地板上。城堡承擔不起太多燃料，爐子沒點上火，但允許我燒點小火。這和蘇格蘭任何城堡一樣冷。我穿上了外套卻一直發抖。

我盯著城堡天花板瞧了四小時，它是由楊樹枝造成的天花板，褐色、蜷曲的樹葉還留著。泥土地板覆蓋一條破損條紋毛毯、兩塊深色毛氈，還有一條便宜布哈拉風格小毯子。角落的床墊堆疊在一條骯髒白床單下。牆壁除了一幀不在場的招待人——封建領主布希爾．可汗留著細鉛筆鬍及戴著紳士帽的照片外未經裝飾。他看來像一九三〇年代的上海黑幫。

發燒讓每件事都很慢且模糊。一下子我也無法跟上思緒的列車，且不讓思緒崩毀為超現實又無相干的事件。我不斷看見自己踽踽而行穿過雪中，偶爾被憤怒狗兒打斷。我猜想一路直到喀布爾是否會是一樣。

那天下午一位年輕人搖醒我。「我生病了，你可以給我什麼？」他問。

「我不是醫生，」我說。

「你有藥。我們有看到你吃藥。」

「你哪裡不舒服？」我問。

「我全身都在痛，」他回。

我給了他我八顆布洛芬消炎鎮痛藥丸的其中兩顆，然後閉上雙眼。我再次由一位穿著看來像七層印花棉衣的上年紀婦女叫醒。她坐在地上，一雙細腿在前面伸直。「我生病了，」她說。

「你哪裡不舒服？」

「我全身都在痛。」

桑吉札爾德的穆罕默德．艾米爾

我拿出剩下六顆布洛芬消炎鎮痛藥丸，然後給了她兩顆。她再搶走其他四顆。我把藥拿回來。

她對我嘟囔她的疼痛，還有世界上的不友善，所以我在包包底部找到一顆普拿疼，然後把普拿疼給她。

一位臉上帶疤的人進來，在低矮門楣下俯身。他叫穆罕默德．艾米爾（Mohammd Amir），穿著褪色迷彩褲及一件黑色收身短夾克。他對我講述乾旱、龜裂的土地，還有乾涸水井，然後要我寫下關於採收的統計數字：「八千托克姆羅伊札敏」，我寫進我的日記中。我除了知道這些字和土地面積有關外，不懂字的意思。接著他請求從喀布爾的國際組織那取得幫助，並要求一些藥丸給一位朋友的太太。他說她有非常嚴重的腹瀉，所以我不情願地遞上最後一排抗生素，因為我覺得自己很需要。他請我畫他，而我畫了，儘管我發現專注在紙上很困難。

我稍後醒來，覺得好了一點，發現一位在火旁的女孩。她看起來約十七歲。她漂亮的白皙臉龐在弄碎乾畜糞添進火中時專注地皺著。她的頭髮及眉毛都極黑，好像染過色般。她戴著一頂裹著藍色刺繡頭巾的金色帽子，連身裙上都是藍色印花，一件紫色背心還有一件綠色刺繡的羊毛開襟外套。一件藍色燈芯絨長褲在裙子下露出來。她抬起頭對上我的雙眼。我微笑。她毫無表情地看著我，然後接下來轉身離開房間。

隔天，另一位有著漆黑雙眼的女孩盯著我和她父親說話。她戴著一條人造珍珠的長項鍊，襯在一件繡有金銀線的紫色背心上。她手上拿著珍珠，然後慢慢地來回晃著項鍊，一直盯著我看。當我離開房間時我看回去，向她道別，但她轉過身，微笑，沒有回應。

火焰

那晚布希爾年邁的叔叔和我睡在同一間房裡，他打呼了一整晚。我醒來後覺得有休息到，且覺得比較舒服。我走近戶外的明亮陽光中，發現孩子們把巴卑爾放出畜圈外，正昂首闊步地走在城堡屋頂上。我喚牠時牠經常不回應我，但牠看到我時跑了過來。

在灰塵遍布的訪客間裡，火焰在焦黑水壺下明焰焰的。老叔叔在火旁烤他的襪子，撫著下顎及上唇少少幾根鬚。其他阿富汗人潮笑哈札拉人長不出好鬍子來。當我們坐下吃麵包跟茶時，我問他這區域的首長。

「我很抱歉，」他說，「別用現在的狀況評斷這城堡及這家族。城堡主人都是貝格，哈札拉人黑足部落的領袖，阿布杜爾．拉赫曼國王的稅官，及二千戶人家的世襲領主。這山谷裡四個偉大家族其一，有達烏拉特亞爾、塔拉斯的米爾．阿里．侯賽因貝格，跟我自己在穆克哈塔爾的家族。」

侯賽因，桑吉札爾德
布希爾．可汗之子

「現在呢？」

「他們負擔不起一個火爐的木柴來溫暖這座城堡。」

「為什麼？」

「因為他們在戰爭中未獲得勝利。」

「俄國人曾在這裡嗎？」

「不是。是在村莊之間的內戰。伊朗人把武器給了穆拉，並付錢給他們取走封建領主的土地，把土地交給人民。這家族在最近十年失去了所有東西，他們所的有牲畜和土地。這城堡是僅剩的東西。」

「現在誰擁有他們的土地？」

「我們的新指揮官。他住在村子盡頭的屋子裡，沒有人可靠近他。」

我的招待人拜託納迪爾（Nadir）自桑吉札爾德引導我。當我們從城堡出發時，巴卑爾猛眨眼且自吹來的風轉身，而我把毯子拉起圍住臉。很難判斷氣溫，但我猜是零下二十度。

也許因為我休息夠了，我不尋常地注意到景觀。一片深藍天空延伸過雪地，而陽光落在土地犁溝上，如白色絲絨上的陰影。我們走在結凍哈里河的正中心約一小時，雪太厚了，我們只能猜測哪裡是河岸。巴卑爾王他首次攻擊哈札拉人時，描述了這樣的情況：

那年冬天，下了很深的雪，以至於離開一般道路相當危險。河岸與河道盡數結凍；由於到處冰天雪地，在離開道路的地方皆難以過河……

高大樹叢與山茱萸一同沿著哈里河佇立。橘黃色的樹枝伸出結凍河道外好似一束束火焰。也有銀色樹皮的柳樹，長著深褐色的芽，還有幾片淡金色樹葉像蟬般在冷風中鳴響。當雪在陽光中融化，哈里河從清澈綠松石色的冰片，變成一道深藍色激流河水。我們爬上河岸。

雪峰讓我們第一個小時走在地面上，但一陣子後我們必須不停地拔出膝頭。我們開始踏上那天早上使用過這條道路人們壓實的足跡。有時候會經過一對亮色尼龍旗幟，標示山丘上殉道者的墳墓。

儘管我不願意，納迪爾前三小時拿著我的背包。我在阿富汗總是自己背背包，但我對其他事情都很感激。在接下來五個小時我拿回背包，然後我們看到塔拉斯堡的咖啡色外牆，因上面有一球球冰淇淋似的白雪，山坡顯得很矮小。

城堡警衛堅持我得跟他們待在一起，但我聽到貝格家沒人在塔拉斯，我決定繼續前往米爾．阿里．侯賽因在卡特利什的其他城堡。我想這會比在警衛間裡提供更好的食物及對話，我也想試著從貝格那取得一封推薦信，因為他們是山谷裡最為重要的統治者。納迪爾和村民試著勸退我，說距離天黑僅一小時，走到卡特利什得走四小時。但我從他們語調裡總感覺那不是真的。

然而，巴卑爾不太願意繼續走。牠在雪中躺下，拒絕移動。我試著拉牠的牽繩，但牠依然不動如山。我半舉起牠終於，費力地使牠疲憊的下肢活動起來，拖著牠慢慢地走下一個我以為是塊雪地的雪坡——村莊裡一聲歡快尖叫，牠和我跌過冰摔進哈里河中。

我們繼續往前走了一小時，渾身濕透。陽光已離開這頭的哈里河岸，風很大。一道強烈淡紫光芒映在我們上方的山峰。天剛黑甫抵達卡特利什。人們不願意找地方給巴卑爾待，但我很堅持。這爭論持續了一陣子，在這件事解決前牠一定非常冷。終於可以弄乾牠，給牠食物吃，帶他上床睡覺使我鬆了一口氣，接著我走進屋裡。

卡特利什的齊亞

那晚我再次被要求在清真寺中過夜。齊亞，封建領主米爾·阿里·侯賽因貝格的二十歲姪子齊亞（Zia），致歉並說這是因為他的城堡沒有生火取暖，但就我看來，訪客通常在清真寺裡過夜。清真寺不僅作為教會及訪客間使用，還可以適用餐室、會議室，以及學校。牆上到處有抹開的泥土、油漬，因蟲咬及坑坑疤疤的黴洞，還掛著一塊黑板、一幅麥加克爾白天房[8]的小型刺繡。在伊朗則會有魯霍拉·穆薩維·何梅尼（Ayatollah Khomeini）的海報；但這裡沒有政府官員來偶像化，沒有國父，沒有國王。儘管如此，貝格顯然在清真寺上花了錢——這有厚地毯、三扇落地窗，還有天花板上的灰泥花飾。

就好像要確認這建築的世俗面般，三顆羱羊羊首和三呎長彎曲羊角掛在中庭。羱羊是一種體型非常巨大的山羊，跟雪豹一樣是在亞洲山區中最受崇敬的動物。羱羊一度沿著亞洲鳥形的山岳中，自阿富汗到哈札拉人在蒙古的原始家鄉存活下來。然而，像雪豹一樣幾乎絕種了。在這區域裡一隻也沒留下。[9]

那晚約有四十人聚在清真寺裡。齊亞坐在房間最前面，我坐他右手邊，一位穆拉在他左手邊。村民因為冬天裹得緊緊地。老人穿著痲褲和由太太編織的厚襪子，還在小腿上綁上羊毛。很多年輕人穿著迷彩長褲。大家都穿襯衫、背心、開襟外套，外背心，以及夾克，一件疊著一件，在裡面可能還有更多層。他們將他們黑色頭巾圍過下巴，蓋過耳朵，框著有皺紋、黝黑，還有光滑的臉龐。村民冬天不洗澡，所以有強烈的味道。

齊亞戴著一頂有精細刺繡的祈禱帽，還有一件華麗壓克力毛的開襟外套，看起來好像來自德黑蘭一座購物中心。他的臉白皙，並且是我自從阿布杜爾．哈克以來看見第一位不蓄鬍的阿富汗人。他開啟對話。我一次又一次聆聽沉悶老人發表演說——關於伊斯蘭教神明、聖戰榮耀、對藥物及發展幫助的需求，還有阿富汗遭受破壞的事實——而他們的聆聽者附和，用更為熟悉的語句異口同聲唱和。然而，齊亞，看來在發言時邊在思考。

「我們必須，我想，對美國介入心懷感激，」他慢慢地說，「因為至少有一瞬間是和平的。」

「和平是因為塔利班離開了嗎？」我問。

8 編注：伊斯蘭傳統認為是天堂崇拜真主之處，是一座立方體建築，也是伊斯蘭教最神聖的聖地。

9 羱羊在蒙古藝術中是個普遍的圖騰，且鹽漬羱羊血——濃稠的半凝紅色液體，難以下嚥——蒙古人視為一種非常有效的補品。

「不……在這裡塔利班不是問題。他們因卸除武裝計畫中一部分來這裡兩次，進行武器收集行動……但之後他們再也沒來過這山谷。」

「那誰引來暴力？」

「我們自己。」

「還有俄國人，」那年輕人插話。

「對，在一九八〇年代期間，這座清真寺和這城堡遭到來自俄國攻擊直升機的炮彈射擊，但我們沒彼此對抗。那之後事情開始崩壞——人民叛變對抗他們的部落酋長……」

「桑吉札爾德，」我右手邊的人說。

「對，在桑吉札爾德，你昨晚過夜的地方……貝格失去了他們所有的權力跟土地……」

「但這裡貝格沒有失去東西，」那年輕人附和，然後他們全部大笑。

貝格齊亞繼續，「但在山谷中不同村莊間也有戰爭。我們殺了桑吉札爾德那三十人，他們殺了我們十人，所以我們是世仇。二十五年來我們走你正在走的路線，對我們來說太過危險。因為你是個陌生人，所以安全無虞。我們走去桑吉札爾德可能會被殺害。若我們往東走還是一樣。但……這兩個月內沒有過殺戮。人們太害怕美國人了。」

「接下來呢？」我問。

「我們不清楚，」一位村民說。

「我們在等著看政府是否會迫使我們交回土地，還有二十五年來我們從對方那偷來的牲口，」齊亞說。「那會很困難。但沒有的話彼此會繼續仇殺。」

「我不同意，」一位村民說。「你是穆斯林嗎？」

沒人害怕打斷、嘲弄，或反對齊亞，儘管他是他們的封建領主。每個人很自在開始自己的對話或問我問題。看來即使是一個搶奪其他村莊或殺戮的決定，會在討論、論證，以及反對後發生。但當宣布晚餐時，所有人陷入靜默。

齊亞要四個人去城堡廚房，在我們面前的兩人則負責發餐巾跟麵包。他們馬上動起來。除了談天外，齊亞顯然很受尊敬。一個人拿著一個白銀大口壺及盤子進來，在我們手上倒上溫水，然後用一條乾淨白毛巾擦乾。其他人拿來米飯，一個堆滿為我揀好羊肉最好部分的大碗，一盤排骨跟肝臟，一堆優格，還有來自伊朗的吉百利閃電泡芙甜點。當我吃完優格時，更多優格端上來。

在阿富汗民居最後六天六夜裡，巴卑爾跟我只用麵包作為早餐及午餐果腹。偶爾晚餐會有白米飯吃，但我們沒有肉、蔬菜，或水果。現在我正品嚐大封建領主的食物。

齊亞，卡特利什米爾・阿里・侯賽因貝格之侄

這遠遠超過坐著看的人的財富。我非常感激這般大方的款待及蛋白質。我想拿一些肉給巴卑爾，但肉非常珍貴，村民看到會很生氣。

清晨，年輕人賴床半小時，老人在祈禱。我踏出外面。光線，在彎曲的橘色及耀眼黃色強光裡，自東邊升起，強烈且高，進入一大群灰雲裡。一隻往下降的喜鵲往前拍著翅膀，接著滯留在雪面上。每個人都很餓，且拿著一把槍，而我自喀曼吉後沒看過一隻鳥。早餐時，因為我提過在英國人吃蛋，炒蛋放置在一盤洋蔥上，兩位坐我旁邊的人確認我的茶杯是否倒滿，每一杯都拌進大量的糖。

*

第四天，巴卑爾和我在一條三呎深雪牆間，由步伐敲出來的狹窄冰道上走了八小時。這次由一位有寬闊肩膀，來自城堡的中年男子侯賽因．阿里（Hussein Ali）陪伴。我現在離道路很遠，深入了薩爾將嘎爾谷，每位封建領主看來都覺得提供我曾受過保證的護衛是他的義務。

我在路上就像一個運送中的包裹，從一個領主到下一個領主。他們的村民樂意越過雪陪我走整天，再走上一天回去。我總是堅持他們收下一些錢，但他們出於好心為身為旅人的我這樣做，有時候很難說服他們接受。

巴卑爾走得一拐一拐地。我停下來按摩牠的左前肢便好多了，但我再次為他擔心。我也覺得無精打采的。因為太陽落在冰道左方，融化了冰道，那道路滑向那邊—由大量旅人顯著強調的態勢。我在接下來八小時每走幾步就滑倒，而我不喜歡這樣。

侯賽因穿著一件厚鋪棉外套，一條毯子圍住他的頭，在兩片鏡片中間還留著製造商貼紙的巨大太陽眼鏡，還有一雙看起來擋不住雪的橡膠高統靴。他比我們任何一個都還要累，我們一直為了讓他趕上停下來。我給了他一些英國士兵在洽赫洽蘭給我的牛奶巧克力，這讓他快了一點，不過巴卑爾不喜歡這樣。雖然因為哈札哈人陪伴，每座村莊的小孩對我們丟石頭，還叫他們的狗攻擊巴卑爾，但我很高興有侯賽因陪伴。

神聖訪客

那天傍晚我們走下山崖，穿越一條木橋到達瑙堡，侯賽因·阿里離開。我讓巴卑爾走下哈里河喝水，嚇到一位蹲在橋下解放的女性。當我抵達清真寺的庭院時，男人和小孩出來靜靜地盯著我。我說要見哈吉·那希爾，那位我有介紹信可給的人。他們沒有一人移動或說話。我問可在哪裡放置巴卑爾，而他們回答，「沒地方。」

「可是你們肯定有畜棚……畜棚在哪？」

一片靜默。

「哈吉·那希爾在哪裡？」我問。

「也許在清真寺裡。」

我留巴卑爾在庭院裡，因為牠被視為不潔，然後走進清真寺。在大廳裡解開鞋帶，脫掉笨重靴子後，我發現哈吉·那希爾正在等我。他是位修長的老人。我拿出我的介紹信交給他。

瑙堡的哈吉·那希爾貝格

「我正走往雅喀浪，」我說。

我等待他邀請我在村莊過夜。他什麼也沒說。

最後，我問：「我可以在這過夜嗎？」

「我們再看看。」

「我有隻狗，有地方可以安置他嗎？」

「沒地方。」

「任何可給他的毛毯呢？」

「沒有。」

「拜託。」

最後，他告訴我帶巴卑爾到他城堡的地窖——一座有龐大房間，被羊群占據的地下墓穴。帶我去那的人們很害怕靠近巴卑爾，但他們指示我可以把牠放在最遠的畜圈裡。牠馬上躺在草枝上進入夢鄉。

我再次進入清真寺，然後脫下冰冷又潮濕的襪子。哈吉・那希爾盯著看。他沒有建議我把襪子放在爐子上烘乾，也沒有提供茶水。我顯然需要說服他我是個值得談話的人。從喀曼吉以來這是我們第十一天的步行旅程，且剛剛抵達一個不認識哈吉・莫辛・可汗的村莊，所以我開始我的介紹演說。

「我從洽赫洽蘭走到這，」我說。「第一晚我在巴德嘎哈的毛都提指揮官那過夜，第二天和達烏拉特亞爾的阿布杜爾．拉烏夫．嘎哈夫利一起，第三天和桑吉札爾德的布希爾．可汗一起，而昨晚和卡特利什米爾．阿里．侯賽因貝格的姪子一起。他們全都盛情招待我。」

然後我拿出我的筆記本，將我畫的人像給他看。

他看著那些圖像，然後說：「你今晚可以在這裡過夜，有人會拿些茶給你。」接著他走進清真寺裡問祈禱。

＊

在我曾旅行過的國家中，曾有人驕傲的告訴我：「我們（伊朗人、巴基斯坦人、印度人、尼泊爾人或阿富汗人）是世界上最擅於款待及大方的人。這是我們的宗教責任。大家會歡迎你進入他們家。你會得到神明般的款待。」

但我的經驗並非如此。儘管大部分伊斯蘭教徒或印度教徒，還有穆斯林都會提到關於他們對旅人（mosfar），或訪客（meman）的正式宗教責任，實際上人們經常不情願地接待我。這是可理解的——他們通常很貧困、生活艱難，且對少數陌生人懷有戒心。我常常因他們的款待失望。直到幾乎每晚他們提供我避難所及麵包食用，我才發現自己多麼幸運。

＊

儘管雪在冰道兩旁仍及腰深，隔天熱到我穿著襯衫步行。止痙攣藥片終於減緩我的腹瀉，但我仍感到虛弱。幾個年輕人跟我一起滑到步道上。一人大吼：「給我點錢。」

我說我沒錢。

「你在幹嘛？」

「我在寫本書。」

「給我你的書。」

「我只有筆記本。」

「給我們筆記本。」

我繞過他離開步道，然後將我的腰沉進雪中；巴卑爾往前傾，然後沉進去消失在視線中。

「帶我跟你去英國，」那男孩大吼。

「你沒有護照。」

「給我本護照。」

「我很抱歉。」現在我將巴卑爾挖出來，然後讓他吃驚地越過那男孩走回路上。

「給我你的靴子。」

我繼續往前走，而他們討論下一個應該跟我要什麼。看來他們相信只要猜到對的東西，我就會給他們，他們跟著我兩小時。最後，我停下來讓巴卑爾休息，他們在我旁邊坐下。我遞給他們最後兩塊吉百力牛奶巧克力。他們在吐出來前嚼了幾口，把剩下的丟在雪地上，然後問：「我們可以要你的墨鏡嗎？」他們兩位從未離開過阿富汗的男孩，看來對旅客有令人驚喜地成熟觀念。在尼泊爾，陌生人多次以要求金錢跟護照開啟對話，但這是我在阿富汗首次遇到。

直到中午他們放棄了，在一座建來榮耀一位在此雪地中過世的旅人的簡單泥塑紀念碑旁離開。村民找到他凍僵的屍體，從他衣著及書籍認定他是位聖人。他們猜想他是位蘇非迴旋托缽僧，但他們無法告訴我他是否曾為契斯特阿。朝聖者現在來此陵墓求子或治病，並在靠近陵墓一座名為「滾血」的溫泉內沐浴。

這裡也有村民發現帶著突出眉毛的女性頭部雕像，像阿姆魯丁博士在嘎哈爾挖掘出的那些。儘管聖人之死證明了這在冬季是多麼疏離之處，頭部雕像暗示了溫泉曾有人居住了非常長一段時間。這些頭部雕像與一百公里以西的那些雕像，代表了一個也許曾一度掌控自那至賈姆所有山岳的單一的新石器時代文明。

札令石窟

我被告知目前僅在雅喀浪二或三天路程外。直到目前為止，我比巴卑爾王或那位聖人都幸運太多——在最近一場風雪後連續好幾天晴天，積雪只剩二呎深，而穿過雪的步道很乾淨。巴卑爾王曾和我一樣，將磨損冰道作為道路，但新雪遮掩了道路，當他持續在薩爾將嘎爾谷往上走時，他無法找到嚮導幫助他：

我們只好寄望真主，再命素檀帕夏伊率一支隊伍前行，走我們返回時走過的那條路，可又迷了路。在那幾天中，我們禁受了很多艱難困苦；這是我一生中從未經歷過的。我當時下寫了這首詩：

世上有過我未見過
上蒼的壓力和嚴酷嗎？

世上有我遇過
受傷心靈所不知道的苦難和憂傷嗎？

我們踏雪前進，繼續走了將近一星期，但一天中行進速度無法超過一沙里（二哩）或一沙里半（三哩）……哈斯木．貝格和他兩個兒子，以及他的兩、三位伴當，都下馬踏著雪前進。每一步都陷入雪中，沒及腰部及胸部。領頭的人走了幾步後就因精疲力竭而停下來。另一個人則繼續領頭往前走。在這十個、十五個或二十個人用腳踏平雪時，就已能牽著馬前進了……其餘的部隊，全都是最優秀戰士及受人尊敬的貝格，甚至人不離鞍，垂著頭，順著清掃好踩平了的道路走。這時不是督促或強迫任何人的時候，有熱忱及勇氣的人都自告奮勇地做這件事。

知道巴卑爾王在兩天後現身於通往雅喀浪的道路，他必定曾靠近我正站著的村莊——可能是同一邊的山谷。於日落前三小時，雲全聚攏在一起，我們自沙希陡峭地往上爬進入更深的雪裡。我的背包常拉得我失去平衡。巴卑爾沒我那麼腳踏實地，我們兩個經常滑進更深的雪裡。我們很快地爬過長坡上最後一間房屋，越過一個山脊，然後往下走進一個巨大雪窪裡。一名從陵墓來的乞丐陪我們走上道路並大吼「大叔」，然後拉住我背包後邊。在坡裡一塊覆雪的岩石下，他在凍水細流旁離開我們。他說，這是哈里河源頭。

我沿著哈里河行走約一個月，在此山谷下走了六千哩。[10]我看過阿布杜爾·哈克背著阿齊茲渡過運河和罌粟田間的淺淺河床。這是流過巴卑爾房子的河流。我在河於賈姆宣禮塔下的狹窄峽谷中時穿過。我們在哈札拉人酋長米爾·阿里·侯賽因的城堡下，穿過冰層跌進河裡。現在我們把河拋到身後。

在乞丐離開前指著一座懸崖——在雪中唯一一塊陡峭光禿的岩石——然後說若我攀上懸崖岩面並轉向北，我會於兩小時後抵達一座村莊。我站了一會，然後看著他矮小深色身影爬出雪窪，在山脊上暫停了一會，然後消失在視線裡。現在是下午四點半，又開始下起雪，只有巴卑爾和我。我不確定我們能在天黑前到達一座村莊，在外頭會是個不適的夜晚。

踏出我往懸崖的第一步，我被雪埋到胸口。我把背包甩離背後，把自己往外拉，直到我在雪上躺平，試著再多走兩步、再次往下沉。巴卑爾在我身後奮戰。由於牠肩膀離地只有兩呎半，拉出牠自己更加困難，而我得從牠頸部拉牠。這花了我們二十分鐘到達懸崖。在懸崖底部，我找到一條往懸崖東邊往上走的陡坡。巴卑爾開始爬在我前面，而我跟著。我大腿肌肉緊繃起來，我在一座石窟洞口停下休息。我們在哈里河和札令石窟間的分水嶺底部。我很感激雪比巴卑爾王那時

---

10 在赫拉特前方，哈里河形成阿富汗、伊朗，和土庫曼斯坦間的邊界。

還緩和得多：

我們到達了札令山口下面的喀瓦耳．伊．庫堤山洞。那天大雪紛飛、狂風怒吼，所有人都擔心生命安全。在我們到達喀瓦耳時，我們在此下馬。雪深路窄。甚至在踩實的路上，也難以行馬。我們的先行人員雖在天黑前已到山洞前，但其餘的人卻直到昏禱及宵禱時才到來。後到的人隨地下馬；許多人在馬背上等待直到天明。

這山洞看似狹窄。我取了把鐵鏟，將雪刨開，在山洞入口處為自己挖了一塊小跪毯那般大的地方……不管人們怎樣勸我進入山洞，我還是沒進去。我心想……舒適，而人們都在暴風雪中……也不像是袍澤的關係……我也要經受一切艱難困苦……要忍受別人所忍受的一切。有一句波斯諺語，與朋友同死是一種享受，說得很好。在那樣的大風雪中，我坐在為自己挖的洞穴裡。大雪一直下到昏禱時，以至於我彎著身子坐在那裡，我的背部、頭部和耳朵上都蓋上了四吋厚的雪。當晚，寒冷影響了我的耳朵……

昏禱時，有一個人朝洞裡仔細觀看後，說洞穴很寬敞，能容納所有人……把留在洞穴你的戰士也叫了進去……食物，燉肉、肉塊，以及手中所有一切。在如此寒冷及風雪中，我們竟逃到了一個非常溫暖、安全且舒適的地方，能夠打起精神來。

當我們到達懸崖頂時，我們發現自己已在谷中好幾日，突然間往下看見了覆滿雪的山脊，還有布滿小型雪崩記號的山坡。一道亮綠松石色的光束延至東邊山丘那。我們繼續往南。當日光幾乎全部退去，雪下得更大，我開始想為晚上挖個雪洞；但十分鐘後，我看見右手邊的光。我們朝著光線走去，在半小時後抵達一座小型村落，那裡有一些人坐在屋頂上。這裡看起來是希亞爾切斯梅，有人告訴我能找到賽伊德．喀爾巴拉希村長的地方。

「祝你平安，」我大吼。

「你有隻戰狗？」他們說，顯然對我們為什麼在黃昏時甫走下山沒興趣。

「不，我在找賽伊德．喀爾巴拉希的房子……我是位旅人，我需要住宿。」

「現在來戰鬥怎樣？我們的狗對你的……來吧……」然後他們開始吹起狼哨。

「這隻狗不是鬥犬，」我怒道。「如果你要戰鬥，我會用我的枴杖殺了你的狗。」也許感受到我又累又憤怒到會說到做到，那些人拉回狗。我走進村長的庭院，然後發抖地站著，揮舞我的介紹信。他往下大吼：「你為什麼在這裡？村裡的清真寺在距離山坡下二十分鐘那。你應該去那裡……」

就如之前好幾晚，我很焦慮地鋇巴卑爾找食物及休息的地方，還有讓自己暖身。我強調自己大有來頭的招待人及背景。最後他讓我進去了。

奉獻

在首次與我的女孩同寢那晚，
來自宣禮員那前往祈禱的呼喚，將夜擊破為清晨。
哎，愚昧的苦命人！現下是何時
去提醒一個男人真主於斯？

——米爾札．迦利布（Mirza Ghalib）

賽伊德．喀爾巴拉希的訪客間很大，且使用了我看過最昂貴的地毯裝飾。他說他忙著禱告，無法和我說話。一位年邁僕人端來由腐肉做成難以下嚥的湯，以及麵包作為晚餐。賽伊德．喀爾巴拉希接著要他太太端上茶，但他沒加入我。我猜想他是否在隔壁房吃得更好。

這是個偏遠地區。那端湯的僕人曾去過最靠近雅喀浪的市集，但他從沒去過洽赫洽蘭，或任何相似大小的地方，稍後與賽伊德．喀爾巴拉希姪子的對話，我得解釋什麼是飛機。賽伊德的太太詢問我的旅程，但她沒聽過任何我當天走過的所有地方。

「妳到過哪裡？」我問。

「我在這村裡出生。我是五太太，且是他的妻子中唯一倖存的，我人生的四十年來，從未徒步超過村莊一個小時。」

她解釋賽伊德的父親在一九四〇年代，自雅克浪搬遷至這個地方。他的家族看來繁榮昌盛。所以賽伊德的兄弟都是高級穆拉，而他的兒子在德黑蘭念書。儘管賽伊德的太太已是位祖母，她和一個男性單獨一起並不自在，而在對話五分鐘後離開。賽伊德・喀爾巴拉希在晚餐後加入我。他的真名為拉蘇爾（Rasul）。他得解釋稱為喀爾巴拉希，是因為於一九五〇年代兩度前往伊拉克卡爾巴拉，造訪胡笙聖陵；一次費時三個月，另一次費時五個月。[11]

希亞爾切斯梅的賽伊德・拉蘇爾・喀爾巴拉希

11 我沒有問賽伊德・喀爾巴拉希，但我預設他像在薩爾將嘎爾谷裡大多數人，是位什葉派。這明確地由他曾造訪過在卡爾巴拉什葉聖壇的驕傲而知。

我問他為什麼他沒有前往麥加完成朝聖。

「那花費太過昂貴。」

「但麥加離卡爾巴拉很近，以你已經從阿富汗前往伊拉克的時間來說。」

「那要花上七天旅途，所以我回家了。」

他將收音機轉到一個用烏爾都語廣播的巴基斯坦頻道。

「你聽得懂烏爾都語嗎？」我問。

「不懂，」他說。「我為了你好才轉的。」

他接著開始祈禱。他每分鐘中斷一次祈禱，並說出像這樣的話語，「待會我會安排某人烘乾你的襪子。」然後再次從頭開始祈禱。我建議他在我們說話前完成祈禱。

「但訪客是由真主選擇的，」他責備地說。

「謝謝你，」我回。「嗯，那我有些事想要請教……」

「我正在祈禱。我們應該等下再說。」

當他結束祈禱，他拿起一本巨大《可蘭經》，然後開始喃喃念著，接著往上瞥，問我有沒有任何照片。

我遞給他家人的照片。他對著那些照片短暫地皺眉，然後遞回來。

「我從赫拉特走到這裡，」我說。

「我在讀《可蘭經》，而你的波斯語沒好到會話程度，」他回。

我們在沉默中坐著，直到我決定躺下睡覺。

黃昏時，他再次開始冗長祈禱。在他結束的時候，一群村民聚集在訪客間裡。賽伊德・喀爾巴拉希拿起我的達利語—英語字典，開始看其中一頁。通常想要看字典的人會知道哪邊是正面。賽伊德・喀爾巴拉希不知道。

他接著移動到房間裡另一個位置，謹慎地打開一個檀木箱，打開另一本《可蘭經》。當天早上和一群散漫禱者繼續祈禱，瀏覽少部分《可蘭經》，偶爾壞脾氣地走到陽台，訴說他太過忙於宗教貢獻，而不想被打擾。我想像這是賽伊德・喀爾巴拉希大部分的生活模式。

最後我踏上旅途。離去時我在訪客間牆上注意到兩張褪色的銅板腐蝕版畫相片。

「那是我兄弟，」他說，「殉道者……一位在拉爾遭殺害，另一位在往雅喀浪路上。」他們的穿著不像大部分聖戰士的殉道者，而是漂亮的俄國軍服。

谷中隘路

賽伊德．喀爾巴拉希吩咐兩個人陪伴我。我很開心他們在，因為晚間又下了另一呎的雪，覆蓋了整條路。我們得開拓道路往村莊後方的陡坡上走，然後在鬆軟新雪裡每走三步往回滑一步。巴卑爾享受得比我少，大部分的路程我得拉著牠。兩小時後我們走到一段山脊。這是把西哈札拉賈特從巴米揚省分開的中央分水嶺，而我們可看見下方向東沿著札令谷邊緣三十公里的光禿峭壁。那些人說，這山谷標誌了雅喀浪的入口——我那天的終點。雲在冷風中迅速移動，偶然映出淡色太陽光。

沙馬拉寇特位於坡底。在我帶巴卑爾到村莊下方一個冰洞喝水後，哈桑．札爾貢（Hassan Zargon）前來問候我們。他是位友善、好客，且令人尊敬的招待者。他給了我兩個溫泉蛋，還送巴卑爾食物。和卡特利什的齊亞一樣，他提供了一位帶有白毛巾及溫水的人來清潔我的雙手，並且斟滿我的茶杯，加入砂糖。因為又開始下雪，他說我應該在他那過夜。我告訴他我想趕往雅喀浪。他說不可能。那城鎮至少要再走兩三天。見我堅持，他吩咐他十七歲的兒子阿薩德

（Asad），還有另一位男孩引導我走下一段路。

沒有他們是不可能穿過札令道路的。雪下得很急。我們捕捉到一些些黑色石塊蹤影，而有時候山脊會因霧氣斷開，此時會看到由地面快速穿過的沙般細雪，隨著東南風吹。但大部分時間全是一片白茫茫。感受著那些細微變化，我們走著越過山脊的路，穿過深深雪窪。我們看不見腳邊雪的質地。雪落在剛硬山脊處，有及膝深。阿薩德能找到路。但接著他迷路了，我們在更深的粉雪中開路，每一步都像相撲選手般舉起雙腳。

一小時半後雪更厚，雪橫掃我們的臉。大家都感到非常冷。在每段山口，阿薩德轉身透過風雪大喊：「Manda na Bashi（希望你不累）」。我們陷進一堆深雪裡，接著有十分鐘，阿薩德開心地繞著一個大圓往下衝，直到他找到我們在哪裡。我猜想這些山峰和山谷在夏天裡看起來如何。最後我們進入札令谷最後一座山坡上。這段路花了我們三小時，而阿薩德和他的同伴現在要穿過暴風雪走回去。

我給阿薩德金錢，但他嚇壞了。看來穿過寒冷風雪與及胸雪堆的六小時來回路程，是他最起碼能為訪客做的。我不想要侮辱他，但我堅持回饋他一些金錢。我的堅持有點愚蠢。他拒絕了五次，但最後因禮貌收下，並把錢給了同伴。接著他祝我幸運，轉身走上山丘迎著風雪。我轉身沿著札令谷，前往雅喀浪。

巴卑爾王在抵達雅喀浪前最後一晚，可能在我們剛剛下坡的山坡上過夜：

在我們抵達山谷底部時，夜幕已低垂，我們就在山谷入口處過夜。那天晚上氣候嚴寒，我們極為困苦地度過了一夜。許多人凍壞了手腳。古普克（Kupek）凍掉了雙腳，西庸杜克．土庫曼（Siyunduk Turkoman）凍掉了雙手，而阿希（Akhi）凍掉了雙腳。次日早晨我們沿著山谷往下移動。雖然我們知道那裡沒有路，但還是寄望於真主，踏著險惡的羊腸小徑向下走進山谷。當我們走到山谷另一端時，已然天黑，到了進行昏禱的時間。現在老人都已經不記得曾有人在這麼深的雪中走過這一山隘，甚至不知道有人曾想過要在一年中此時間走過此山隘。我們雖有好幾日深受大雪之苦，但正是由於這深雪我們才得以達到目的地。若沒有這麼大的雪，我們怎能走過那險峻陡峭、非道路的道路；還有，若沒那麼大的雪，我們所有的馬匹駱駝便將遺留在頭一個深淵中。[12]

雅喀浪

現存的所有邪惡美好，
若細看，都為恩賜。

我們到達雅喀浪，紮營時，已是宵禱時刻。

五百年後，我於宵禱後幾小時到達雅喀浪。阿薩德約在午後三點離開我。我知道我必須走很快，才能在當晚抵達雅喀浪。山谷地面低且廣，而札令是一連串在砂岩牆上鑿洞的石窟群，從石窟中被煙熏黑的天花板，明顯可看出大部分石窟有人居住過。這是第一個我看過的穴居文明。從這裡到巴米揚，有更多的村莊有洞窟，現今大部分用來儲藏跟安置家畜。不同的是，這些洞窟是廣大、毀壞的泥堡。

從札令開始，我走在在一條由拉爾到此的乾淨、寬廣的車道上。這是我兩週來遇見的第一條乾淨道路，但我看不見一輛車，也許是因為兩邊的道路都封閉了。第一次，在午後陽光哩，我可以看見無雪山丘上真實的顏色。那是座煤黑色有著硫磺黃山坡的山峰，一座翡翠綠山岳，有雪白頂峰的深紫山壁，而有深色小洞穴，外側是淡棕砂岩山壁，每個都熏上煤漬。

---

12 十九世紀阿爾卑斯山的登山者也有蓋過深溝的新雪形成較安全道路的信仰。他們堅持在一月新雪中，自霞慕尼勃朗峰穿越高地美路至策馬特。今日認為新雪很危險，人們偏好在春天登山，那時雪崩較少，且裂溝可見，能穿越雪坡。

我爬進這色彩之焰中，但在山腳下沒入了灰、卡其，還有赤褐色的黯淡陰影裡。我們在日落時抵達雅喀浪的溪流與山谷，此時開始下雪。在山谷地面黃色的玉米殘株染白，山丘轉成清代花瓶般的煙熏粉紅，而霧氣如中國古代畫作裡的厚重波浪般聚在山巔。空氣隨著雪花鮮活起來。巴卑爾王寫下他的到訪：

> 雅喀浪的居民很快就知道我們的道來，並提供我們溫暖住處、肥大羊隻、無盡的糧草及馬飼料、豐富木柴及作為燃料的糞塊。擺脫深雪嚴寒，找到這麼一個村莊和暖和的住處；從苦難中得救後，竟得到這麼多糧食及肥羊，這是只有那受過相似困苦或經歷過災難的人才能理解的幸福喜悅。

我快步進入雅喀浪，緊裹在我的毛毯中，有巴卑爾跟在我身後。天黑了。我敲了好幾道門，儘管我能看見屋裡的光，卻沒人沒有為我開門。在第五間房有個人打開一道遮門，聽到我說我需要一張床，叫我去山頂上無國界醫生的辦公室。我們去了。當我敲無國界醫生寓所的門，一位澳洲男護理師應了門。他驚喜地看著我，然後領我到鑿進山谷一邊的一間乾淨房間裡。在此，我是受歡迎的。一位西班牙醫生蘿拉（Lola），給巴卑爾一些豬脂。讓我洗了熱水澡，來自濟世基金會的捷克人彼特爾（Petr），在我吃玉米片、花生醬、蜂蜜還有酵母醬時跟我坐在一起，還喝了熱巧克力和咖啡。

隔天早上，我走過市集去看那些歡迎巴卑爾王的「溫暖之家」。我只找到焦黑、空蕩蕩的隔間。雅喀浪曾是哈札拉賈特最大的城鎮之一，有著識字且政治上凝聚的人民。塔利班在一九九八年攻擊這城，然後在診所牆邊處決了四百人。那時百分之七十五的人口不是死亡便是逃亡。

曾一度是下市集的商店隔間裡，人們架著上方有小雨篷的支架桌子。在一張桌上有餅乾包裝盒，另一張掛著一隻牛的畜體。但這裡大部分都是瓦礫，充滿了人和狗的新鮮排泄物。我走過一間間沒有天花板或頂牆的商店，被煙熏得黑黑的。大火濃煙一定曾充滿了這狹窄山谷，而小型部隊發射自動武器的喀喀聲在陡峭山壁中回響。

*

款待我的無國界醫生之家位於最為遙遠的區域，也是在阿富汗最遺世獨立的無國界醫生行動。工作人員一個月前搭一架巨大安托諾夫飛機飛至喀布爾，然後在道路開放時被載到雅喀浪。載他們到達前此地沒有醫療機構。他們開了九間診所，包括在札令石窟旁的一間。輪替的工作人員恰好在道路封閉前抵達。一些工作人員有兩個星期在雅喀浪孤立無援、延後離開，無法到達巴米揚。

因為徒步走到巴米揚只需三或四天，我建議他們比起等待清理道路，不如和我一起走，但他們反而要我跟他們一起搭車前往。澳洲護士警告我那條路布滿了地雷，因他曾有見過一名騎士騎著匹馬，在前方道路被切成一半。西班牙醫生蘿拉，警告我需要穿過一座非常大的積雪高原，在那裡我有三十公里看不見一間房子。她才剛為一名試著穿過那道路的阿富汗士兵截去他凍傷的腿，她評估她那天下午還需要切除她一位同事的雙腿。她提醒我要是我的凍傷開始蔓延，吃阿斯匹靈。

他們是非常慷慨的招待人，而我很遺憾要離開他們。巴卑爾也是。無國界醫生領養了一隻小狗，而牠繞著巴卑爾轉圈，在牠的腳邊狂吠，試著要牠玩耍。牠毫無興趣地漫步在房屋屋頂上，假裝那隻小狗不存在，要是小狗咬牠咬得太大力，偶爾給出一聲粗啞吼聲。玩耍對牠而言是件嚴肅的活動。玩耍時，他跑得遠遠地並在雪中翻滾。但牠吃得很好。我希望牠恢復的體力足夠抵達巴米揚，因為那裡道路是開放的，牠能夠搭車走在我之前，在喀布爾等我。

第六步

吾為畢同之墓，旅人；
若汝行自托羅尼至安斐波里斯
予尼卡哥拉斯此訊息：他自身之子
死於風雪中，於初冬，日出之前。

——尼凱涅托斯（Nikainetos），西元前三世紀

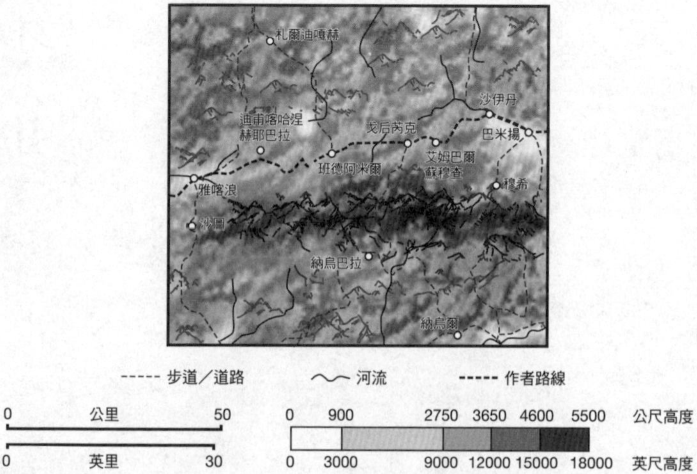

第二十六天　雅喀浪至班德阿米爾
第二十七天　班德阿米爾至戈后芮克
第二十八天　戈后芮克克至沙伊丹
第二十九天　沙伊丹至巴米揚

死亡中繼階段

自山脊一哩外離開雅喀浪，我回頭看。焦黑屋舍被距離修飾了，隱沒在山丘、一排排楊柳樹裡。在雅喀浪的休憩與用餐後，巴卑爾開始有氣勢的移動，甚至比我迅速，在前幾個山坡上拉著我往上爬。但牠很快再次感到疲倦。兩小時後，在最後一個菲魯茲巴巴爾平原至長長雪原坡上，我看見當天的第一批人。他們領著一隻驢子，載著擔架上的。我假設他們正帶一位親戚到雅喀浪的診所。但走近一看，那人應該不再需要醫院了。

一塊有光澤的粉色肌肉仍緊附在一邊臉頰上，但他的雙眼已經不見，而在他頭顱的左後方，只剩一簇灰髮。還有足夠的筋腱把他灰色的下顎留在原位。他雙膝併攏，他的雙臂僵硬地伸往兩側，他的頭微微抬起。他的雙手完好地，手指上的皺紋說明他上了年紀。他穿著破舊的棕色手織夾克及兩個透明塑膠袋綁在腰際，作為手套來抵抗寒冷。那手套沒起作用。

他們不知道他是誰，只知道他曾從巴米揚徒步至雅喀浪。因為他獨自步行，他們假設他是個來自偏遠地區的窮人。他也許曾為了開齋節在拜訪家人的路上。那天是開齋節，而他們錯過自己本身的慶典，帶此人到區域總部。

我沒看過腐爛的遺體，只見過新死亡的及骨骸。我祝那兩個人好運，接著繼續在那老人曾穿越過的高原上前行。一道冷風吹來。在雪道上的足跡很舊。在兩、三小時後，極度感知到平原不間斷地延伸到四面八方的地平線上，我停下來吃了些餅乾，喝了些水，然後開始顫抖，注意到我潮濕雙腳及孤身一人。我突然間被擊敗了，我本能地感到沒有成功到達喀布爾的力氣。但我舉起雙腳開始走，一開始很緩慢，接著迅速加速，身後拉著巴卑爾，想著我的肌肉什麼時候會停止動作。

日落時，從見到屍體後就沒看到人，我們抵達了三個非常平坦的巨大積雪平台，我意識到那是一串結凍湖泊。一座瀑布結冰成脹大鐘乳石群，紋路帶明顯的銅鏽綠、綠松石藍及硫磺黃，在接觸到水的地方因雪而有奶油般質感。太陽沉入身後垂直的懸崖裂口，而冰的多彩奇幻力量浸淫在暮光裡。

我看見湖對面有一座村莊，但我沒轉向那。相反地，我繼續向一座將湖泊分為上下方的石壁走。在三小時前想要停下，但現在我想走過這個平原。我想著在新雪上方的星辰，還有平原的大小和寧靜。我因前進而入了神。但巴卑爾躺在雪裡。我奮力與牠拉扯並懇求，但他不願移動。最近我放棄，跟著他走向一間房子，正好在天黑後抵達。

這地方是班德阿米爾。我們待的毀損泥屋曾是間客房。直到蘇聯入侵，那些湖成為觀光景點，自此之後，俄國軍人在放假時造訪此處。我是招待人二十年來第一位付費的外國訪客。我的錢買了五尾他從湖上冰洞抓的扁魚。他炸了魚然後與麵包一同端上。他說我很幸運。塔利班用炸藥來抓魚，所以只有幾尾剩了下來。

帶翼足跡

翌日早晨我走過結冰湖泊，然後站在正中心，往後看著一座嵌進榆木色岩壁的清真寺。一層滑順粉雪覆蓋在冰上，僅被一串腳印和一道獸跡打斷。

巴卑爾和我爬上前一天越過的那座面對雪原的岩壁。幾分鐘後，我感到前所未有的孤獨，第一次到如此寂靜之處。僅有手杖及步伐的咯吱聲。越過整個平原，除了我們雪中的蹤跡和之後的山峰外，我什麼也看不到。在我靴子下的雪輕且軟，當我往後看，一根細羽從我每一道足跡閃現。當我們繼續前行，帶翼足跡及枴杖橢圓溝槽改變了形狀，結凍並在陽光下溶化。

我止步，坐下，起身，再走十分鐘，因為我感到極度疲倦，再次坐下，半埋在深深粉雪裡。我雙腳濕了、雙手冰冷，風在雪面上吹來又細又白的霧氣。我拿起墨鏡，然後看過景色裡突然的光束閃爍、波折、侵入然後消失。在每道眩光裡沒有帶翼足跡或地平線。我無法記起我為何而走。

我病了，且肌肉僵硬。雪形成了一個明亮乾淨的靠墊，完美地貼近我的背部。往後躺，我感到溫暖且安適。我閉上雙眼然後微笑。我做得夠多了。我發現沒人能評斷我在此停佇。我半睜雙眼，太陽看來分外刺眼，還有無間斷的粉雪無止盡地鋪展。這是個非常隱密的地方，人埋在雪中只露出頭部在陽光中，我的身體有好幾天不會被打擾。我知道前方有村莊，但看來嘗試抵達那裡沒有意義。

在我旁邊，巴卑爾用牠的巨大獸掌鑿雪。牠把鼻子埋進粉雪裡，導致黑色口鼻上有道白鬍子閃耀，然後重重地坐下，舉起牠的頭到旁邊舔雪。幾分鐘後，牠移動腰臀站起身，接著僵硬地走到我坐著的地方。我能感受當牠謹慎地在我領子周圍嗅聞時，在我頸部溫暖的呼吸，然後溫柔地用牠的鼻子推向我的耳朵。見我沒反應，牠退後看著我，再次靠近，最後走開，穿過雪原，偶爾越過牠的肩膀看。當牠在二百碼外他停住，轉身，然後叫了一聲。牠的實事求是讓我感覺我太過於戲劇化了。如果牠準備繼續，那我也會。我站起來然後跟著牠的腳步。

八公里後，我們抵達一個在蘇博齊爾及庫希奇努提間的小村落，在一間村民稱為「貧窮」的住家中得到麵包與茶。他們確實很窮。大部分房屋至少在地板上有一條彩色地毯，一些人造纖維毛毯，還有一個裝飾亮麗的箱子，裡面是新娘的嫁妝。但這地板由未染色山羊毛覆蓋，主要由普通的錫搭成，而毛毯為家庭足用厚織羊毛毯。[1]

1 英語字彙「walk」，與一些印歐語字根相比，事實上是個更晚近且為盎格魯薩克遜語的字彙，稱按壓濕毯「walken」的詞彙變化——指通常由雙腳進行的活動。

出了村莊後我們得再次攀爬。巴卑爾的前腳非常僵硬。帶著我離開平原用盡了他所有力氣。我走在前頭，希望當牠發現自己被留在空曠積雪荒原裡會跟上來。然而，他沒有。他慢到幾乎是停滯——蹣跚地一步步走向我然後抬起頭——接著最後乾脆躺下來。我走回去，跟他講一會話。一百四十磅的牠前進太過沉重，以這個速度前進我們要花一個月才會抵達巴米揚。我把牠繫在鏈上，然後開始將牠拉在我身後，比牠想走得更快。我至少要帶到巴米揚，才有機會為牠找輛車或一位獸醫。

我們沿著一條水道走，且堅持為巴卑爾找些水，但那冰一定有十八吋厚，無論我經常使用嵌鐵的枴杖深入冰中，我無法打破冰層。再往前進，冰層較薄。我叫喚巴卑爾。「來啊，甜心，來啊，我的寶貝……來啊——真是隻乖狗狗——水……」但巴卑爾只是躺在河岸上，把牠的頭放在雙掌間，看著群山。我試著拉牠下來但牠不願意。牠曾拒絕從班德阿米爾的湖裡喝水，也許因為水裡的化學物質。但我們前方的旅程有一整天喝不到水。

我蹲在挖的冰洞旁，然後再次潑水，滴一些在牠鼻子上。牠轉身，苦著臉，但什麼東西穿透了他，最後牠沉重地往下移動到河邊，喝起水。幾分鐘後，牠直起身，仍滴著水，然後看著四周。我繼續蹲著。牠低下頭然後繼續喝。

我們那天還有長路要走，不能停太久，但我們進入帕蘇魯安山峰之後確停了下來。從此重新走上來自雅喀浪的主要道路。因為地雷沒人在走。塔利班焚毀了帕蘇魯安還有下一個村莊戈后芮克，我們於夜晚降臨時抵達。

布萊爾與《可蘭經》

在戈后芮克下，我遇見村長之子阿里。我解釋我需要一張床過夜。他說那會很難。

「旅人睡在清真寺哩，但你可以看到那清真寺……」他指著一座在一群毀棄房屋中高聳的焚棄外殼。

「這裡沒人可招待訪客。」

我在靜默中等待。一分鐘後他說，「我們可以看我父親。跟我來，小心地雷。」

「塔利班埋了這些地雷嗎？」我問，來開啟對話。

「不，我們埋的，但我們記不得全部的位置。」

我們攀過廢棄建築，到達山丘頂端，進入一個有庭院的房子。那房子像其他房子一樣遭火燒過，但修復了一部分。我無法看穿來自燒糞爐子的煙霧裡面坐了多少人，但我能聽見在遠遠角落一名嬰孩哭叫。阿里的父親在一張高鐵床上躺著，包在毛毯裡。這是我在阿富汗房屋裡首次次看見的床鋪。阿里的父親看來約八十歲。他請我坐下。接著他開始了一聲撕心裂肺不連貫的咳嗽，將他顫抖的身體拉起，雙眼濕潤，開口，「以阿拉之名，」然後往痰盂一吐。當咯咯笑聲與怒吼聲平息，他躺下然後閉上眼睛說，「我病了。請見諒，我的魯莽。」

「我應該離開……」

「你是我們的客人。你會留下享用肉，」那村長回答。「一些米飯、一些肉……我的兩歲小男孩在哭。我太老太衰弱而無法教導他。請接受我的道歉。我的大兒子會告訴你關於塔利班及我們哈札拉人。他們燒了我們的《可蘭經》。」

阿里掀起一個雕刻木箱的蓋子，親吻裡面的包裹，小心地打開，念了一句禱文，然後打開《可蘭經》。火燒毀了一角，露出細細一疊被油熏黑的紙，而當阿里打開那本書時，一些灰燼從接合處落下。

「塔利班對我們神聖的《可蘭經》做了這件事，」阿里的兄弟說。

「若你想了解塔利班，看看他們對我們神聖的《可蘭經》做了什麼，」阿里加上。

在這村裡沒有電力或電視。這些人從未到過一座阿富汗城市或見過一位記者。我猜想為什麼他們立刻對我解釋塔利班做過什麼，跟為什麼他們著重在《可蘭經》而非家人或村莊。

「你會讀《可蘭經》嗎？」我問。

「不。我們不會讀寫。」

「塔利班把《可蘭經》拿出來然後燒毀嗎？」

「不是。這放在其中一間塔利班放火攻擊村莊的房子裡。」

「所以這是個意外。」

「對。你看得出塔利班是哪種人。」他指我想像他們為異教徒。

「這村莊裡塔利班殺害了多少人？」我問。

「五個。」

「六個，」另一人指正。「侯賽因、穆罕默德．阿里、古胡蘭姆．納比……」

「六個，」阿里再次確認。

「來自你的家族？」

「對。我兄弟。他父親。但看看這《可蘭經》。」

在這村莊裡沒有百事可樂，唯一的全球品牌為伊斯蘭教。阿里認為我和他唯一擁有的共通點為《可蘭經》，而我能了解任何燒毀這本書的人，即使是意外，會是對神明的褻瀆詛咒。他沒想到外國人會對他家人去世有興趣。某方面來說他是正確的。西方人對殺害哈札拉人不是很關心。驚動他們的是巴米揚大佛的毀損，或喀布爾動物園裡那頭獅子的命運。在英國及美國為那頭獅子募集了九十萬美元。當時英國首相東尼．布萊爾（Tony Blair）對《可蘭經》付出特別多的關心，但阿里會難以理解布萊爾的觀點。

在二〇〇一年九月二十日，布萊爾為了一場中東巡迴活動打包了他的《可蘭經》。九個月前，他曾告訴一位訪問者他擁有兩個版本。現在，根據《衛報》（*Guardian*），他有三個版本。「布萊爾，」報紙寫道，「現在為了『啟發與勇氣』隨時攜帶一本《可蘭經》——一個他向柯林頓總統女兒學來的習慣。」布萊爾在九一一前鼓勵穆斯林學習他們的聖書，告訴《穆斯林報》（*Muslim News*）的讀者，「愛與夥伴關係的概念作為人道關懷中的領導精神是相當清楚的……若你閱讀《可蘭經》的話。」十月七日，九一一劫機者的演說，他說：「這些人的行為違背了《可蘭經》教誨……這使我憤怒，有如廣大穆斯林大眾的憤怒般。」

一週後他說，「我不明白任何真正學習伊斯蘭教教誨及《可蘭經》訊息文字之人如何能夠為（九一一）那場屠殺辯護。」布希加入：「伊斯蘭教的教誨是良善且和平的，而那些以阿拉之名犯下邪惡的人褻瀆了阿拉之名。那些恐怖分子是他們自身信仰的叛徒……」

布萊爾對《可蘭經》的掌控及討論會使阿里感到高異常。對阿里來說，布萊爾無法閱讀《可蘭經》，因為布萊爾不會讀阿拉伯語。因為《可蘭經》不像《聖經》，是真主一字不差的話語，由穆罕默德以阿拉伯語述出，翻譯經文不可視為《可蘭經》。大部分時候，翻譯《可蘭經》被視為褻瀆。阿里小心地裹好他的《可蘭經》，放進木箱裡置於一個高架上，然後只在沐浴後或祈禱時靠近經書。看見布萊爾在飛機上用手指滑過他的翻譯本，或聽到布萊爾對於經書意義做出自信言論，他會受到驚嚇。《可蘭經》稠密的隱喻、詩歌以及暗示，傳統上與先知話語及長久來的法律與理論解釋作為參考來理解。因此，對《可蘭經》意義的公共闡釋通常由學習最多且最為資深的穆拉保留。

布萊爾對經文自信地尋且自然的握並非想要高人一等，或自作主張，而是顯示出他對伊斯蘭文化的敏感度。他假設《可蘭經》等同於新約聖經，可以不引發問題地翻譯、簡單地理解、不受偽經影響、可公開給大眾詮釋，且跟其他書籍相同。這假設也許和其他基督徒評論家如布希共享。二〇〇一年十一月，一張照片顯示布希隨意地用他不淨的左手越過一張桌子拿《可蘭經》，展示《可蘭經》的穆拉勉強地微笑。

很多英國媒體跟隨布萊爾定義伊斯蘭教，幾乎特定就《可蘭經》文本身而言，沒有涉及經文本身的文化背景。他們也許不是把天主教堂簡化為福音傳播那麼簡單。但也許他們更有興趣改變，而非描述伊斯蘭教。在二〇〇一年九月十六日，《衛報》評論《可蘭經》應承信徒的天堂美女，是純然無邪的象徵，而非提供性服務的處女，且暗示自殺炸彈客受到了誤導。一個月後，《觀察家日報》（*Obserrer*）寫下一篇此信仰的一個版本，「這並非伊斯蘭教，有如三K黨等同基督教。」評論家極少描述伊斯蘭信仰的不同及實踐行為。這也許因為他們的評論主要用來緩和英國的反伊斯蘭情緒（及也許，東尼．布萊爾要吸引穆斯林聯盟夥伴）。反穆斯林群眾也毫無情境地接近《可蘭經》，儘管在於對一個不同說法的支持下。十一月，英國國家黨主席寫下：

（我們）開始讀一篇（《可蘭經》），那篇自九一一後一再地受到引用，包含喬治．布希

（George Bush）、東尼．布萊爾、伊恩．鄧肯．史密斯（Ian Duncan-Smith），還有一長串記者名單：「無論誰殺害了一個靈魂就如同殺害全體人類的人。」這句子在那政治正確運動中心來保證對抗伊斯蘭教恐怖分子的戰爭熱潮，不會導致對抗穆斯林本身的敵視爆發。到底，這是否為伊斯蘭教在根本上是個和平有愛的宗教的明確證據，如同基督教徒在頭上纏了毛巾？

如果為真。這的確是，但問題這引述是個政治正確的羅織。只要看看第五章，第三十二啟示實際說：「……無論誰殺死了一個靈魂，非反擊一個靈魂或毀壞一處土地，就像一個殺害了全體人類的人。」

他繼續引述二十三篇文字「證明」穆斯林是「英國人民生命的威脅」。[2]

---

[2] 英國智庫的回應更加圓熟。九一一後他們不同於主流媒體，確實深入理解劫機者動機、他們的行動系統、其歷史脈絡，以及存於任何回應中的難處。但即便是智庫，有時也寫下他們對伊斯蘭正統的自信聲明，或他們不情願承認在非常遙遠文化之間有任何歧異的文章，使許多穆斯林很吃驚。因此泰瑞．伊格頓（Terry Eagleton）在《倫敦書評》（*London Review of Books*）中寫道，「這是伊斯蘭基本教義派，非《撒旦詩篇》（*The Satanic Verses*），呈現了一個《可蘭經》的褻瀆神明版本」，當瑪莉．比爾德（Mary Beard）說道：「那發展成熟的殉道者是很罕見的社群，比起當地在移民中更為多見」奠基於她在早期基督教的研究之上。

鹽地及甘松

翌日，我跟著兩位騎一匹驢到巴米揚買鹽的戈后芮克男孩上路。我們一開始的五小時步行，走了大約二十五公里，沒有停歇。我對景色注意得極少，但當我們爬上山峰我看見移動一匹驢子走過深深雪地是如此困難。

像許多村民，男孩們在驢子上很強硬——我看到他們在驢背上打裂一根竹枝，接著用一顆尖石頭敲。但在雪中男孩為驢子開出一條道路，並無論何時驢子躺下，他們的耐心地回頭抬牠。驢子勉強應付地踏了幾步後再次躺下，他們開出更遠的路，然後雙倍地敲打驢背鼓勵，並且再次抬起驢子。在卡爾格哈納圖谷，男孩指出好幾顆地雷，有一些只離道路二呎。我拉緊巴卑爾的牽繩。

在中午過後不久，我們走過曾為哈札拉抵抗中心的希巴爾圖道。這裡的哈札拉指揮官哈利利（Khalili），曾開設一個投擲來自伊朗補給的小型機場。其他建築遭塔利班焚毀且棄置。但這山谷不僅受塔利班荼毒。巴卑爾在一五〇七年二月中抵達這裡：

我們沿錫伯圖山口走下山道。哈札拉的土庫曼人及家屬、畜群在我們前來的路上安紮冬營，完全不知道我們到來。次日早晨，我們拔營出發，從他們的氈房與羊圈中經過掠取了他們的兩三組氈房及羊群。其餘的哈札拉人拋棄房子與財物，帶著孩子向山中逃走。

先行的人送來消息說，一些哈札拉人在我軍前設路障，放箭不讓任何人通過。我聞訊速速前去，但未見任何路障，只見幾個哈札拉人站在山上一個土堆上放箭……我的士兵感到慌亂，呆若木雞。我隻身前進，想要鼓勵我的士兵。沒一個人聽從我或抵抗敵人，反而分散地站在不同位置。我既無盔甲馬冑，也沒有武器，只帶了弓箭與箭袋。我叫喚伴當，因雇養伴當來實行行動，及在必要時展現對主人的忠心，而非主人進攻對抗敵人時他們袖手旁觀；接著我策馬前進……（他插入了一首關於此事的突厥詩歌）

我的士兵見我前衝，便也前進，
把恐懼拋在腦後。
我們爬上山丘，將哈札拉人拋在腦後，
我們如鹿群般越過高處及低窪；
我們奪取他們的財物，趕走他們的牛羊；
我們殲滅土庫曼哈札拉人，

且將他們的男人女人抓了過來；
那些遠遠逃開的人我們也跟著擄為囚徒
我們占有他們的婦女兒童。

十四、五個帶頭反抗或強盜的知名哈札拉首領落入我們手中。我曾想在這駐地用各種酷刑處死他們，來警告其他強盜或反抗者；但哈斯木．貝格偶然在路上遇見他們，懷著不適當的慈悲，把他們放了：（而薩迪，波斯詩人，寫道……）

對好人行惡如同對惡人行善；
鹽鹼地上長不出甘松；
不用浪費優良種籽。

牆上的淡色圓圈

我們繼續走在沙伊丹道。我的背包沉重到把我拉向地面，為了向前走的掙扎將我的警覺心窄化到只比要繼續呼吸多一些。我低著頭看著道路，思緒平靜，融入我的行動中。我如驢子般在緩慢步伐中移動。巴卑爾的頭也沉了下去，舌頭落在外面，我知道要是讓牠離開牽繩，牠會完全停下。

在沙伊丹山峰上，我們停在一條散落反空砲彈彈殼的道路上。塔利班曾使用這地方射擊哈札拉人在希巴爾圖的飛機。在我們往下走時沙伊丹村看來很美。村莊在河邊的田地寬廣。裝飾華麗的橢圓形塔樓佇立在一座有八十間店鋪的泥土市集上，後面是一座宗教學院的庭園。古老楊樹列在領主花園裡。在崖壁的老舊洞穴裡裝上了木頭窗戶，在上面是一萬五千呎高的雪峰升起，襯著深藍色天空。

但當我抵達第一棟建築時，我意識到這是座鬼城。商店毫無阻礙地反映在一片焦黑中。在喀布爾，機關槍和高射炮擊中水泥建築的地方，有凹坑及彈孔。這裡，因為是泥造建築，沒有類似痕跡。大火毀壞了門楣及木椽，焚壞的泥牆左邊還捲了起來。在一些殘椿中屋梁留了下來；在其他房屋裡在牆上有淡色圓圈，如在領主花園裡的楊樹及洞穴裡空蕩蕩窗框般烏黑。所有的建築都遭棄置。綠松石山在成吉思汗侵略後必定看來就像如此。

六年前，兩千個家庭曾住在沙伊丹。三年前塔利班在市集裡殺死了八十個人。一年前，剛好在炸毀大佛三十五公里外，他們殺了一百二十人。在我到來七個月前，他們找到一座無人村並將之燒毀。大部分人口都逃亡至難民營。

在赫拉特很多戰地記者預測[3]，阿富汗人厭惡由美國領導對塔利班的襲擊。他們說塔利班的女性對策、塔利班的伊斯蘭律法運用以及他們毀壞巴米揚大佛在村莊中並非不受歡迎。塔利班與北方聯盟「沒有更殘忍」，偏遠地區治安還提升。介入僅只是將一幫壞蛋替換成另一批，過程中更惹惱了阿富汗人。

我的確發現塔吉克人及埃馬克人社群，並不完全反對塔利班。他們認為在塔利班之下更加安全。塔吉克女性在村莊裡戴頭巾，只在造訪城鎮時戴上蒙面罩袍，但沒人反對在塔利班下，女性缺少教育或不平等的伊斯蘭教法。抱怨塔利班最多的賽伊德．烏瑪爾（「他們從我這偷走驢子」），其實曾為一位塔利班指揮官。

[3] 這可能因為他們很多人曾到過巴爾幹半島，且記得在柯索沃轟炸期間反米洛塞維奇的塞爾維亞人的怒火。

但我遇見的哈札拉人，很高興塔利班離開了，他們並不厭惡美國人驅逐他們。在阿富汗塔利班在阿富汗塔利班的暴行沒有任何一個地方看來這麼一致，或是如此針對某一族群。雅喀浪塔利班，在我開始的這三天步行裡，直到沙伊丹曾處決四百人，八十間商店被夷為焦土之處，每座我看見的哈札拉村莊被焚燒怠盡。在每間房屋裡，人們遭到殺害、牲畜被強奪、花園遭夷平。大部分村莊被遺棄。

哈札拉人幾乎不知道也不太關心九一一事件。但短期之內對他們而言，事情有所改善。他們更自由也更安全，他們再度有些權力，且很滿意省長官哈利利。

@afghangov.org

我懷疑在喀布爾的新決策者對此有多了解。近三個月，我在尼泊爾小鎮的網咖，無論何時確認電子郵件，都會收到一封有人剛去管理阿富汗的訊息。聯合國申請表在二〇〇一年十月開始流傳，接著公告出現：「請別預想撰寫這封電子郵件——在喀布爾沒有網路。」最後，訊息從新郵件地址跳出——@pak.id、@afghangov.org、@worldbank.org——講述有關群山中的太陽。我有半打朋友在阿富汗大使館裡工作，思考坦克、國際發展機構、聯合國，還有阿富汗政府，控制經費數百萬美元的計畫。一年前，他們曾在科索沃或東帝汶，一年後他們會到伊拉克或在紐約跟華盛頓的辦公室裡。

他們的目標為（引述自聯合國在阿富汗的援助計畫）「創造一個集中、基層廣泛、多民族的政府致力於民主、人權以及法律規範。」他們連續幾天花費十二至十四小時起草文件，提供大量補助「民主化」、「強化能力」、「性別」、「可持續發展」、「技能訓練」及「保護議題」的起始計畫。大多數人在二十歲後半或三十歲前半，擁有至少兩個學位——通常是國際法、經濟，或發展。他們來自西方國家裡的中產階級，他們相約吃晚餐，交換政府腐敗的軼事以及聯合國的不足。他們幾乎不將SUV車開出喀布爾，因為安全幕僚禁止。

以在洽赫洽蘭的兩位政治官員為例，他們有經驗且對阿富汗偏遠地區的狀況瞭若指掌。但這樣人僅占少數。大部分決策者對於百分之九十的阿富汗村莊，了解近乎是零。他們來自後現代、非宗教化、全球化的國家，對法律及政府有著自由傳統。對他們而言從城市規劃、女性權利，還有光纖網路開始計畫很自然；談論透明、明確，以及可計算的過程，寬容，還有文明社會；並指出人們「願以任何代價渴求和平，以及理解追求一個集權多種族政府的需要。」

但他們了解四十年內從未離家移動超過五公里的賽伊德．喀爾巴拉希太太的思路過程是什麼嗎？或獸醫哈比布拉，在拿著公事包的路上拿著一把自動武器？我遇見的村民們大部分不識字，生活遠離電力供給或電視，對外面世界了解極少。伊斯蘭教觀點、種族觀點、政府、政治，還有解決爭議的適當方式（含武裝爭議），以及二十五年戰爭經歷分化了一個個區域。喀曼吉的人民依據他們的封建領主哈吉．莫辛．可汗了解政治權力。在赫拉特的伊斯梅爾汗，想要一個基於伊朗政治化的伊斯蘭教社會秩序。像阿里般的哈札拉人憎惡集權政府概念，因為他們將從屬於其他種族且於塔利班下受苦與此聯結。在我步行一週的時間裡，我曾到因社會革命而推翻當地貝格之處，但其他地方的封建結構仍然安好；及由塔利班及村民強加暴行於其他人身上的地方。這些群體間的歧異深刻，難以捉摸且難以克服。村莊民主、性別議題，以及集權在某些地方將是難以推廣的概念。

決策者沒有時間、架構，或資源認真學習一個異國文化。他們以貧窮為自己欠缺的知識及經驗辯護，並且暗示戲劇化的文化差異並不存在。他們行動得好像村民對國際組織的優先權有所興趣，即使有時優先權彼此矛盾。

在喀布爾的一場會議中，我聽見聯合國人權事務高級專員瑪麗・羅賓遜（Mary Robinson）說：「阿富汗人為了人權奮戰了二十五年。我們不需要解釋他們的權力為何。」接著一位食物協會的會長祕密地加上，「村民對人權沒興趣。他們和全世界的窮人一樣，想的都是下一餐飯從哪裡來。」對此一位提供諮詢的阿富汗非政府組織首長回應，「唯一可知的是，這些人正苦於創傷後壓力症候群。」

決策者和阿里這樣的哈札拉人的歧異，比對食物的缺乏更為深遠。阿里很少擔心下一餐。他是位鄉間農人，且比大部分人更知道下一餐從何而來。若讓他定義自己，將是一位穆斯林及哈札拉人，而非飢餓的阿富汗人。沒有時間、想像力，以及堅持的需求了解阿富汗人民的多樣經歷，決策者將會發現無法以他們希望的方法改變阿富汗社會。[4]

4 批評聲浪曾譴責這全新品種的管理人新殖民主義。事實上他們的方法非十九世紀殖民官員那種。殖民管理行為可能是種族歧視且剝削的，但他們至少在了解他們正統治人民的工作上非常認真。他們徵求到能在異地的危險區域奉獻職涯

在戈后芮克，我問阿里誰應成為阿富汗總統。

「哈利利長官，」這間房異口同聲地回答。

「但普什圖人及埃馬克人不要哈札拉領導人當阿富汗總統，」我說。其他阿富汗人怪罪哈利利在喀布爾的暴行。

「艾哈邁德．沙阿．馬蘇德（Ahmed Shah Masood），」村長咳著說，「是唯一的全國性人物。」

他們全點頭。

「但他死了，」我喃喃地說。

他們再次全點頭。

「好吧，那還有誰？哈米德．卡爾扎伊（Hamid Karzai），你們現任的領導人？」

「當然不是……不要……普什圖美國傀儡……」村長說。

「好，那還有誰？」

靜默。看來他們沒考慮過這議題。也許他們認為輪不到他們選總統，或喀布爾並不在乎。

「請用你的肉，」那村長說，隱約看見托盤上的米飯及不新鮮的麵包。因為塔利班奪走了大部分的村莊牲口，沒有肉。但光線太暗、村長病得太重無法注意這件事。

「拜託，」我說，「誰應該成為你們的領導人？」

「國王……」有人最後建議道。其他人看起來有點不確定。

「但他八十五歲了。」

他們全點頭。

「若真主樂意的話，將不再有紛爭，」阿里加上，「但我們在未來會因為很多事情而對抗其他人民。」

的人們。他們投資了教育行政長官及軍事指揮官當地語言。他們建立了有效的國家部會，訓練了當地菁英，他們的人員從學院到博物館、皇家地理協會，以及皇家植物園，持續了數不清的學術研究。他們平衡了當地預算及生產了財政稅收；因為若他們沒有，他們的母國政府幾乎不可能對他們紓困。若他們執政失敗，人民會叛變。

危機處理專家曾不用努力便得到美名，或帝國主義汙名。文化間的歧異是他們內部未言明的否認，為國際介入的全新巨大品牌。沒人注意到他們的政策失敗。沒有可信任的監督且沒人負責。獨立官員從未在任何一個機構待到足以理解當地。殖民企業能由安全或得到的稅收來評斷，但新殖民者沒有這般行為標準。事實上他們的極度無能對他們有好處。經由避免任何嚴肅行動或評斷他們，不像他們的殖民先民，能夠逃過種族歧視、剝削及迫害的批評。

也許是因為在發展中國家，沒人需要一個超出迷人幻想外的行動。若決策者對於阿富汗人知之甚少，大眾知道得就更少了，且當響只有身處阿富汗中才感受得到，極少數人關心政策的失敗。

當樂音持續

在沙伊丹外緣，我們在一間改建為軍事營區的大房子裡停留了一晚。巴卑爾在一間破屋裡得到自己的房間。我和三十名哈札拉軍人睡在一片窄小地板上，大部分人都打呼。房間沒有大到我們可以縱向地睡。我們緊緊地蜷在人旁入眠，無法轉身。躺在我旁邊的人介紹自己是巴米揚的塔奧斯（Taos）。

大部分軍隊睡在美國配發、標示著「中度寒冷使用」的薄睡袋裡。我猜想來自後勤（隱蔽行動）的美國軍官是否知道或在乎這裡的氣溫能降至零下四十度。一些人穿戴著小小的羊毛突擊隊帽子，或掛了空空全新水壺的幾條綠色繫帶。很多人穿著挪威的拉鍊POLO衫和一開始設計為內衣使用的棕色全毛氈連身褲裝。

我因為下痢及嚴重腹瀉醒來。我好幾次走到外面解放自己，幾乎沒注意到寒冷和陽光般明亮的滿月映在雪上。我注意到自己的長褲腰帶非常鬆。回到房間，我試著記錄阿富汗步行中一度看來如此美好的事。我寫下：「全部步行中的最高潮——那沙漠——那夜空——佇立於後的封建城堡——在其狹窄山谷中遺世獨立的賈姆宣禮塔——戰爭的國際化角度——雪。」

接著我寫出三頁我曾在上個月吃過的每道餐點，在我吃到水煮蛋的日子徘徊不捨。破曉，橫越群山至東邊，有著淡檸檬黃的光線，幾乎沒比那滿月夜晚還明亮。其他人起身抱怨寒冷。除了身體上的壓迫，我們的濕衣服上結了冰。一些人前進到廚房，在燒糞的火邊取暖，多了一些空間伸展。

接著讓我十分開心的是，有人端上又小又甜，阿富汗人稱為basraq或haju的捲心酥。我吃了十五個，每個人都大笑，因為他們認為捲心酥是孩童食物。吃完之後，我們的招待人卡哈里夫．阿米爾（Khalife Amir）彈奏一把由一個黃色小油瓶、一條桌腿，還有兩根木錐做成的坦布拉琴。他只撥動下方兩條琴弦。我一個月沒聽到音樂了。我的日子在緩慢變化景色中的思緒片段於寂靜中度過。音樂一個又一個的音符帶給我時間感受。每次停頓，及一段曲調的緩慢揭露，蓄積了下個音符的預想。卡哈里夫．阿米爾靜靜地估量，將每分鐘分成一連串來自琴弦的清澈音符，接著再次把時間和他的低音編織在一起。其他人，在塔利班政

卡爾嘎納圖的卡哈里夫．阿米爾．穆罕默德

權幾年間無法公開地聆聽音樂表演，很安靜。我不明白那些語言且不需要懂。曲調中的哀傷很清晰，而歌者的聲調及聽者的表現中，是我們共享的美好。

＊

午間，我停留在巴拉齊，坐在路邊一座平台上，然後點了茶及餅乾。巴卑爾躺在牆基座的陰影中。牠突然驚醒，悠閒地用一聲粗啞吼聲對自己的回聲吠叫，舔拭自己的私密處，接下來再次入睡。藍天一度不是寒冷象徵。河水在一排楊樹後奔流。我記起早餐的甜酥餅，享受溫暖陽光。茶店的出現意味著我們離巴米揚及前往喀布爾的路愈來愈近。面對我們的砌塊石牆每三公尺，就有一塊石頭漆成亮紅色提醒路上有地雷。那些是反車輛地雷，我們太輕不會觸動，所以可以走過上面。反人地雷看來只埋在道路外面。一個月前一匹馬在這裡受到驚嚇，奔逃了幾步進入沙漠，就在旁邊和騎士被炸死。

在午後不久，我們離開了一座狹窄峽谷，穿過一座溫泉，許多阿富汗溫泉，只是微溫，接著重新出現在巴米揚谷寬闊平坦的田地上。當天氣變得更熱時，巴卑爾開始猛衝到每個牠能找到的陰影下躺著，我得不停地拉走牠。

在山谷邊，我們跟上一隊前往市集的驢子商隊。兩位穿著亮藍橡膠靴，戴著閃耀祈禱帽的小男孩坐在一綑綑堆在驢子背上的柴火頂端。他們旁邊有一頭年輕母牛，牛黯淡毛皮鬆垮垮地自突出臀骨那垂著。這頭牛是樁投機買賣：那家三天前在一座山中市集買了這頭牛，他們想可以賣了牛得到雙倍的錢，但他們又無法負擔餵養這牛。一位騎在騾子上的高個男子，先是快速小跑接著慢下來，迫使他走在驢子間以及從山谷往下走時跑在我們前面。在他後面是群面無表情的人，在他們的驢子上沒馱任何東西，為了去買油及鹽。

我們和四頭由穿著褪色天藍罩袍女性騎乘的驢子並駕齊驅，拉出了櫥櫃來慶祝前往城鎮的旅行。她們拉起罩袍裙襬來騎驢，而我能看到一個嬰孩從一位女性淡紫、鮮紅以及紫色的衣褶縫中往外窺視。她們的丈夫走在旁邊，揮舞著布茲卡茲時[5]用的鞭子。驢子自一邊走到另一邊，一下子就受到影響，往坡上走朝著村莊房屋前進，且碰撞著彼此，以致騎者在驢子側腹周邊一直連續小跑，推撞驢子回到路上。在驢子上的老人和年輕女性從不同角度撞上彼此。一位在他薑色鬍髮上戴著橘色帽子，一張黝黑臉龐及穿著一件棕色印花傳統長袍的步行者，不停地衝出去抓住一隻想要載著他的妻小進入鄰近田地的驢子。

一千三百年前帶進巴米揚的絲綢及佛教經典，必定到過相同的滾滾黃沙與趕騾人吆喝之中。更早的旅人如巴卑爾王或馬可．孛羅，在長長一列馬匹及動物群中移動，必定沒看過這塵土景

[5] 編注：普什圖人的一種運動，騎在馬上爭奪小牛或小羊的屍體。屍體最後會烹飪而食，是一種幸運的象徵。

觀。我很感激自己是獨自旅行。

商隊在殘破的市集中，一種新形式廢墟——不是實牆及焦黑屋椽，而是空襲標誌的坑洞及粉碎的房屋骨架，邊緣附近解散。一座幾百呎高的淡棕色沙岩崖，直直自山谷邊界的北緣升起，比我從赫拉特開始看到的都更加豐饒。切進石崖到我左邊是兩座壁龕，各二百呎高，在底面有著瓦礫。一千四百年來，兩座巨佛站在壁龕裡。但我抵達的七個月前，塔利班炸毀了雕像。這八千呎高的巴米揚谷，曾是佛教徒世界的西邊界。

第七步

瓦爾達克（普什圖部落）皆務農。
他們是相當實在的人民。

——蒙特斯圖亞特・埃爾芬斯通
《關於喀布爾王國及其波斯、韃靼與印度境內屬地報告》，西元一八一五年

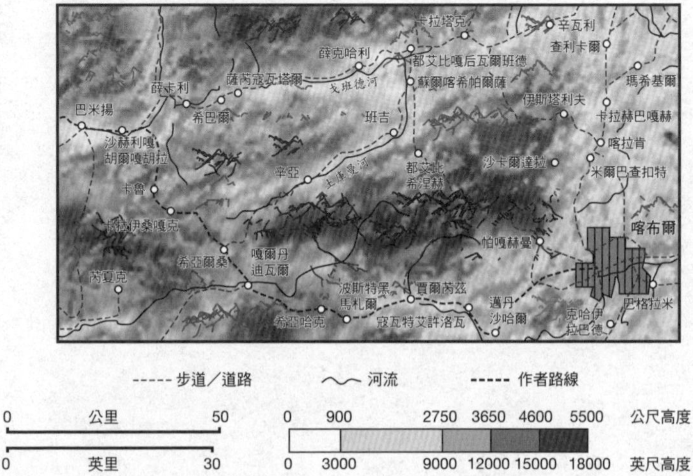

第三十及三十一天　巴米揚

第三十二天　巴米揚至卡魯

第三十三天　卡魯至達哈涅希亞爾桑

第三十四天　達哈涅希亞爾桑至希亞哈克

第三十五天　希亞哈克至邁丹沙哈爾

第三十六天　邁丹沙哈爾至喀布爾

天花板上的足印

信仰，如何駱駝商隊，看來避開了山路。佛教很快地從佛陀在尼泊爾的出生地南傳，跨過平坦的恆河平原至斯里蘭卡。但佛教花了一千年才到達中國，且不是越過喜馬拉雅山，而是隨著一條一千五百公里的拋物線往東，五百公里往北，再往東二千五百公里。[1]信仰最終延伸至蒙古及日本，但在阿富汗，佛教只於卡特利什東西向山谷中及古爾裡一條狹窄地帶留有異教徒。

當佛教移動時，有了變化。在西藏佛教與先前波苯教合流，孕育了全新的魔鬼學說。在十八世紀北印度，佛教變得學術；在斯里蘭卡森林僧侶中，則務實；在尼泊爾內瓦爾，已婚僧侶實踐倒轉密宗；在日本，禪宗擁護者沉思極簡主義的悖論。阿富汗是佛教與亞歷山大大帝希臘藝術相遇之處。在那裡，於犍陀羅風格中，發展成最獨特的藝術表現：佛陀人類形式的肖像。巴米揚的巨大雕像是這新事物的遺產。

---

[1] 一匹絲綢能於九個月內完成旅程。佛教費了將近一千年。

從東邊佛陀壁龕的基座，我爬上一座傾斜泥梯四十呎，進入一條與好幾間空房並列的開放長廊。隨著更多樓梯向上走。兩邊岩壁牆上鑿著露台、環形樓梯，以及有拱形天花板的橢圓型房間，在岩石上一層又疊上一層。我繼續穿過泥土的脆弱區塊，然後在山谷地面二百呎高的地方出現，那裡曾一度有佛陀首部。

這是座獨特的山岳建築。阿富汗的犍陀羅佛教雕塑，通常以其優雅與均衡聞名；但巴米揚大佛樸拙且誇大。他們的中心作用看來為主導景觀。在鬆軟易崩的岩石上達到造型上的細節或優雅是不可能的。所有都為了讓雕像在沙岩峭壁的岩面上而犧牲掉。

往下前往另一座佛龕，我轉進一條邊道，在那我找到一間仍有深藍及金黃描繪人物遊行痕跡裝飾的房間。巴米揚最後的佛教徒可能生活於西元一千年左右。他們的宗教，一開始由印度教敵人弱化，由伊斯蘭教滅絕。在十二世紀古爾人奪取這山谷時，在巴米揚及孟加拉間幾乎沒有一位佛教徒留下。我們對佛教在巴米揚如何實踐了解甚淺。自數萬計的僧侶橫越一千公里，僅有浮屠、雕像、經文以及手稿的殘餘，還有中國旅人留下的紀錄。

在另一條通道底端，我看見塔利班燒毀了一間房的內部，主要為了移除一幅壁畫，接著在天花板上印上白色腳印。這一定花了相當工夫，因為天花板有二十呎高。

綠松石山的古爾人選擇這山谷作為他們的次要首都，也許感受到一些對這座山岳建築的共鳴，而留下佛陀矗立的岩壁。然而，塔利班因為反對偶像崇拜而炸毀佛像。許多哈札拉看來很難相信此事。「也許他們在找下面的黃金，」當我詢問他時，一位驢子商隊裡的人猜。但他們看起來對這件事不太擔心。一千五百年來從山谷每個方向都看得見巨大雕像後，發現雕像消失一定難以接受。但就如那人說的，「有對我們來說有更要緊的事。」[2]

我在一間設置於一座開放長陽台上的僧侶冥想隔間坐下，向外看著寬廣翠綠山谷，一百呎下，直到前方的雪白山巔。這景色也許在中國人入侵略前一度類似迷你版的拉薩：環繞在佛祖周圍的巨大建物，漆上明亮顏色，在山峰上的祈禱旗幟，以及在聖日山谷充滿著藏紅花色長袍的僧侶吟唱隊伍。炸毀佛龕現在與最早期的前犍陀羅描述相呼應，佛陀由空座展現，表示他曾於斯。

2 巴卑爾在他的旅程中穿越過巴米揚，儘管他無法避開佛像，但從未提及他們。看來對伊斯蘭教的過去沒有興趣。這可能反映了伊斯蘭教反對異教偶像。在十九世紀，當地人顯然對雕像的出現無所知，而中國編年史家的研究，和相關的雕像讓英國團隊確立他們曾為佛陀。

我就是變焦鏡頭

巴米揚現在是擁有主要機場、外國軍事人員，還有好幾處救援機構辦公室的軍事要塞城鎮。這城鎮由新長官哈利利的士兵所掌控——剃光鬍子的年輕人，著迷彩夾克及嶄新的CIA軍靴，尺寸過大且不綁鞋帶。雙排扣襯衫垂到腳踝。許多男孩用黑色眼線讓他們看起來更俊美。他們占滿了街道，對熟人吆喝，從店面往裡窺探，以及審問陌生人。載著救援機構人員及美國特種部隊的休旅車駛過。一輛阿富汗指揮官的載貨卡車停下，一位面容冷酷的人拿著架在貨斗上沉重的機關槍。這裡看不見女性。

北邊道路上沒有雪，在十一小時內可駕車至喀布爾。每天有幾輛車進來。我想尋找運送巴卑爾到喀布爾的方式，因為牠病得太重走不完最後的一百哩。我在市集花了整個下午和卡車司機談話，但沒人想過要載一隻狗。黃昏時，我開始找住宿。大部分旅人得睡在市集裡其中一間餐廳的地板上，但我很疲倦且不想留巴卑爾在街上，所以我再次前往國際組織求助。我試著不去打擾無國界醫生，因為我認為在雅喀浪的醫生已經足夠大方了，但沒有一間機構收留我，只好回到無國界醫生組織，並且得到溫暖的歡迎。

我和一位也在無國界醫生之家留宿的法國攝影師休息了整整兩天。迪迪埃．勒菲弗（Didier Lefevère）曾於一九八〇年代初期與聖戰士一同旅行橫越阿富汗，後來回來此地拍攝戰爭。大部分戰爭攝影師拿著巨大數位相機；迪迪埃用黑白底片及兩台舊萊卡相機。在戰區大部分攝影師偏好使用變焦鏡頭。迪迪埃沒有變焦鏡頭。「我就是變焦鏡頭，」他說。當其他攝影師使用車輛及直升機在不同的阿富汗城市裡追逐新故事，迪迪埃在巴米揚待了一個月，拍攝哈札拉難民。迪迪埃將乘一輛無國界醫生的車返回喀布爾，而他和司機寬容地同意帶上巴卑爾，並且把牠留在一位朋友家中。

巴米揚的塔奧斯

卡拉曼

隔天，我前去看田地上的布茲卡茲賽，這些位位空蕩蕩佛龕東邊的田有的休耕、有些已犁過田、有些播了種。布茲卡茲是一種用死羊代替球的馬球運動。當我抵達時，年輕男僕正遛著他們的馬，做好充分準備；更多馬小跑過塵土，在冷空氣中呼出霧氣。著西裝外套的白鬍長者在運動場邊緣低聲說話；頭巾緊緊繫在下巴的騎士趾高氣揚地走來走去，緊張地在他們的靴子上敲著馬鞭。沒人有興趣跟個外國人說話。

這是自從塔利班禁止運動後的首場運動比賽。人群正在討論一些聚在一起參加比賽的人：封建領主納西爾（Nasir）、蘇蘇利（Shushuri），一位來自丹格沙菲拉克，戴著高高羊毛帽的著名選手卡拉曼（Karaman）。來自雅喀浪的雅瓦利指揮官，據說他騎著一匹價值一千萬阿富汗貨幣的馬，在布滿地雷路上費了三天旅程來到這裡。

一些馬兒是披著簡單毯子、帆布腹帶，還有普通繩索韁繩的村莊小馬，但大部分馬匹都精心打扮。來自沙伊丹的阿布杜爾·庫杜斯（Abdul Qoudus）又在整備他的白牡馬。他已經為馬著裝兩次了。那匹馬正因韁繩緊張地轉頭，在緊繃的雙層馬銜上滴滿汗水。一開始庫杜斯在馬背上蓋上一條他太太費了一個月織的Julum毯。那是條二米長，有著三十道黑、白還有紅色圖案交錯，用一條飄盪流蘇飾邊的奇林毯。他在那Julum毯上披上另一條鞍布，然後在馬頸周圍綁上一條亮橘及綠，稱為taule的帶子。他順了順在馬鼻跟馬頸上的流蘇，然後拂了拂在馬轡上閃閃發亮的碟子使其發出響聲。他拉起一條有鑽石造型邊緣及流蘇的亮色拼布頸被，蓋過馬匹高聳，有著藍色血管的耳朵，然後延伸到馬寬闊的肩膀。在那馬的額中央掛上一只搭有綠玻璃的銅碟。最後他拿起馬鞍，用高緣前鞍結束。那前鞍覆有帶有黑、橘，及白花還有螢光綠及粉紅流蘇的勃根地紅厚毯。

哈利利的士兵列隊在陡峭山坡上，在佛教僧侶往昔的隔間上背著藍天透出輪廓。帶著對講機及戴俄式帽子的過重保安官信步走過幾千排觀眾席，現在聚在一起然後沿著岩壁向北。在運動場的南邊，一隊穿著民俗服裝的外國軍人拿著大型槍砲，然後在他們上面，在醫院屋頂，座椅已為哈利利安排妥當。

阿布杜爾．庫杜斯，像許多騎手，穿著一件全新美式棕色保暖迷彩裝作為馬褲。他在他的小腿周圍纏上灰色厚織繃帶，在跳上馬鞍前，和他的男僕換了鞋子——脫下他白色又垮又扁的棒球靴，滑進一雙相當精美的棕色流蘇樂福鞋。

這地面與其說打馬球更加適合障礙賽。庫杜斯加入其他正以全速騎馬的騎士——跳過坑洞、犁溝、田畦、石地，還有乾岩牆，他們的身體往後靠至近乎水平，往後掠過他們的馬鞍。

更多哈利利的安全警力從載貨卡車踏步而下。有傳言著名法國哲學家及當時法國總理派往阿富汗的特使貝爾納－亨利．李維（Bernard-Hernard-Henri Lévy），從喀布爾搭直升機來這裡看這比賽，但他沒來成。

這比賽由雙方隊伍圍著一具羊屍開始。一陣疾馳，隊長自他的馬鞍俯身而出，直到他的右手接近碰到地面，由後腿抓住那隻羊，將自己撐回馬鞍上，然後用他的腿圈住羊屍體，好更有餘裕用他馬匹的後腿轉向，加速前往另一邊的終點。他只持有那羊幾秒鐘，就請一位來自納雅克的人從他的手中搶過羊，往另一個方向狂奔。一大塊馬肉掉在他身後，觀眾隨著激烈來回的馬蹄到隊伍迅速地轉向賽場另一邊來回奔走。

雅瓦利指揮官沒有下場比賽，但臉色陰鬱地在場上繞圈，將他的騎士叫下場替換。這違反規則。那人小跑到人群邊；一根布茲卡茲皮鞭讓他的臉從耳朵到下巴皮開肉綻。他發抖地下場，另一名騎士騎上馬鞍，拿著獵槍的士兵跑上來阻止騎士重新進入比賽。那騎士沒接收到他們的威脅，也沒有認知到群眾的歡呼，只蹙眉專注著，他的雙眼聚焦在雅瓦利指揮官最好那匹馬的雙耳間。他向那群士兵策馬前進，讓他們往兩邊退後。當他通過時，他在馬鞍前部好似祈禱般握住雙手，將他的腳後跟觸及馬側腹，在馬鞍上往後靠，他的雙眼向上投向山峰稜線，然後放手讓馬疾馳。在他下方，馬腿擊向沙塵雲霧以及尖叫群眾。

當北風吹動塵土，我能看見阿布杜爾・庫杜斯白馬結外顫抖的背影，接著因馬匹怒吼，騎士大腿再次緊繃。就像雅瓦利騎士抵達的騷動，卡拉曼出現了，小跑步然後一陣疾馳，強壓抵抗一位來自沙伊丹的人。他們兩人都抓著一隻羊腿。廣播器大吼，「卡拉曼，卡拉曼，」而群眾大吼，「卡拉曼，卡拉曼，」因為沒人知道另一人的名字，而且，為了證明他們的呼聲，卡拉曼奪得了羊且漂亮地在終點擲在地上得分。

＊

隔天早上，我得到一封阿齊茲（Aziz）的介紹信，他是一位在哈利利長官辦公室友善且聰敏官員。在一整天休息後，巴卑爾再度充滿好奇心及活動力，我帶牠去散最後一次步。我們爬上偉大古爾人城堡遺跡隔壁的高原，牠在我身旁快跑，沿著細小運河一棵又一棵樹的標記。當牠跑在前方，我喚牠回來。牠忽略我然後我追上去。當牠跑到一部舊坦克那裡，牠慢了下來，讓我可以抓住牠後頸，並看見什麼讓牠興奮。綁在路上的是頭約巴卑爾一半體型的年幼亞洲狼。牠的肋骨根根分明，且牠絕望地不停轉身。一群年輕士兵坐在附近，對牠無力的掙扎微笑。他們說他們從狼是幼崽時就設陷阱抓到手，且會將牠賣給一位將軍。

我轉身走開，拉走巴卑爾。牠警覺地用牠黃色狼眼往上看我。牠是隻半馴養的動物。儘管牠選擇跟著我，且信任我摸牠及餵牠，但我不會擁有牠。牠從不乞求或試著索求疼愛，沒有任何東西可使牠追著一根木棒跑，或聽令坐下、叫喚時前來。我放開牠。牠跑在前頭然後在土裡翻滾，然後當我接近牠時，牠再次往前跑。這是牠享受的遊戲。當我追上牠，上氣不接下氣地，第四回，牠翻過身讓我搔牠的肚子。

我猜想牠是否也許不夠強壯走上四天到喀布爾，但我沒打算冒這個險，所以我再搔牠一回癢，接著帶牠回到無國界醫生組織的處所，檢查牠的水，還再次確認迪迪埃樂意帶牠到首都。接下來我將巴卑爾綁在一根柱子上，從牠髒兮兮的毛皮上拿下一些乾泥巴，將背包背在背上，然後走出去。

哈利利的軍隊

自從我在達哈內芮札克遇見巴卑爾後，現在我首次獨自一人。雪飄過那座一度佇立現今卻空蕩蕩的佛龕。在出鎮後的三個檢查哨，哈利利的士兵攔下且質問我。[3]他們大部分是來自遙遠村莊的男孩，有著來自美國的全新制服，及來自伊朗的薪水。他們不在乎他們攔下誰。我很挫折；我的背包沉重，而我還得走四十五公里。在城鎮外緣，一位年長者從另一個觀察哨裡跑出來。

「你是誰？」他大吼。

「我是來自蘇格蘭的羅利。」

3　自塔利班離開後的十一週裡，哈札拉地區一度很和平，長官哈利利（一位來自貧窮家族的哈札拉穆拉），沒有相對敵手。無論他們的社會起源，新指揮官舉動與舊封建領主相似。他們執行正義、分配發展補助，並向政府官員展示他們的轄區。他們沒受過教育甚至識字不多，他們常對外國尋求金錢援助，但他們的轄區驚人地平靜，且大部分人說他們支持哈利利。看來在喀布爾的新政府中也相當受歡迎。

「你要去哪？」

「到喀布爾。」

「你為什麼一個人？你為什麼不在車上？來這裡。」二十位拿著步槍的哈札拉人在他身後出現。

「我很抱歉，我已經在三個檢查哨停留過了——我沒有時間這麼做。我有來自哈利利的信且我被可走這條路。」

「我說，『過來。』，現在，男孩！」那指揮官大吼。

「再見。」我轉身然後走開。

我走了二十碼，聽見我後面的跑步聲；我被拉住袖子；我轉身甩開那人，接著他揍我的臉，他的指節撞擊到我眼睛下方的顴骨。我一個踉蹌然後轉過身，舉起我的拳頭。他退後一步，我們繞著彼此轉圈，我背著背包感到笨重不靈敏。

那指揮官及其他的士兵跑來圍著我們。我才注意到其他人。我所有注意力都在那剛揍我一拳的人身上，而他正在找第二次揍我的機會。

「你在幹嘛？」我大吼。「我是你國家的mehman（旅人），一位mosafer（訪客）。」

當我說話，那人為了我的枴杖撲過來。我們掙扎了一秒，然後他從我手中奪走枴杖。我無法相信會發生這種事。我的反應看起來愚蠢又遲緩。我像隻受誘遭困的熊。那人對我晃那把枴杖，慢到我能夠往後退。他在消耗時間，而群眾在看他會怎樣傷害我。我的臉頰刺痛，且憤怒。他反而看來很興奮，在他手中轉動那根枴杖，思考接下來該如何攻擊我。他看向那較年長的人，從人群裡對他點頭。然後他宣布，「我要擊敗你。」

「停止，」我說。「這是錯的。我是個英國人。我是你們長官哈利利的訪客。你剛揍我的臉一拳。我是非常重要的人，你不能這樣對我。你叫什麼名字？」

那人沒在聽。他拿枴杖佯裝攻擊。我退後。他再次佯裝攻擊，慢到我能夠躲開。他才剛摸索到使用我枴杖的感覺。他的瞳孔微張，雙手微微顫抖。他的嘴唇形成一個介於扭曲苦臉及微笑間的什麼。他從一手到另一手移動枴杖的方式很熟練，甚至優雅。之前他做過很多次了，其他人也看過。

我瞄了人群一眼，然後看見一位我在無國界醫生之家看過的翻譯官。「那個人，」我大吼。「他認識我。他會解釋。」

那指揮官打岔，「你認識他嗎？」

有陣停頓，那拿著我枴杖的人轉身看著他的指揮官，然後那翻譯官說，非常清楚地，「對，他是那個從赫拉特走到這裡的外國人。」

「他幹嘛走？外國人開休旅車。」

當他們說話時，我大力卸下背包，打開最上方隔層，然後拿出來自哈利利代表人的信。我將信遞給翻譯官，因為我預設那些人不識字。「聽著，」我對指揮官大吼。「哈利利要你幫忙我。不是揍我的臉。」

那翻譯官用一個冷靜、中性的語調讀那封信：「政府要求長官協助及保護哈札拉人的歷史學家羅利・史都華。」

「你幹嘛不早點給我們看這封信？」那指揮官問。

「我跟你講過了，」我吼回去，「而你不想聽。你跟我一起去哈利利的宮殿告訴他為什麼你污辱他的客人。你將失去你的職位。」

「我建議你忘了這件事，」那翻譯官強硬地打斷。「他們沒發現你是個外國人。」

「我是外國人的事實不相關。他們不該對任何人這樣做。」那些士兵大笑。揍人是他們的工作。「你們都在笑什麼？你們是群惡棍……暴徒。」

「你是個惡棍，」那指揮官大吼。「你想要什麼？你不能一個人到處走……」

讓我鬆一口氣的是，無國界醫生管理人也出現了。我告訴他這故事。他看來有點尷尬。我能想像我看起來一定是──一位大汗淋漓的外國人，在和一些士兵打架後大吼大叫。「確定揍你的是誰？」他問。

我看向一排人。我的枴杖給丟開了。我很確定是那個高個子，但我因他盯著地面冷靜且故作受難狀的表現感到懷疑。「這個人……」我說，然後我因這整件事感到忍無可忍，無比厭煩。

「算了……」我咕噥。我拿起我的枴杖然後走開。我憤怒到接下來兩小時無法思考其他事情。我在他的士兵前侮辱了那指揮官，威脅向長官舉發他，接著獨自離去走向一條空蕩蕩的道路。沒有事情來阻止指揮官在我後面派出他的士兵，或用對講機通知前方的檢查哨。

在接下來的十公里，我對每一個聲響轉頭，且考慮切進小路進入山丘中。但過了兩小時，什麼事也沒發生。我下結論他再不會來煩我。在印度及巴基斯坦，安全人員對攻擊外國人的可能性、向上級舉報，或是失去工作表現得很擔心。他們大概覺得長官不會在意他們羞辱一位旅客。哈利利的主要工作（由CIA數百萬美元獎勵）是追捕脫逃的塔利班及蓋達組織成員，而我可能是其中一員。儘管如此，他們沒殺了我，我猜想是因為我展示了長官的信件。這件事證明了，除了前二十四年的創傷外，哈札拉賈特在某些方面還是一個有秩序的社會。如果你有封介紹信且無直接威脅，大部分會放你走。

接下來二十公里我看見還有三個檢查哨，所以我在到達前就拿出那封信。第一個警衛怒罵我是個異端者，然後讓我通過。在第二個檢查哨的警衛有相同的反應。第三個哨口在鄒拉克的紅堡底部。這曾是個巨大的古爾人堡壘。成吉思汗最喜愛的孫子在此被一支箭矢殺害，對成吉思汗的怒火集中在這個山岳王國上。這檢查哨警衛看了信後，質問我，讓我走又叫我回來，再看一次信，當我上路時，再次叫我回來。那指揮官宣布他要載我去巴米揚總部——往回我走了三小時的十五公里路程——進行更深入的訊問。雖然我在三小時前才堅定不再違抗，但我失去了耐性。

「不，我拒絕，」我回。「我是位客人。我是長官親近的朋友。我在他的訪客間裡過夜。他給了我這許可。」這都不是真的。我繼續走，忽視我背後憤怒的咆哮，然而讓我安心的是，吼聲沒有跟著我的腳步聲，而是漸漸退去。我轉進一座狹窄峽谷走向雪峰，接下來四小時沒看見任何人。

而我有我的

傍晚我到了接近哈札拉地區邊緣的低地卡魯村莊。再過幾天我會到達普什圖領地。我爬上一座陡泥坡到達城堡，穿過最近由聯邦炸彈炸出的坑洞。我注意到房子外面有人類排泄物的熟悉氣味。我敲門，使深色木頭上的鐵鍊鏘鏘作響。一分鐘後，一位老人出現。

「祝你平安，」我說。

「你也平安，」他回。他看著我臉頰上的傷口然後說，「進來吧。」

我跟著他穿過庭院到了訪客間。他沒有建議我睡在清真寺裡。他在我下方放了一個靠墊，收集好樹枝，投進火裡，吹風讓火焰更旺。接著他問我是否我能把襪子給他，他可以烘乾襪子。我感激地照做。接下來他離開，帶著一壺甜茶回來，靜靜地盤腿坐下看著我喝。當我結束時，他拿來一盤米飯及菠菜，然後說：「我們是這山谷的指揮官，但塔利班殺了我們的牲口，所以很抱歉不能給你肉。這食物是由外國人給的。」

當他看到我已經暖和並結束進食時，他往前靠且問道，「那你是誰？還有你來自哪裡？」

我回答並問起他的家族。納西利亞茲達尼（Nasir-i-Yazolami）說他是哈札拉貝素特部落其中一位酋長，與我曾在二百公里外，薩爾將嘎爾谷遇見的偉大貝格們有親屬關係——黑足的桑吉札爾德酋長及齊亞，納烏魯茲貝格的年輕卡特利什酋長。他們幾乎全是偉大哈札拉領導人米爾·亞茲丹·巴赫什的後代或親戚，並且稱自己為米爾·巴確哈（米爾之子）。在阿富汗王的命令之下米爾·亞茲丹·巴赫什於十九世紀末期在巴米揚大佛下遭處決。

納西利亞茲達尼

晚餐後納西利亞茲達尼的孫子孫女們坐在他大腿上，他的姪子坐在他身邊，納西利亞茲達尼提到一九三〇年代，他的祖父到麥加朝聖，而我告訴他一些我的徒步旅程。

「你一個人走嗎？」納西利亞茲達尼說。「哈札拉待客之道怎麼了？客人不能獨自上路。我在這裡的姪子明天會陪你走過貝素特的道路，我在那裡的表兄弟會在馬依丹沙哈爾與你見面。」

當納西利亞茲達尼說話時，我畫下他的素描。那張圖我保留至今。他的細鬍鬚、細眼睛，還有有皺紋的臉，他看起來像一位嚴肅的蒙古君王。我沒能捕捉到他的微笑或友善。

晚餐後我們走到外面進入雪中。我徒步哈札拉地區已好幾週了。我曾目睹薩爾將嘎爾自古以來的雄偉壯觀，雅喀浪的破敗，哈利利士兵的挑釁，還有現在這溫柔的歡迎。但我發現我對哈札拉人知之甚少。

半輪月亮照亮山谷，而卡魯河沉重流著融雪水。河水於狹窄峽谷流下然後在黑暗中消逝，圍繞在成吉思汗燒毀的紅色堡壘，流在前往巨大佛龕的路上。河水流七十公里到焦黑梁柱，揭露沙伊丹市集裡一座露台，在那裡往前進入乾枯田地，滋潤了冬小麥。

納西利亞茲達尼說他用一枚炮彈擊中了一輛俄國車，在坑洞那聯盟炸死了車中的四名塔利班。接著他領我進去，因為很冷，且他想我累了。我告訴他我希望了解哈札拉人，但只收集了不相干且充滿謎團的故事。我問能否為我介紹哈札拉人。他微笑然後在地板上放了乾淨毯子。接著當我躺下，他從一個雕刻木箱拿出一個包袱，親吻，說一段禱文，打開包裹，然後，打開《可蘭經》讀：

那什麼可向你解釋這陡峭道路？
這是解放一位奴隸，
或在一天飢餓中供給食物……

而當我猜想他是誰，他溫柔地繼續：

不信者，我不崇敬你崇敬的，
你也不崇敬我崇敬的。
我將永不崇敬你崇敬的，
你也不會崇敬我崇敬的。
你有你的信仰而我有我的。

世代配置

隔天早晨，納西利亞茲達尼的姪子與我同行。我們走過一座市集，俄國人在那殺了七十個人，且從那裡帶走一百五十名塔利班。三個月前，一小隊阿拉伯人曾部屬在市集裡，代表塔利班戰鬥。我們開始爬過長長地低緩雪坡，到一萬三千呎高的哈吉嘎克道路。納西利亞茲達尼的祖先米爾．亞茲丹．巴赫什曾穿過這條道路，成吉思汗的軍隊也是，還有一百年前征服哈札拉人偉大行動的阿富汗王阿布杜爾．拉赫曼汗。

在道路的另一端，我們遇上一列在路上除雪的人。當他們揮動鏟子時，一位老人揮動著長長念珠監督他們。監督者是當地酋長的表親。[4]他領我進入旁邊的山谷，在谷裡哈爾札爾德堡自路上隱身，然後以名為Maksek的脫水牛奶招待我。酋長之子接著進入。我問他他的家族。他回答：

[4] 德瓦利古胡拉喀須的艾哈瑪迪（Ahmadi）。

米爾．瓦伊茲生沙哈．阿希拉菲．后塔克；然後沙哈．阿希拉菲．后塔克生沙哈．侯賽因．后塔克，由納迪爾，伊朗沙阿給予了坎達哈政府。

沙哈．侯賽因．后塔克生馬里克．瓦依希．后塔克；馬里克．瓦依希．后塔克生阿布杜爾．拉赫曼，離開了坎達哈並建了貝素特堡；然後阿布杜爾．拉赫曼生努爾．穆罕默德，建了哈爾札爾德堡，而阿米爾．穆罕默德，米爾．亞茲丹．巴赫什為其後代。

努爾．穆罕默德生達烏拉特．穆罕默德；而達烏拉特．穆罕默德生伊斯方德．瓦奇爾；而伊斯方德．瓦奇爾生拉拉．瓦奇爾；而拉拉．瓦奇爾生薩伊夫爾拉．瓦奇爾；而薩伊夫爾拉．瓦奇爾生阿拉達德．瓦奇爾；而阿拉達德．瓦奇爾生可汗．阿里．瓦奇爾。

可汗．阿里．瓦奇爾生哈吉．侯賽因．阿哈邁德；而哈吉．侯賽因．阿哈邁德生哈吉．阿桑．將．可汗，生了穆罕默德．哈奇姆，就是我。

他剛從記憶裡複誦了十五世代。這比自逃離巴比倫到基督的十四代，或來自亞伯拉罕的大衛更多；自諾亞到亞伯拉罕及自亞當到諾亞只有十代。而他能夠，並且做了，也從側面說明米爾．

亞茲丹．巴赫什如何傳自阿布杜爾．拉赫曼，以及阿布杜爾．拉赫曼如何反過來與卡魯的米爾．札夫爾（Mir Zafr）——和誰的曾曾曾孫納西利亞茲達尼，我前晚在他那過夜的人，有親戚關係。儘管那人很年輕，他是位傳統的哈札拉酋長。像他的親戚納西利亞茲達尼，他在舒拉埃塔發克，哈札拉地主在俄國入侵後的政黨中開始活動，但像納西利亞茲達尼，他的家族很快發現他們的錯誤，與哈利利聯合。這讓他們得到來自白沙瓦相對好的武器供給，且維持權力及土地。大部分沒加入哈利利的地主，被伊朗支持的村莊革命軍放在首要刺殺名單上。[5]

沒有巴卑爾我更加迅速，所以我在這兩天完成了七十七公里。我天黑後一小時進入達哈涅希亞爾桑，在落雪光線下伴隨著我腳下咯吱雪聲，且沒有月亮照亮道路。我沒有胃口，而我頻繁地乾咳。夾克上的拉鏈卡住了；其中一條鞋帶突然斷掉；而蓋住背包的米袋分崩離析。我被床蝨咬了而正刺得發熱；我指甲很長；且頭髮四個月沒剪。在達哈涅希亞爾桑的指揮官房門前，看著自己骯髒的雙手到留失敗的鬍鬚、我的黑眼圈、我的起疱嘴唇還有脫皮鼻子，然後看著我的衣服，三個星期沒洗。我能理解為什麼指揮官沒有馬上讓我睡在他的地板上。

5 俄國侵略阿富汗與伊朗的伊斯蘭教革命重合。身為什葉派的伊朗政府對什葉派哈札拉人特別關注，也資助他們對抗俄國人，鼓勵他們步上一個伊朗式革命。這一個基本成分，就如在伊朗，是從封建領主那沒收土地。

喀布爾河之源

隔天我爬過明亮落雪至一萬四千呎高，穿過最後一條名為烏奈的道路，接著從山峰往下走二小時。午後，我到達一處有著六座八角形尖塔以及外形像長尾梅花和方塊射箭口的半毀堡壘。一位阿富汗王建的希亞哈克堡壘，哈札拉人保護了喀布爾及加茲尼，且指派一位波斯人管理此地。直到一九九八年塔利班破壞、穿越希亞哈克，在他們前往巴米揚路上殺死一百五十人時，這仍是哈札拉人的邊境。這裡再次成為邊境，由遊行中有嚴肅外表的指揮官，穆罕默德·侯賽因·法希米（Muhammad Hussein Fahimi）麾下貝素提哈札拉人的軍事要塞掌控。

我現在能夠順著聖泉走出阿富汗，因為堡壘前方是四座形成喀布爾之源的聖泉。我在之前的旅程中看過這條河。我看著這河流過狹窄的薩洛比峽谷，記者在那裡遭處決，穿過賈拉拉巴德的橄欖樹，布萊登醫生在那裡奇蹟似地生還。我曾在巴基斯坦的白沙瓦前方，看著河水在希沙姆葉子、奇庫爾樹以及八哥鳥的吵鬧下涓涓流過。抵達阿塔克時我曾坐在河旁，見這河的棕色洪流奔進印度河的綠水，而那裡古爾人的最後一位花剌子模霸王策馬穿越山崖，逃開成吉思汗，引得成吉思汗說，「放了他吧。那是位兒子一定需要的父親。」在此源頭，河水是灰色汙濁、纖細冒泡的泥漿，兩旁是蛋殼、馬鈴薯皮、洋蔥皮，以及機油——這代表希亞哈克繁榮、且已臨近喀布爾。河岸邊是光禿禿的柳樹。

那天傍晚，哈札拉人行車的指揮官擺出標示著屈他維林、甲芬那酸，以及樂治寧等藥丸展示他的地位。在他各吞下一顆前，將藥丸提供給周圍，除了我之外每個人都抓了一把。接著他就著一瓶一邊有大腦圖片另一邊有一隊牛耕隊的瓶子喝水。那看起來很像獸醫。

早餐時，他提醒我已到哈札拉區的邊境。「你現在在瓦爾達克的平原區。前方是塔吉克人及普什圖塔利班蓋達組織。這是第一個直達喀布爾，道路清理得乾乾淨淨的地方。你至目前為止遇見的困難是落雪及山路問題。現在景觀是平坦的。到喀布爾只有七十一公里。但人們更加危險。搭輛車吧。二小時內你會到喀布爾，而非兩天。不要用走的。」

我說我必須用雙腳完成這趟旅程。我無法解釋為何我決心一路上走下每一步。我同意走了十九個月，在最後一晚遭到殺害很愚蠢。但我不覺得我在接近終點時能夠放棄。

「是錢的問題嗎？我們能給你錢找輛吉普車……」

他最後非常不情願地道別，並命令他的士兵陪我到邁丹沙哈爾。我的護衛開始新工作，離他家的村莊很遙遠。其中較年長的納希爾（Nasir），十七歲且剛從德黑蘭返鄉六週。他光滑的下巴及黃色的飛行員墨鏡是這次旅行的禮物。就在希亞哈克外面，我們看到一位十四歲的女孩。「我們應該抓住她然後幹她嗎？」他問。他朋友大笑。納希爾問：「你怎麼用英文說『幹』？」然後一次又一次地重複我的回答，每次笑得更厲害。在伊朗，人們常常想談論波斯女孩的美麗，但阿富汗人，像巴基斯坦村民，從不和我討論女性。

士兵們領我到一座奉獻給先知叔叔的神壇，在那我膜拜了喀布爾河一個小水池中的二十條黑鯉魚。地上沒有雪，天氣很熱。現在我們越過了最後的山路，土地立刻顯得寬闊了。在田裡的塔吉克人民有比任何哈札拉人更長更豐厚的鬍子。他們的房屋有長長的露台，還有兩道楊樹柳樹列在灌溉溝渠旁邊。塔卡納市集，在一箱箱橘子、一堆堆雞蛋、洋蔥，還有打開的一袋袋穀物上方充滿了屋簷下籠子的鳥鳴。自喀曼吉之後我第一次看見花園。

在塔卡納前方，我們步行十分鐘後，我們被一位認出我的護衛為哈札拉人的當地指揮官攔下。他告訴護衛他們越過了他們的邊境，沒有權力走到這裡，並且應該轉身回去。我插入斡旋，而在一陣爭論後他揮手讓我們通過，但我能看出年輕人很擔心。每隔十分鐘他們就詢問一次為什麼不能找輛車；他們愈走愈慢，以這速度我們不可能在天黑前到達邁丹沙哈爾。最後十七歲的納希爾說：「我們受命送你到哈吉．古胡蘭姆．阿邁爾（Haji Ghulam Ahmed）那，但他根本不在邁丹沙哈爾……他在巴米揚。我們不能繼續走下去。」

他們已經表現得很明顯不想繼續走。我讓他們坐在路邊的李子樹下，給了他們一些錢，還有一位在巴米揚的士兵給我的肯德爾薄荷餅，寫下一張紙條給他們的指揮官，稱讚他們勇敢的行為，然後請他們回家。此時還有二十五公里到達邁丹沙哈爾。

塔利班

瓦爾達克是塔利班早期的大本營，一位塔利班的前部長仍統治這裡。[6]在我過去一個月曾到的塔吉克及哈札拉地區，那裡大部分人民支持聯邦轟炸。在瓦爾達克這個普什圖地區，大部分人民反對。我意識到我是獨自一人，接下來半小時裡幾乎沒注意到景觀——儘管我應該欣賞美麗的景色。陽光，比在高山裡更加柔和，穿透雲朵烙上赤褐色山丘、不平的梯田，還有緊挨著的花園。

在下一座小市集裡，我踏進第一座普什圖村莊。一群年輕人站在商店外面叫我過去。當我接近，他們轉身面向我，挺直他們的肩膀。一個人在手上有把武器。我感到我的呼吸節奏有個變化。

我正式地問候他們：「Salaam aleikum」（祝你平安）。「Manda na Bashi」（願你不倦）。

他們沒有回應我的問候。一位肥胖、蓄鬍站在中間的人用達利語怒道：「你要去哪裡？」

「你說達利語嗎？」我回。

「是，」他說，疑惑地。

「好吧，那，也許你沒聽到我說的，」我說。「讓我再說一次。Salaam aleikum。」

停頓。「Waleikum Salaam（你也平安）。」他回答。

「你房屋好嗎？你身體強壯嗎？Manda na Bashi，願你家族富足。願你長壽。」

他這次立刻回答。「我房屋很好。你房屋好嗎？我身體強壯。你身體強壯嗎？Manda na Bashi。祝你長壽。」

我微笑然後莊重地和他握手。

但當我試著抽手，他不讓我走。其中一人後退，好像不確定會發生什麼。

「這是怎麼回事？」我尖銳地問。「你為什麼抓住我的手？」

「因為我想帶你帶我店裡，」他回。

「放開。」

他放手。我轉向其他人，解釋我在寫一本歷史書，還有我從赫拉特走來。當他們討論這件事時，我輕聲道別，然後開始走向道路，一直等待一聲口哨、吼叫或者射擊，來叫我回去，但什麼也沒有。

[6] 在二〇〇二年，五所在瓦爾達克的女子學校遭焚毀，是堅持塔利班觀點的人們所為。

十分鐘後，我聽到身後有人跑向我。他是位載著黑頭巾和一把步槍的年輕人。我停下。「我是位學習《可蘭經》的哈菲茲，」那人自我介紹。

「我是位歷史老師，」我說。

那人看著我然後說，「給我看你的槍。」

「我說我是位教師……你了解嗎？……不是士兵……我拿書，不是武器。」我試著辦，再帶點厭倦的以和緩、公事公辦的聲音回覆。他的兩位朋友跑來加入我們，其中一人拿了把步槍。我意識到我不懂他們對彼此說什麼——我剛從一個達利語區移動到普什圖語區，而我不懂普什圖語。但他們以達利語和我對話。

「你來自哪裡？」

「我來自印尼，」我說。我選擇印尼因為那是一個他們無可反對且不了解的大穆斯林國家。我懷疑他們不喜歡英國人。

他們其中一人笑了。「這是個謊言……你的護照在哪？」

「在喀布爾的護照辦公室裡……我不想帶著，因為我不想把護照弄丟。」護照在我腰際的一個裝錢腰帶裡。

「說些印尼語。」

「Salamat Sore. Apa Kabar? Baik-baik saja? Ada masalah di sini?」

「說，『我是位印尼歷史教授』。」

「Saya bekarja sebagai…」

「你是穆斯林嗎？」

「我們有一位真神，同樣的真神，」我回答。「我是哈茲拉耶穌的跟隨者。我們有三本聖經而你們有四冊……你們在齋月守齋，我們在四旬齋時循戒。」我不想說我是位穆斯林，因為我覺得我會被識破。但我把自己表現成一位很穆斯林的基督徒。[7]

「你說英文嗎？」

「是。」

「怎麼會？」

「因為我是位教授。」

我們肩並肩走了一會，然後其中一人說：「給我四百美元。」

「那是一個為了天課的請求嗎？」我問，意指一個穆斯林捐款施捨予窮人的義務。

「不是，」他說，感到迷糊地。「不，我不需要『天課』。」

「好吧，那，我會為了一個更有需求的理由留住我的金錢。」

---

7 穆斯林受囑咐對待書籍之子（基督徒及猶太人）須和善。說一個人為無神論者或印度教徒是很挑釁且危險的。

我們再次沉默，直到我們遇見一大群站在街道中央的穆拉。我停下，向他們介紹自己，然後邀請他們和我們一起走。遇見許多人讓我感覺更加安全。當我說我曾到過巴基斯坦，一位穆拉即興地給了我一個烏爾都語測驗。

「在印尼的女性不戴頭巾或穿長褲嗎？」

「恐怕我得說，在村莊裡少數女性偶爾不戴頭巾，」我回答。在印尼戴頭巾的女性是少數。

其他年輕穆拉加入我們。

「這個人，」其他人告訴我，「是這村莊的塔利班頭頭。」

「祝你平安，」我說。

他莊重地點頭。「你也平安。」他跟我握手，詢問我是否為穆斯林，然後，當我講述那冗長的回答時，問：「你怎麼想塔利班的？你支持誰，美國或塔利班？」

「我在你的國家是位訪客。我不是美國人或塔利班。我無法回答你。」

「你覺得誰比較好，奧薩瑪・賓・拉登或者喬治・布希（George Bush）？」

「我是位印尼的歷史教授；我是你國家的客人。我對這兩個人一無所知。我的專長是成吉思汗……我能跟你講講他。你想要誰成為總統？」

「穆拉穆罕默德・奧瑪，」他們異口同聲大喊。

「你覺得誰比較好，奧薩瑪・賓・拉登或者喬治・布希？」那穆拉再問一次。

「我知道你覺得誰比較好，」我回，「但我對這人一無所知。」

「你知道在這國家美國人和英國人殺了多少市民嗎？幾千人，」一位拿著步槍的人說，「幾萬人。」

「他們有在你的村莊裡殺人嗎？」

「沒有，在這村裡沒有。我們沒看到一個美國或英國人。他們不敢來我們村莊，因為他們怕死，而我們會殺光他們。他們怕死因為他們沒有真主。他們可悲、墮落又腐敗。但我現在準備好死亡了。我們都準備好死亡，因為我們會去到真主身邊。那就是為什麼他們從不能擊敗我們、為什麼他們的文明會被摧毀。這是『聖戰』。」每個人都狂熱地點頭。

「任何情況下，我們都如此希望，」我說。「真主樂意，而和平將會來到。」

「和平只會在外國人離開這國家時來到，」一位新來的人怒道。「你是穆斯林嗎？」

我開始再次解釋。他在地上吐痰，轉身，然後走開，跟著其他五個人。然而，塔利班首領，優雅地離去，擁抱我然後祝我好運。我擁抱他，用一種尊敬及我沒感受到喜愛的表現。

「你為什麼不走到河那裡，然後檢查泉水，」剛向我要錢的人建議。

「不了，謝謝你，」我說，「我在趕路……我得在天黑前到達邁丹沙哈爾……我得繼續走了。」

「去嘛。」

「不了，謝謝你，」我嚴肅地說，「我得繼續走了。」

他們全都大笑。

「你們為什麼笑？」我問。

「因為要是你走去那哩，你會被殺，」他們回答。

我們肩並肩沉默地走著，直到抵達另一座村莊。一輛護衛的載貨卡車從我們身後駛來，一位較年長的人從其中一輛卡車裡大吼。

「那是我們的指揮官哈吉·古胡蘭姆·阿邁爾，」其中一人說。「他需要我們。現在我們得離開跟他說話。我們會跟上你。」

他們沒有。

我加速步伐，警覺到疲憊及肌肉微微緊繃。我在最後一小時的專注力是立即且實際的。我想要到達下一個村莊。那些困住我的人就像對神有著限制又危險的觀點，且對死亡有愚昧愛好的施暴者。我不忌妒得跟他們周旋的政府單位。

我注意到他們威脅我的生命安全，但我不確定他們是想要殺死我或只是想要捉弄我——我也不知道我是否有正確地與他們對應。也許只是幸運地正好他們的指揮官出現了。下個小時裡我幾乎沒有把心思放在風景上。我的情緒看似轉到無聲了。對我而言，遭塔利班威脅成為一個趣聞，但大致上我伴隨著厭惡及挫折想起那些對話。

腳趾頭

我轉出賈爾瑞茲山谷，穿過一座和緩山坡，然後往下走。我在黃昏到達邁丹沙哈爾軍事要塞的泥屋群，接著停在大門口。門開後好幾把步槍平行地對準我。我沒辦法自那些人的迷彩背心、傳統長袍，還有蘇維埃腰帶判斷出什麼。然而，他們的奇特拉里平頂羊毛帽，顯示他們與新政府的共感，塔利班通常戴著頭巾。那些人大吼著問問題；我嘟噥著答案；一位指揮官在前來路上。我拉著我背包上的帶子，以卸下一些我肩膀上的重量，然後看著我的雙腳。更多疑問。最後我受邀進入屋舍。

他們領我進入一間在俄國時期建的辦公室。窗上一度有玻璃，還有自主要走道延伸出的的幾間小小空房。我們十二人坐在一間房的泥地上。這房間對我們來說太小了，全部人都倚靠在牆上，但其他人將我推向房間前頭，然後問關於我旅行及家族的問題。他們有個瓦斯爐，而我開始覺得溫暖。我問他們關於家族，也許因為他們離家很遠，回答很長。很多人曾是難民。

一位有著修剪得宜、蓬鬆頭髮的年輕人被叫去外面的建築煮食。他拿著兩大盤米飯回來，我們分著吃。這些士兵因我吃了多少感到開心，一直鼓勵我吃多點。

「要是我們很粗魯，抱歉，」當我們用餐結束，那指揮官說。「你穿著當地服裝，看來不像一位阿富汗人——你的臉、你的靴子。我們以為你是阿拉伯或巴基斯坦人。這裡有好幾位看起來像你的蓋達組織成員——疲憊、飢餓，背上背著背包，甚至有和你相同的眼神。幾個月之前，從賈爾瑞茲到邁丹沙哈爾山谷裡有幾千人……我們是塔吉克人。他們是我們的敵人。」

「現在呢？」

「他們走了。但這對我們不是個舒適的地區——我們是個由懷著敵意人民包圍的軍事要塞。」

一些人用一副四十四張牌的紙牌打牌。我感到疲倦但放鬆，雙手輕輕捧著一杯熱茶，靠著牆，加入對話。我們聽見街上有槍響，然後那些人停下他們的牌局衝到外頭。他們十分鐘後回來說不是什麼大事。

我告訴他們我在路上和塔利班的對話。

「你見到哈吉．古胡蘭姆．阿邁爾嗎？」那年輕人問。

我說我瞥到他一眼。「為什麼？」我問。

「他是塔利班計畫的代理部長，」那位負責煮食的年輕人說。因為他到目前還沒說任何一句話，還有他將他的沙瓦爾長褲塞進襪子裡而注意到他。「他還是這地區的指揮官。你走那條路很危險。你很幸運走完了。那些人全都反對美國侵略。」

「那你呢？」

「塔利班切了我的腳趾頭。」他指指他的雙腳。掠過他的襪子，很明顯兩隻腳都在第一個指節後結束。當他看到我的表情時微微一笑。

「他們為什麼切掉腳趾頭？」

「因為我沒留鬍子。」

現在他留了。鬍子又薄又稀疏，像我的，所以他被稱為「哈札拉男孩」。

我們如常擠成一團入睡。很多人在晚上爬過我到庭園裡蹲著；某人開著收音機，然後我們在日出時醒來。但我睡得很好。我很開心待在室內，並且感到安全。早餐的麵包很溫暖，而茶很甜。我開始畫指揮官畢斯米拉．法羅哈（**Bismillah Faroh**），然後給了那些人我自赫拉特就準備在背包裡的緊急口糧。那是「菜單二十二：素食白醬義大利麵」。我拿出一張對美國軍人解釋為了打仗，保持身材需要多少熱量的紙，然後向他們展示那些粉末如何與水混合，加熱餐點。他們不明白。我很擔心他們也許會試著吃那些粉末，所以我加了水，然後為他們加熱食物。他們全都試了些，但他們覺得濃厚起士醬汁很噁心。

賈爾瑞茲的畢斯米拉．法羅哈

他們給了禮物讓我給家人：一小袋洗髮精、一包奶油餅乾，還有用來裝飾我母親雙手的指甲花。我將東西放進背包裡。最後，我結束描畫指揮官，然後道別。其中一人和我走了頭一公里，看我安全地上路，然後說和我一起他們有多開心。當我從邁丹沙哈爾轉到加茲尼—喀布爾主道時，一陣冷風擊中我。天是陰的，而單調礫漠及土地兩邊延伸。猩紅數字及字母沿著路標識地雷區。每約十分鐘一輛卡車經過。

我在村莊裡常感到不自在，因為骯髒、擁擠的寒冷房間、文盲的人、有限對話。愈疲倦受傷愈想要離開那樣的地方。但在軍事要塞的那晚，我感覺像一場接風宴，一個變化的時刻。那些人跟我說話的方式裡沒有任何的自大。我享用了熱米飯、堅實地板，沒有風的庇護所，還有陪伴。我感受到那些人有多自豪他們能夠提供的，而我有多幸運能與他們分享。他們對待我就像我屬於那裡，而我也這麼認為。

在步行時無論我經歷了什麼，從未接近一座村莊裡日常生活的艱困。但我感到我不再需要對我的招待人解釋我自己——是最沒有資格與他們並排坐下的及分享食物的人——而我為此喜愛那晚及那些人。

幾乎每個早晨，懊悔及焦慮像一首貧乏曲調跑過我心中——經常重複著，什麼也沒揭露。但當我繼續移動，思緒沒有前來。我反而開始觀察四週，如同我曾一度在印度喜馬拉雅山區那樣。我周圍的每一成分更加尖銳，顏色更加強烈。我凝視，期待作用消退，但那些物體只是繼續在現實裡發展並顯現。我突然害怕，不確定我能否承受這景色。

這時刻對我是全新的。我之前未夢過或想過。可我認出來了。我感受到當我在此地時我存在，而先前我已然知曉。這是我步行的最後一天。感受這最後的幾小時，在幾個月的挫折後，一股無可明說的完成感太過美妙。但這認知是立即且無可辯駁的。我難以形容。此刻，寫作，我受到誘惑來此，我覺得就像這世界給我一份特別禮物，而也同樣地送給每一個人。我完成這次步行就能夠回家了。

大理石

跨過一座橋，我看見一片大平原，有一排水泥公寓建築，在八公里外還有另一座橋，是喀布爾洲際飯店。我往下進入坎帕尼平原。這城市的主要街道充滿了電話亭、在老公車間巧妙穿梭的單車騎士、計程車司機、戴尖帽的警察，還有排列著豐滿印度女演員明信片的小貨攤。有一個人對著我大吼。我轉過身然後他跑來我這裡。

「離開這條路，」他低聲說。「這對你太過危險。前面有英國和美國士兵。你不能就這樣走進喀布爾；他們會逮捕你。跟我走。你可以在清真寺裡過夜。」

「他們不會傷害我。謝謝你。」

他看著我，困惑地。「但你是個阿拉伯人，不是嗎？」

「不，」我微笑。「英國人。」

我轉離主要道路。有將近一小時，走過好幾個有立體派裝飾海洋線條、曲型露台的現代水泥別墅街區。別墅大部分是三層樓的房屋，且曾經屬於富貴人家。在迫擊砲彈擊破牆壁的地方，我能看見裡面的水泥塑型，及在大型花園裡高大樹木的殘株。狙擊手曾趴下、輕兵器掃過的平坦屋頂，但扇形裝飾仍然可見。那一列穿過每道牆的凹坑——從左至右往上就像在手中移動的一把自動武器——觸及到一道道綠色及玫瑰色大理石。列著燒焦樹木的寬廣大道荒無人煙。但我聽見孩童的聲響。大型窗戶由泥磚封住，而塑膠布延伸穿過天花板，說明有人在單間裡繼續生活著。

我爬上橋，風將灰塵吹進眼中，接著經過洲際飯店。我記得上次在那裡，某英國報紙的一位「奧薩瑪專家」坐在一張角落桌，在赤褐色陶瓦中楣下一片神祕難解的抽象藝術，在塔利班時期間曾為一排佛像。他在骯髒桌巾下伸手，將巴基斯坦威士忌倒進他的芬達玻璃杯裡，而三位服務生及三位兼職特約記者站在桌子周圍。那些兼職特約記者沒有比服務生吃得更多。你需要一筆支出，花十五美元在一份難吃的烤肉麵包及五根薯條上。那些兼職特約記者希望有人能借他們一台衛星電話，而那些服務生希望清走仍有一些威士忌的玻璃杯。

我走下橋進入城鎮中心，穿過由七輛白色駐軍休旅車造成的堵塞交通。較舊那輛車在兩邊寫了UN，裡面有年輕的外國男女及阿富汗司機。有著個位數車牌及殉道領導人艾哈邁德·沙阿·馬蘇德照片在暗色擋風玻璃下較新的流線型車輛，屬於高級塔吉克軍事指揮官。這些休旅車因為遊行停了下來。

五十位不同年紀的阿富汗人，在骯髒的蓄鬍臉上戴著閃亮白頭盔，穿大上兩個尺碼過於寬大的制服各自搖搖晃晃地大步走，小聲的咯咯笑且一邊眼神瞟過，看路過的人怎麼看待這遊行邁步前進。四對士兵拉著手。這是由美國建立的全新阿富汗陸軍軍隊。一隊荷槍戴著貝雷帽的英國傘兵站在隔街。一名巡邏兵在檢視超市裡的Hobnob燕麥餅及Minibix早餐穀片盒，另一人在買骨董。當那位下士在一枚古爾錢幣及一隻陶瓦呼瑪鳥間猶豫不決時，一位著天藍罩袍的乞丐試著要他在她龜裂的棕色手掌上放下一張鈔票。轉進一條邊巷穿過印度大使館，我撿起街上的一張紙。那是來自一份為阿富汗政府準備的草稿提案，用英文寫下：

這是阿富汗社會的共識：必須終結暴力，對人權的尊重將會形成全國通往持久和平及穩定之道路。人民的渴望必須以一個傳達日常價值的負責、基礎廣大、性別敏感、多元種族，具代表性的政府來表示。[8]

在我右邊，我看見藏有巴卑爾王墓塚的山丘。他的墳墓位於一座黑色山牆之下的梯田，有如一個大理石王座的背部。墓塚面對一個和緩山坡、一座寬廣山谷，還有哈札拉賈特的雪峰。在墓塚旁是兩株巨大樹木的崩裂殘株，也許曾是巴卑爾王描述，在他徒步旅行十五年後在山丘花園種下的。那些在赫拉特曾庇護他的表親已去，哈斯木亦是。赫拉特曾被烏茲別克軍閥侵略，從未恢復。沒人留下阻止巴卑爾飲酒了：

是月二十一日，星期四（一五一九年四月），我下令在山丘上建一座圓座花園。是月二十三日，星期六，我在圓座旁錯雜地栽下一些樹苗。晌禱時，我們在該處舉辦酒會。隔天清晨破曉時，我們在新的座席上喝早茶。中午後，我們上馬前往喀布爾。在到達和卓．哈三時，已酩酊大醉，在那裡睡下。

十年後，巴卑爾王——至今曾征服了印度——聽見他的兒子胡馬雍病得相當嚴重。他令胡馬雍循水路前往阿格拉，但醫生無法治癒他。一位侍臣說，若一人的朋友提供他最有價值的所有物，真主有時允許他活著。巴卑爾回答他自己的生命對胡馬雍而言，如同胡馬雍的生命之於他般最為珍貴。他願對真主奉獻自己的生命，換得兒子的生命。侍臣哀求巴卑爾收回這誓約，改為獻出光明山鑽石。但巴卑爾回答，即使是那鑽石也不值得一個生存。根據紀錄，「他在垂死王子周圍繞了三圈，然後退下，向真主祈禱。沒多久他大喊：『我會負擔那苦痛，我會負擔那苦痛。』」

當胡馬雍康復，巴卑爾開始生病。他於一五三〇年禮節日（十二月二十六日）逝世。他要求葬於喀布爾此山丘上，他的墓塚對天空敞開。他的曾孫在墓塚旁建了座大理石清真寺，上面有段銘文，彼得．列維翻譯讀為：

---

8 「阿富汗：重建國土：六項全國優先子計畫」阿富汗的重建國家計畫。

僅有清真寺的美麗、這寺廟的高尚，造予聖人禱者及天使頓悟，佇立在如此神聖莊嚴的庇護聖殿，有如大天使的捷徑、天堂之所，於此天堂花園裡長眠光明花園之神赦免之天使君王，征服者查希爾丁·穆罕默德·巴卑爾。

由阿富汗王較晚建造的偏宮遭毀。水池下沉的地板碎裂；水泥剝落；而彈孔在飾有浮雕的皮革天花板上斑痕點點。那些由迫擊砲彈彈殼形成的孔洞，與在隔街廢棄的蘇維埃公寓街區相映。

那天下午，陽光在緩坡上小樹苗處投出長長陰影，越過影跡是四重步道及噴泉。巴卑爾王建立了印度帝國，而他的後代將印度蒙兀兒拱形融進清真寺設計中。他墓塚的山丘往北攀向他曾由赫拉特橫越的中亞雪峰，在前方是他的家鄉以及撒馬爾罕。

轉進一條小巷，我打開一扇曾經為奧薩瑪·賓·拉登第三位妻子房屋的大門。在門前階梯上我的巴卑爾正睡著。我放下背包，熟悉這聲響的牠醒來，小跑過來，殘留尾巴搖著，然後翻身讓我搔牠的肚子。我從未看過牠看起來如此健康、休息充分且生氣勃勃。

結語

奧薩瑪太太的房子現在由我的朋友彼得承租，住了在阿富汗工作的英國男女，且每週會來餵食巴卑爾牧羊人派。其中梅爾，特別照顧巴卑爾，每天花許多時間撫摸、梳理，或餵食牠。在巴卑爾過去只有麵包的生活之後，現在一天能吃三次肉。牠大部分時間在花園裡的葡萄樹或木梅樹蔭下睡覺。對一隻幾乎野生的狗來說，牠迅速地適應了馴養生活。

巴卑爾和我在兩天後乘車離開，隨著喀布爾河經過開伯爾山口到巴基斯坦。車很小，巴卑爾和我分享前座乘客座位，牠下身在我雙腳間，牠獸掌在我肩上，口水流在我毛衣上。牠被車嚇到，牠從沒看過那些車，所以流了一堆口水。

在巴基斯坦，我安排巴卑爾的疫苗、獸醫證明、巨大狗籠，還有牠前往英國的機位。巴基斯坦的夏天正要開始，而巴卑爾會很熱，雖然牠大多數時間開心地在雪裡翻滾。但我沒太擔心。他會被茵茵綠草及充滿鳥兒的樹迷住。他要去我在珀斯郡的家，那裡的橡樹下會很涼快。

最後，所有事情都完成了。我預定在那天飛去倫敦，而他隨後就到。我走到外面進入花園，牠醒來往上看，然後懶懶地翻身過去。我沒想要擾牠那樣久，因為我不想牠擔心。但我認為牠猜到要發生什麼事了，當我進入車中，他繞著房子後方小跑起來，有著白色口鼻的皺臉掛在空中。牠停在大門口，看著我跟車退下車道。

在二十個月徒步後，我飛離伊斯蘭瑪巴德，在杜拜國際機場停留，那裡有一位來自呂宋島的菲律賓人提供了我麥當勞。我在倫敦降落，注意到玻璃店面及半裸女人的海報。我曾到過的亞洲，隨停機坪道路逐漸消失在一堆堆棄置土堆中。這裡水泥俐落地由道路走過人行道邊緣，然後爬上房屋外牆，整座城市看來如一間房間般。穿著西裝的中年男士們於午時站在街上，看來失落且溫和。

我順著枕木爬上鄧布蘭，步行最後二十公里到家。現在是清晨，鹵素燈仍沿著道路發光。兔子站在一棵棵樹下。綿羊散布在一座能夠提供五十倍多牲畜的草原裡。在封閉、窄小的天空下，河水平緩寬廣，且標示著**私人，不可釣魚**。一列水仙沿著路緣種植，在一條光禿禿櫸木大道前。

清晰的金屬標誌標示一間學校，及一小時四十哩的速限。一隻貓咪跳過加油站牆壁。那些車在房屋前停車，車頭伸過仔細修剪過的草坪。有溫室，在過膝高牆後有深綠鐵桌，還有懸著種子的鳥浴池。我想像自己敲著門然後說：「村長在哪裡？我想要過夜。」

我抵達一座十八世紀的橋，建得剛好像一匹馬那樣寬。一個旁邊漂亮的銀色標識這橋以歐盟的資金於一九九〇年重建，並於十二年前，由一位將軍重啟。橋長滿了蕁麻，而一段傾倒的木頭擋住一頭。

我爬上山丘。兩隻過度餵食，有著長鬃毛及覆蓋眼睛毛髮的小馬跑向我，穿過叢生的金雀花及霧氣。蘇格蘭霧，弄濕我的雙手及臉頰。我在莫特希爾一間酒吧吃早餐。老闆娘問我，「你為什麼走路？」我記得我給阿富汗人的理由。她加上，「你這樣做是為了慈善還是因為休假？」

我穿過在克里埃夫南端的老石橋，當我轉上車道時，礫石在我的靴子下沉進潮濕泥土裡。一棵楓樹倒下，露出野營地。沉重的橡樹使勁地往前靠，樹齡兩年那樣粗。那又深又黏的甜栗樹樹皮被故意分得更開，露出更多光滑的樹肉。有人——我的父親——從樹林裡移了六棵大型黃楊樹。我能看見前方的紫杉樹，房屋的灰柱，因濕氣黑漆漆的。我大步向前邁。若我在車裡有人會聽到我到了，但因為我是步行，沒人在客廳裡問候我。

*

一陣子後，親吻過我母親，然後走進我房間，再次想起在倫敦接到的那通電話。那是在巴基斯坦的愛德華（Edward），他說巴卑爾在搭機的前一天死去。有人給了牠羊肋排。在牠吃了一輩子麵包後，牠既沒有牙齒也沒有經驗處理骨頭，碎片因此切穿牠的胃，導致他死亡。我曾想過他那條在未名巨石旁的嗅聞，延伸到一座雪峰的地平線，伴著供給飲水冰洞的直線，會止於美好肉食、橡樹群、兔子，還有溫暖房屋。但這以牠的死亡作結。

我沒想像巴卑爾看見我現在在哭泣會不會印象非常深刻，我試著找回我們一起步行的那五週，有我的手在一顆斑白金黃的頭上，那是巴卑爾，在我身邊，活生生的。

後記

塔利班政權在我開始寫這本書時恰好垮台，國際社會此時聚焦於伊拉克，而非阿富汗。然而，這十年內，阿富汗在世上成為了西方著魔及放縱最為超現實且惡名昭彰的範例。美國政府一年花費一百億美元，讓十萬外國部隊駐軍，還有十萬名國際文官。但國際社會已然決定於二〇一四年撤出所有軍人，儘管目標「擊敗塔利班」與「創造一個穩定正當的阿富汗國」失敗。

因此，本書以一位旅人故事為始，作為一個面對國際干預的國家書寫，獲得了第二生命，甚至可理解為這場干預的辯護理由，尤其是「軍事增兵」。不同的事件在現在看來，顯然是自九一一以來數以百計關於阿富汗國會演講、報紙文章中強調相異「威脅」的漂亮演示：「恐怖主義」、「全球伊斯蘭教極端主義」、毒品、國際犯罪，還有「無政府空間」。舉例來說，首夜，我在沙埃德堡壘被告知，我計畫過夜的地方，曾被蓋達組織恐怖分子占領。第六天，我看到滿載著海洛因交易的罌粟花在一輛篷車上。我的招待人之一，賽伊德．烏瑪爾，曾與塔利班合作，另一位布希爾指揮官曾洗劫古物。第七天，當我身在古爾省時，穆斯塔法穆拉嘗試射殺我，因為他的表親納迪爾．沙哈和他打賭他打不到我。

這趟旅途中的其他時刻，可視為對發展、「統御」以及人權的辯論。我發現哈札拉賈特受饑荒威脅，然而列隊在由雪堵住通道上的糧食卡車無法帶來緩解。在雅咯浪區有違法採石場。薩爾將嘎爾幾十年來沒看過一位政府官員，且許多當地村莊與他們的鄰近社群對抗已久（他們大多數人因恐懼仇殺而不敢拜訪鄰居）。赫拉特首長伊斯梅爾汗，把持了赫拉特海關稅收，且獨立與伊朗政府往來。少年領主的父親，拉伊斯．沙拉姆可汗，割下人們的耳朵。這些都顯示了，國際社會試圖經由干預、「能力建構」以及建立國家需克服的問題。

但我希望這本書也提出國際社會對阿富汗有所誤解的不同面向。國際社會終究真正地了解關於這些「威脅」顯現出來的情境及文化多少呢？許多外國人連一個阿富汗語彙都不會說，且旅程極短暫。因為安全恐懼，國際顧問及軍人受到保護，更不用說在一個阿富汗村莊待上一晚。他們的許多策略及計畫僅僅是由其他國家提來，在對建立國家採用「通用課程」的前提，而沒有考慮特殊的文化或歷史（從某一個計畫中可看出，一位顧問好像只是用「全部取代」將「波札那」取代為「阿富汗」）。外國顧問僅僅去理解鄉間社會有多保守、虔誠及排外都是非常困難的；他們經歷過多少暴力、種族及政治間的緊張曾有多深刻，或是阿富汗人依然有多麼美好、仁慈、關懷及慷慨。[1]

即使在這趟只由雙足踏出幾百哩的旅程裡，我將所見所聞寫在《走過夾縫地帶》一書。我與什葉派及遜尼派一同過夜、一同進食，無論是哈札拉、埃馬克、普什圖，還有塔吉克族群，年輕人及老人、識字者與文盲。我發現我的招待人曾對抗、與之合作，還有抵禦俄國人、塔利班，還有卡爾札伊。他們曾由許多不同組織金援，甚至同時間接受。幾乎所有人曾艱苦跋涉至伊朗或巴基斯坦，去接應難民或收集物資或武器。幾乎所有人曾在聖戰期間失去至親。所有人曾由武裝人士支持，很多人曾是他們的親戚。他們一天祈禱五次，並帶我加入關於伊斯蘭教最熱烈的對話裡。他們都表示他們抵抗外國的占領。有些人，曾招待過蓋達組織。但他們讓我待在他們房裡，並供我食物，一晚又一晚。他們樂意且能夠保我安全，幾乎從未向我要求任何東西——或從已發展社會。這是趟相對短暫的旅程，但我被困住了，當我在喀布爾成為「國際社會」的一員，因為太少外國顧問曾直接體驗到這些。

舉例來說，外國人常常形容阿富汗鄉間為「一個失敗的國家」或「無政府空間」。但我在步行時，發現阿富汗鄉間是緊密且受統治的（即使非在外國人意想的概念裡）。雖然在阿富汗中部的村莊超過二十五年未不曾有警察或官員，對我而言，這已證明獨自步行且手無寸鐵三百哩，穿過阿富汗最偏遠之處未遭搶劫或殺害是可能的。村莊領導者，無論他們的政治傾向、種族或過去，為他們的社群以及旅客提供了一種正義及安全的形式。我曾目睹他們在評議會主持、聽取報

1 我在〈干預何用？〉之中討論更多相關議題的細節。

告，在村民身上強加處罰，回應來自鄰近社群的威脅，還有組織團體收集穀物及分配金錢。但對國際社會來說，知道及如何回應這般形式的政府是很困難的。這是因為這和西方模組下的中央政府、警察、法庭、監獄，或一部民法刑法毫無關聯。取而代之的是，村莊看似基於村中人民「知道發生了什麼」的假想上偵測犯罪。沒有服刑、繳納罰鍰，或逮捕的正式程序。那些「案件」都是在村莊地板上由長者及穆拉那「聽到的」（當然，這些用詞都具高度誤導性）。這些非正式「陪審團」由社群裡經常由受害者及加害人兩方有關聯的人組成。「法官」通常不識字，即使他們通閱讀，也幾乎無法理解詳細的法則。他們實際使用的規則是一種伊斯蘭教律法與阿富汗部落風俗的混合體。單一團體中相異宗派團體與不同穆拉會在犯罪與懲罰上意見相左。

如今外國人對阿富汗鄉間政府是如何運作而感到震驚，他們視此運作方式為醜聞。自二〇〇二至二〇一二的每一年他們都有新策略取代舊的。花費數億美元試圖於阿富汗創造「法律」。我的一位朋友，在其中一項計畫中受雇為法律顧問，計算出包括他自己、一位同事，還有住宿、資助，以及安全部隊總計花費為一年一百五十萬美元。超過十年花費數億美元使其成為國際社會一員，除此之外，訓練律師以及帶阿富汗法官與中東國家的法官會面。他們舉辦研討會、重新發表阿富汗法律、介紹新的規範與行政規定。他們建立了監獄並訓練警力。

但法律計畫大致上失敗了。在那時期即將結束時，國際社會支持的阿富汗正式司法部，仍然毫無用處且腐敗，並且阿富汗人不想與其有任何關聯。一位阿富汗高級法官於二〇〇九年承認，許多人來到他於赫爾曼德的法院是為了得到護照申請表。十年後，由我曾造訪過的人們，或甚至由樹下年輕塔利班指揮官傳送的正義，依舊比由國家提供、國際社會投下如此多時間與金錢來改善的，受到更為公平及有效率的評論。許多的阿富汗人說道：「至少在塔利班下還有安全及正義。」整個國家百分之八十五的阿富汗人持續且不偏不倚地依賴我在步行旅途中遇見的非正式系統。

在其他情形下對於阿富汗的國際手段不僅僅毫無效率，且有積極的傷害力。以他們對武裝或解除民兵隊伍的武裝為例。在步行旅程的二年半後，我回到古爾省，站在賈姆宣禮塔旁，看著一些美國軍人領著一隊阿富汗軍人「解除武裝、遣散軍隊、重整社會」——一句來自「衝突後重建」的美好國際語句。這事件再次帶領我進入與在本書中的許多角色接觸——與批准我旅行的赫拉特首長伊斯梅爾汗[2]；讓在喀曼吉借了一宿哈吉．莫辛．可汗[3]；拉伊斯．薩拉姆可汗之子那少年領主[4]；還有我在巴拉卡哈那第一次聽到關於割下人們耳朵故事的軍閥。莫爾格哈比指揮官像許多在這地區的人，是美國獵殺行動的目標，於一九八〇年代曾由美國、沙烏地阿拉伯以及巴基

2 見頁76。
3 見頁183。
4 見頁225。

斯坦武裝對抗蘇維埃。二〇〇二年，當我行經他的領地，他曾為國際社會對抗塔利班聯軍，而他的民兵部隊曾於阿富汗軍隊中授第四十一分隊的正式地位。的現國際社會於二〇〇四年再次解除他的武裝。

他們的理由是建立國家——但這是個間接曲折的方法。莫爾格哈比曾為攻擊目標，因為他是伊斯梅爾汗——赫拉特首長，亦曾經在兩年內從朋友到敵人間遊走——的盟友。為攻擊伊斯梅爾汗，國際部隊曾與其他民兵隊合盟，包含拉伊斯．薩拉姆可汗（我在二〇〇二年相遇少年領主的父親，以及哈吉．莫辛以及哈吉．可汗的妻舅）。他，就如同我在巴拉卡哈那聽說的，割下人們的耳朵。[5]他的主要收入來自控制主要鴉片路線。他支持伊伯拉希姆．馬立克札達首長，但《人權觀察紀錄》描述拉伊斯．薩拉姆以及哈吉．可汗為伊斯梅爾汗的盟友。聯合國才甫受說服將他由獄中釋出。

那個秋天下午我看著美國軍人在山坡旁的路邊。我特別注意到一位金髮男子正拍攝一隻大型斑紋狗的照片，還有一位美麗的年輕女孩，在一座圓形頂棚旁刷洗煮鍋。三小時後，那軍隊遇襲，兩位美國士兵在槍戰中受了傷，然後美國空軍部署了一架A-10「疣豬」反坦克飛機掩護這趟撤退（飛機的三十釐米加農砲在一分鐘可發射出三千九百發貧化鈾彈）。村民估計至少有二十位阿富汗人被那架飛機射殺。這場混亂由聯合國發言人在一場深入「為探討多項議題，包含潛在的解除武裝計畫，伴隨著與原本部分為第四十一分隊的摩擦」任務而收拾得乾乾淨淨。

翌月，受一部分來自國際社會支持的鼓舞，割耳者拉伊斯．薩拉姆．可汗在赫拉特攻擊了伊斯梅爾汗，取而代之成為洽赫洽蘭指揮官。伊斯梅爾汗下台轉為首長，然後他的支持者占領街道，對聯合國辦公室開火。七人於這場暴動喪生。一位在阿富汗政府中的高級官員告訴我，這全部都是「一個良性循環，遠離毫無法治的封地朝向一個合法中央集權，以及一個安全、穩定、自由、繁榮且民主的阿富汗」。（拉伊斯．薩拉姆．可汗最終於二〇〇九年十一月，一場靠近巴拉卡哈那的伏擊中遭殺害，也許由於二〇〇二年在巴拉卡哈那的友人所為。）

我的步行旅程及我與這些人物的相識，讓我在他們的住宅中看到「解除武裝、遣散軍隊、重整社會」的口號已變成帝國「分裂後統治」的政策，愚昧在道德上又令人不安。我看出這是如何引導對抗之前由國際社會支持的武裝團體。

這政策粗暴地干擾著在遙遠的古爾省脆弱宿仇微系統，且動搖著赫拉特周這些此國家中最為穩定且富庶的省分。以將他們自己離間於軍閥外的名目，國際社會事實上大大地消耗了他們的合法性，甚至與更不受歡迎且殘酷的人公開結盟——而最終（因為很多這些人曾為塔利班指揮官）消耗了安全性。於僅僅幾年內國際社會再次解除如莫爾格哈比民兵隊的武裝。因為他們失去了阿富汗安全部隊保護村莊能力的信心。他們重新武裝了「當地保衛部隊」的團體。國際社會想要一

---

5 見頁219，注6。

年後再次解除他們的武裝。

但這樣的瘋狂舉動絲毫比不上北大西洋公約組織（NATO）增兵的決定。當我於二〇〇五年返回阿富汗（在伊拉克待了段時間及短期滯留哈佛之後），我聽聞英國政府準備派遣三千名軍人進入赫爾曼德。我在伊拉克的所有經驗告訴我[6]，這會激起一場大規模暴動，軍方會指派更多部隊，接下來會牽扯得更深。所以我開始書寫並公開演講，反對該政策。我試著說服此時需要的並非增加部隊，而是弱化為一個輕量的長期足跡。

我的確並非專家。有學者、政治家、記者以及在當地施行計畫的人，之於阿富汗歷史與政治有更多細部考量。將軍、大使還有發展督導對於軍事策略、實質外交與發展理論知之更詳。而有三千萬阿富汗人本能地對阿富汗有更深了解。而我的步行旅程限於阿富汗北部及中部——我只去過赫爾曼德一次。

但我在巴爾幹半島的經驗，透過這趟步行旅程，尤其稍後於伊拉克，像我顯示出我們——外國政府與其夥伴——與我們假裝的相比不變地知之更少，能及更少。我確信國際社會低估了阿富汗鄉間生活的真實樣貌：抓不住阿富汗究竟有多麼貧窮、脆弱以及受創——究竟有多麼保守及村莊對外國人有多麼排斥。我們的部門骨子裡太過樂觀、太過特定目的導向，太過專斷，遠離了阿富汗人生活的考量與現實，太過追捧形而上抽象裡的「統治」與「法律」走向所謂成功——而注意不到我們並未成功。

在二〇〇八年年底，我搬回美國授課，並在哈佛甘迺迪學院經營中心，部分原因是我認為這是說服國際社會停止增加部隊數量的最佳機會。我招募人才來幫助那些——不像我——真正的阿富汗專家。其中包含了麥克・森普（Michael Semple），第一次見他時為一位搭乘聯合國政治官員，在一架飛機降落在洽赫洽蘭雪地上[7]。他們處理自建築至部落的每一項目，還有反暴動行動；他們能流利地使用阿富汗語。他們現在仍在他們自己緊張的行程中，透過所有想像得到的管道及媒體，對抗現今的未來增兵策略，屬意一個更輕度、更中庸的手段。我們互相簡報了所有的主要國際決策者、外交官、將軍以及外國首長。

一開始，我充滿希望。新的管理部門正實行阿富汗策略的「基礎回顧」。非常資深的人員開始對關於增加部隊表達疑慮。郝爾布魯克（Holbrooke）向我保證他在越南學到將領們總是預設需要更多部隊、新的戰略以及更多時間的危險性。歐巴馬總統精確地意識到他之於阿富汗的地位等同布希之於伊拉克。但於二〇〇九年三月，派出超過一萬七千人的部隊。我們再次加強力量去確認那是最後且行政部門將啟用一個不同的策略。二〇〇九年十月——我開始提出反對增加部隊的四年後——歐巴馬再派出了三萬四千人的部隊。

---

6 見《沼澤的王儲》（*Occupational Hazards*）。

7 見頁233。

管理部門的失敗與我的課堂相輝映。六十名學生簽署修讀了干預課程，而每六名專家以他們在阿富汗工作數十年的經驗，傳達了詳細的論述，談起關於選舉什麼是確切行不通的，或是鄉間發展，或是毒品。學生們很有經驗且心胸開闊。但他們幾乎沒有一個人同意我擊敗塔利班或建立阿富汗為國家不僅僅困難而是不可能。

我的挫折說服了我在未來唯一阻止這般事件的方法，就是投身選舉成為政治家。在我離開哈佛時我成為了英國議會一員，此時赫爾曼德外國部隊數量由二〇〇五年初的兩百擴增到了三萬二千。而我的兩位教學助理，曾忠誠地協助我企圖解釋阿富汗增兵無用，搬到阿富汗的守備基地為美國國際開發署經營治理計畫。於是我之於阿富汗的經驗，使我面臨現代戰爭超現實且不可遏止的勢頭中。那使我對於國際社會的自負非常地警覺。我仍然十分注意我花了多少精力投入辯論，以及失敗得多麼徹底。

二〇一四年之前，當部隊撤出，國際社會不再涉及歐巴馬總統的雙目標「擊敗塔利班」、「創立一個穩定、有效率且正當的阿富汗國」。相反的，他們更偏向讚揚軍方的勇氣與貢獻，強調女性教育與電纜基礎建設的進步，還有指出在二〇一四年阿富汗選舉期間缺席的暴力行為。這些是否全部也許無法，更加永續地，達成隨著更少的部隊以及更少的投資，僅有極少的討論。但要是政治家、將領以及大使不願認知失敗，公眾看得夠多，大體上對於干預有了深深地懷疑。這也形塑了在二〇一二年對利比亞、二〇一三年對敘利亞，以及二〇一四年對烏克蘭的西方手段。

然而，我希望，本書與軍事干預政治之間僅是暫時的連結。此書功能在於小心仔細地記錄二〇〇一至二〇〇二年冬天橫越阿富汗的困惑迷亂、喜悅、失落以及恩典。對我來說是孤身步行十八個月穿越亞洲的結束，但卻是與阿富汗十二年感情關係的開端。我所有關於增兵的論述集中於國際社會。而這本書聚焦於阿富汗。我希望當對戰爭雄偉宏大的論述退去，此書以一本於阿富汗中部鄉間人們生活——於塔利班以及國際增兵的期間——的年代紀錄重新現身。與政治學相較我更信服人類學。

經過這趟步行旅程我愛上阿富汗。這是我於二〇〇五年重返喀布爾生活的原因，接著成立綠松石山基金會：重建阿富汗建築並資助阿富汗社會及工匠。三年來，我與數千名阿富汗人及萬餘名外國志工一同作業，重建了一百座建築、建立了一所小學及診所，並且創立了一所機構訓練新一代的阿富汗書寫者、宣禮塔畫者、陶藝家、珠寶匠及木匠。我們有能力讓舊城的一部分免於傾頹，而且在世界各地生產出傳統工藝中最美好的樣品。在我生活中沒有什麼如我在阿富汗的步行旅程及成果帶給我這般滿足。而且在阿富汗與我的妻子相遇。因此，我希望，這本書的存在不只是國際及政治的象徵，也是一部一段找尋最在地最私密經歷中最深意義的年代紀錄。

致謝

此書於珀斯郡家中寫成。我很幸運有好幾位朋友閱讀了初稿。特別感謝派翠克・麥奇（Patrick Mackie）、史蒂芬・布朗（Stephen Brown）、愛德華・史奇德斯基（Edward Skidelsky）、米娜・賈爾梵帕（Minna Jarvenpaa），還有瑞秋・亞斯珀登（Rachel Aspden）為本書潤飾並賦予更多生命。

謝謝克萊兒・亞歷山大（Clare Alexander）的想像力及活力，為我出版的瑪麗—凱・威爾麥斯（Mary-Kay Wilmers），傑森・庫柏（Jason Cooper）理解並技巧地編輯這旅程，還有彼德・史特勞斯（Peter Straus）及安卓・奇德（Andrew Kidd）在編輯上的支持。我非常感激菲利浦・布洛菲（Flip Brophy）、史黛西亞・德克（Stacia Decker），及芮貝卡・薩勒坦（Rebecca Saletan）對美國版本的諸多修改。

我受惠於J D-B太多，感激之情難以言表，彼德・朱凡納爾（Peter Jouvenal）的鼓勵，還有黛安娜・李維希（Diana Livesey）、菲力克斯・馬汀（Felix Martin）、納希姆・阿薩菲（Nassim Assefi）、安卓・格林史塔克（Andrew Greenstock）、威爾・亞當姆斯戴爾（Will Adamsdale）、路克・龐特（Luke Ponte）、帕拉希・戴夫（Palash Dave）、湯姆瑪叟・奈里（Tommaso Nelli）、佩樂格林奈・哈德森（Peregrine Hodson）、荷諾・佛瑞瑟（Honor Fraser）、妮可・舒華茲（Nico Schwarz）、瑪尼・邦尼（Mani Boni）、尼克・克萊恩（Nick Crane）、費歐娜（Fiona）、安妮（Annie）、海瑟（Heather）、高登（Gordon）、吉莉（Gillie），及李察（Richard）在旅途及書寫期間的友誼和建議。

在這趟徒步旅程中，穆罕默德・奧拉茲（Mohammed Oraz）給予我勇氣與決心，他和我一起花了三個月徒步穿越伊朗。我曾希望他能一起完成此次旅程。他於二〇〇三年九月在加舒爾布魯木I峰頂一場雪崩中逝世，他的第六座八千公尺山峰。

國家圖書館出版品預行編目資料

走過夾縫地帶：從蒙兀兒帝國到阿富汗戰火，徒步追尋巴卑爾的征服之路／羅利．史都華（Rory Stewart）著；葉雯琪譯. -- 初版. -- 臺北市：麥田，城邦文化出版：家庭傳媒城邦分公司發行, 2017.07
面； 公分. --（麥田叢書；90）
譯自：The places in between
ISBN 978-986-344-470-1（平裝）
1. 遊記 2. 社會生活 3. 阿富汗
736.29 106008634

麥田叢書 90

走過夾縫地帶

從蒙兀兒帝國到阿富汗戰火，徒步追尋巴卑爾的征服之路

The Places in Between

作　　者／羅利．史都華（Rory Stewart）
譯　　者／葉雯琪
校　　對／吳美滿
主　　編／林怡君

國際版權／吳玲緯　蔡傳宜
行　　銷／艾青荷　蘇莞婷　黃家瑜
業　　務／李再星　陳美燕　枏幸君
編輯總監／劉麗真
總 經 理／陳逸瑛
發 行 人／凃玉雲
出　　版／麥田出版
10483臺北市民生東路二段141號5樓
電話：(886)2-2500-7696　傳真：(886)2-2500-1967
發　　行／英屬蓋曼群島商家庭傳媒股份有限公司城邦分公司
10483臺北市民生東路二段141號11樓
客服服務專線：(886) 2-2500-7718、2500-7719
24小時傳真服務：(886) 2-2500-1990、2500-1991
服務時間：週一至週五09:30-12:00．13:30-17:00
郵撥帳號：19863813　戶名：書虫股份有限公司
讀者服務信箱E-mail：service@readingclub.com.tw
麥田網址／https://www.facebook.com/RyeField.Cite/
香港發行所／城邦（香港）出版集團有限公司
香港灣仔駱克道193號東超商業中心1樓
電話：(852)2508-6231　傳真：(852)2578-9337
E-mail：hkcite@biznetvigator.com
馬新發行所／城邦（馬新）出版集團【Cite(M) Sdn. Bhd. (458372U)】
41, Jalan Radin Anum, Bandar Baru Sri Petaling, 57000 Kuala Lumpur, Malaysia.
電話：(603)9057-8822　傳真：(603)9057-6622
電郵：cite@cite.com.my

封面設計／萬亞雰
印　　刷／前進彩藝有限公司

■2017年7月1日　初版一刷
Printed in Taiwan.

定價：450元

ISBN 978-986-344-470-1

城邦讀書花園
www.cite.com.tw
書店網址：www.cite.com.tw